韓国語の敬語入門

●●●●●
テレビドラマで学ぶ日韓の敬語比較

韓美卿(ハン ミギョン)・梅田博之 著

大修館書店

まえがき

　本書は，日本人と韓国人の対人関係における敬語意識の違いや両言語の敬語の使い方の特徴について書いたものです。

　第Ⅰ部は韓国語の敬語形式や用法についての概説で，梅田博之教授が執筆しました。第Ⅱ部は最近日韓両国で放映されたテレビドラマの具体的な敬語の使用例を取り上げ，両言語の敬語行動を比較しました。第Ⅲ部は韓国語の場合，実際世代別にどういう言い方をしているのかを網羅的に調べ，第Ⅱ部のドラマ内に限った敬語では足りなかった部分を補充しました。

　本書をお読みになる方は，日本語と似ていると言われてきた韓国語の敬語の使い方や文化の違いが，かなり大きいことに意外さを感じられるかもしれません。その違いを理解していただくことで日本人と韓国人の間の円滑なコミュニケーションの確立のために役立ち，韓国語に興味を持っている方々の韓国語学習の手引きになることができれば幸いです。

　若いころ日本に留学し早稲田大学の故辻村敏樹先生の下で敬語を勉強して以来，日韓両言語の敬語の違いに関心を持ち，現在に至るまで研究を続けて来ました。その成果の一部を，韓国外国語大学の学部生時代から今に至るまで，何かとご指導いただいた梅田博之先生との共著として日本で出版できることになり，これに優る喜びはありません。お二方の先生の学恩に深く感謝いたします。

　本書の原稿に目を通され出版できるように取り計らってくださった大修館書店の日高美南子様（現錦栄書房）と須藤彰也様，本書の制作を担当され構成・内容等について多くの助言を惜しまなかった本橋祈様に心からの謝意を表します。

2009年3月6日

韓　美　卿

＊　＊　＊

　韓美卿教授は永年，敬語の研究に携わられ，いままでに数々の研究業績を上げて来られました。その最新の研究を日本に紹介したいという私の希望が本書の計画の原点です。韓美卿教授は，いわゆる"韓流"ドラマの台詞に日本のドラマの台詞も加えて資料とし，日韓の敬語行動の詳細とその違いを見事に捉え（第Ⅱ部），さらにご自身の敬語行動の内省により世代別敬語使用の実態を詳しく記述されました（第Ⅲ部）。それに私が韓国語の敬語の体系の概説（第Ⅰ部）を書き加えたのが本書の構成です。

　本書によって，具体的なさまざまな人間関係においてどのような待遇段階が設定され，どのような敬語形式が使われるかがつぶさにお分かりいただけると思います。日韓両言語の学習の困難点の一つとされる敬語を正しく理解し，実際の敬語使用を支障なく行い，礼儀にかない円滑なコミュニケーションを可能にするためにお役に立てたらと思います。

　さて，韓美卿教授は，筆者が韓国に初めて研究留学した1967年以来今日に至るまで学生，研究協力者，そして共同研究者として筆者の研究に協力してくださいましたが，同教授との話し合いはいつも筆者にとって刺激的で示唆に富むものでした。今年1月に韓国外国語大学校に新設された日本語大学の初代学長に就任されご多忙のなか，校正や最終チェックを遅滞なく進めてくださいました。本書を韓美卿教授との共著として出版することは筆者にとって大きな喜びです。

　最後に，大修館書店の関係者の皆様方に心からお礼を申し上げます。

2009年3月6日

梅　田　博　之

目次

まえがき *iii*

第Ⅰ部　韓国語の敬語体系 ……………………………………… 3
 1．敬語の分類　*4*
 2．話題の人物に対する敬語　*4*
 3．聞き手敬語（待遇法）　*6*
 4．敬語外の文法形式による敬意表現　*11*
 5．言語外の敬意表現　*11*

第Ⅱ部　ドラマで見る韓国人と日本人の敬語行動 ………… 13

1　上下関係 ……………………………………………… 19
 1．家庭　*19*
  日本語の場合／韓国語の場合／まとめ
 2．職場　*36*
  日本語の場合／韓国語の場合／まとめ
 3．学校　*43*
  日本語の場合／韓国語の場合／まとめ
 4．一般関係　*51*
  日本語の場合／韓国語の場合／まとめ

 ＜コラム＞　子どもの目に映る男性と女性　*61*

2　親疎関係 ……………………………………………… 63
 日本語の場合／韓国語の場合／まとめ

 ＜コラム＞　오빠（お兄ちゃん）と아빠（お父ちゃん）　*73*

3 恩恵・役割関係 ………………………………… *74*
　　日本語の場合／韓国語の場合／まとめ

　　＜コラム＞　씨（氏）と님（様），その他の呼称　*90*

4 対話場面のわきまえ ……………………………… *92*
　　日本語の場合／韓国語の場合／まとめ

　　＜コラム＞　第三者の存在と敬語行動　*102*

5 媒体による間接対話 ……………………………… *104*
　　日本語の場合／韓国語の場合／まとめ

6 心理的距離感 …………………………………… *121*
　　日本語の場合／韓国語の場合／まとめ

　　＜コラム＞　結婚と女性の敬語行動　*130*

7 話題の人物に対する判断 ………………………… *132*
　　日本語の場合／韓国語の場合／まとめ

　　＜コラム＞　結婚と男性の敬語行動　*143*

8 日本語でより顕著な敬語行動 …………………… *144*
　　１．定型表現による相手への配慮　*144*
　　　　日本語の場合／韓国語の場合
　　２．自分の品格を維持するための敬語　*149*
　　　　日本語の場合／韓国語の場合
　　３．あらたまり語による場面に対する配慮　*151*
　　　　日本語の場合／韓国語の場合／まとめ

　　＜コラム＞　自己誇示の敬語　*155*

第Ⅲ部　現代韓国における世代別の敬語用法 ………… *157*

1 幼児期から児童期 ………………………………… *159*
　　１．家庭　*160*
　　　子どもと両親の対話／弟妹と兄姉の対話／子どもと祖父母・親戚の対話

2．幼稚園・小学校　*164*
　　　　子ども（園児）と教師の対話／子ども同士の対話
　　　3．一般関係　*165*
　　　　子どもと大人の対話／子ども同士で話す場合

　＜コラム＞　兄弟間の呼称と言葉づかい　*169*

2　青少年期（中学生・高校生） *170*
　　　1．家庭　*170*
　　　　中学・高校生が両親に話す場合／中学・高校生が兄や姉に話す場合／中学・高校生が祖父母や親戚に話す場合
　　　2．学校　*172*
　　　　生徒と教師の対話／生徒同士の対話
　　　3．一般関係　*174*
　　　　中学・高校生と大人の対話／中学・高校生同士の対話

　＜コラム＞　촌（寸）の概念と親戚名称　*177*

3　大学生 *178*
　　　1．家庭　*178*
　　　　大学生が両親に話す場合／大学生が兄弟や親戚に話す場合
　　　2．学校　*179*
　　　　同級生同士で話す場合／上級生に話す場合／下級生に話す場合／大学生と大学の教員の対話
　　　3．一般関係　*186*
　　　　大学生が一般の人に話す場合／一般の人が大学生に話す場合
　　　4．軍隊　*187*

　＜コラム＞　年齢と言葉づかい　*191*

4　社会人 *192*
　　　1．会社　*192*
　　　　平社員／下位者が上位者に話す場合／上位者が下位者に話す場合／上司のことを話題にして話す場合／外部の人に自分の上司のことを話す場合／中小企業の場合
　　　2．中学・高校の教師　*200*
　　　　教師同士で話す場合／校長や教頭が教師に話す場合／教師が生徒

に話す場合
　　　3．大学の教員　*202*
　　　　大学の教員同士の対話／恩師と同じ大学の教員になった教え子の対話／教員のことを第三者に話す場合
5　中年以降 ……………………………………………… *211*
　　　1．家庭　*211*
　　　　両親や親戚に話す場合／夫婦間の対話
　　　2．職場　*213*
　　　3．一般関係　*214*
　　　　同等以上の人に話す場合／若い人に話す場合／児童や青少年に話す場合

おわりに　*219*

＜付録1＞　韓国語の親戚名称一覧表　*223*
＜付録2＞　韓国語の一般呼称一覧表　*228*

引用したテレビドラマ等　*231*
引用文献　*233*
索引　*234*

カバー・扉　写真：ソウル市庁前広場

韓国語の敬語入門
テレビドラマで学ぶ日韓の敬語比較

第Ⅰ部
韓国語の敬語体系

1. 敬語の分類

　本書は，第Ⅱ部以降で日韓の敬語行動の違いについて，ドラマ等の今日的で具体的な材料を資料としてそれぞれの用法とその相違点に関し，韓美卿先生によって詳細に論じられるが，それに先立ち韓国語の敬語の仕組みについて概説しておきたい。

　まず，日本語の敬語は素材敬語と対者敬語に分けられる。素材敬語は「話題の敬語」または第三者敬語，対者敬語は「聞き手敬語」などとも呼ばれる。この両者を区別せずに尊敬語・謙譲語・美化語のように3分類したり，さらに細分化して5分類する考え方もあり，事実日本語では素材敬語の対者敬語化が進んでいて両者を明快に分けることは必ずしもできないようでもあるが[1]，元来，素材敬語が文の命題的意味を担う要素に関わる文法範疇であるのに対して，対者敬語は聞き手との関係に関わる文法範疇である点で明確に異なる。[2]

2. 話題の人物に対する敬語

　次に韓国語であるが，話題の敬語（話題の人物に対する敬語）は，動作主体である人物に対する敬意表現である尊敬語と動作客体である人物に対する敬意表現である謙譲語とに分かれる。韓国の敬語論では，前者を「主体敬語法」，後者を「客体敬語法」という。

　尊敬語は，日本語の「～（ら）れる」のように，用言語幹に尊敬の先語末語尾（接辞）-시-または-으시-を付けて敬語語幹を派生させる。
　　　　　　　　　　シ　　　　　　ウシ

　　　가다（行く）　──→　가시다（行かれる，いらっしゃる）
　　　カダ　　　　　　　　カシダ
　　　받다（受け取る）　→　받으시다（受けられる，お受けになる）
　　　パッタ　　　　　　　　パドゥシダ

　このような規則的な敬語形のほかに，먹다（食べる）──→ 잡수시다（召
　　　　　　　　　　　　　　　　　　モクタ　　　　　　　チャプスシダ
し上がる），자다（寝る）──→ 주무시다（おやすみになる），죽다（死ぬ）
　　　　　　チャダ　　　　　　チュムシダ　　　　　　　　　　チュクタ
──→ 돌아가시다（おなくなりになる），있다（いる）──→ 계시다（いらっしゃ
　　　トラガシダ　　　　　　　　　　　イッタ　　　　　　ケシダ

る）などのような特別な敬語形を持つ用言もあって，この点でも日本語に似ている。

　謙譲語は，ごく限られた用言に関し特別な形がある。만나다（会う）_{マンナダ} ⟶ 뵙다（お目にかかる）_{ペプタ}，주다（あげる，やる，くれる）_{チュダ} ⟶ 드리다（差し上げる）_{トゥリダ}，묻다（問う）_{ムッタ} ⟶ 여쭙다（うかがう）_{ヨッチュプタ} などのほか，-어 드리다（～して差し上げる）_{オドゥリダ}という言い方を恩恵の授受の表現で使う程度で，日本語の「お～する」のような生産的な謙譲語専用の文法形式はない。

　名詞にも限定的であるけれども敬語形（밥（飯）_{パプ} ⟶ 진지（お食事）_{チンジ}，이름（名前）_{イルム} ⟶ 성함（お名前）_{ソンハム}，나이（とし）_{ナイ} ⟶ 연세（おとし）_{ヨンセ}）など）があり，主格助詞と与格助詞にも敬語形（께서（（目上の人）が）_{ッケソ}，께（（目上の人）に））_{ッケ}が存在する。

　なお，敬語を用いる時には，用言を敬語形にするのは必須であり，その用言の主語または目的語となる名詞も敬語形があれば敬語形にするのが普通であるが，助詞の敬語形はかなりの上位者でないと使わないこともある。

　話題の人物に対する敬語は，話者にとって話題の人物が目上であれば使われるのが普通であるが，目上であれば必ず敬語を使うかというとそうではない。日本語でも公的な場面以外では話題の人物がその場にいないと，その人に対して敬語を使わないのが普通であるが，韓国語も目上であっても通り一遍の関係である場合にはやはりあらたまった場面でないと当人がいない限り敬語は使わない。しかし，親子関係を中心とする親族関係と師弟関係での上位者，その他何らかの具体的な関係をもった上位者については，いかにうちとけた場面でたとえ当人がいなくても敬語を使うのが普通である。日本語だったら，そういう場面で敬語を使うとよそよそしく，そぐわない感じがするが，韓国語ではどんなにうちとけた場面でも敬語が自然に使われ，かえって敬語を使うことによって話し手はその人物に対して親近感をもつのが普通である。もし，通り一遍の関係の上位者に言及するときに敬語を使うとその人物がたいへん身近で親しいように聞こえ，そぐわない感じになるという。日本語の敬語が，

あらたまった場面でしか使わないという点で非常に形式的であり，話し手の聞き手に対するよそおい的色彩が強いのに対して，韓国語の敬語はもっと実質的である。

　また，日本語では聞き手への配慮が働いて，話題の人物が話し手または聞き手の身内であるかどうかによって敬語を使うかどうかが違ってくる。ところが韓国語では原則的には聞き手への配慮なしに話題の人物が自分より目上か目下かということだけで敬語を使うかどうかを決めればよい。ただし，親族関係と師弟関係においては話題の人物が目上であっても聞き手が話題の人物よりさらに目上である場合には話題の人物に対する敬語を控える習慣があり，圧尊法と呼ばれている。

3．聞き手敬語（待遇法）

　聞き手に対する敬語（待遇法，韓国の敬語論では「相対敬語法」[3]という）は，文末の述語語尾によって示され，6つの言葉づかいの区別がある。第Ⅱ部以降で韓美卿先生は待遇法の各段階に言及されるとき，この6つの言葉づかいを平叙形語尾によって代表し，「-습니다」体，「-오」体，「-어요」体，「-네」体，「-다」体，「-어」体のように使っておられる。ここで，これと筆者の待遇法段階の呼び名とを対照して示しておくことにする。

待遇法語尾

上称：	-습니다	略待丁寧形[4]：	-어요
中称：	-오, (-우)		
等称：	-네	略待普通形：	-어
下称：	-다		

・概略的に言って，略待丁寧形-어요は上称・中称と，略待普通形-어

は等称・下称と，ひとつの談話のなかでそれぞれ混用することができる。
・上述の用言の待遇法語尾のほかに，文末および各分節に付くことができる丁寧形終助詞요が存在する：가지(行くとも) ⟶ 가지요(가죠は縮訳形)(行きますとも)，나(私) ⟶ 나요(私です)。丁寧の度合は略待丁寧形と同じと考えられる。

　聞き手に対する敬語（聞き手を言葉づかいによってどのように待遇するかということだから簡単に待遇法と呼ぶことにする）は，上下関係の違いを基礎とする上称・中称・等称・下称の４つの言葉づかいから成る体系が基本的にあり，それと並行する形でそのような階層的な待遇語尾を省略し，横の関係を重視した丁寧な言い方と普通の言い方の２通りの言葉づかいが存在するという重層的な体系を成している。
　上称・中称・等称・下称の４つは，下称が子どもに対する（何も敬意を表さない）言葉づかいであるのに対し，他の３称は聞き手を大人として遇する言葉づかいである。聞き手が上位者であれば上称，下位者であれば等称を用い，中間的な軽い敬意を表する場合に中称が用いられる。一方，このような上下関係に基づく待遇区分の過度の形式性を避けるために待遇法語尾を省略した語法である略待形（「略体」ではないのでご注意）が上述の体系とは別個に存在する。
　略待は上述の待遇段階に関して中立的であり，単に聞き手に対して一定の距離をおいて遇するか否かによって丁寧形と普通形とに区別される。略待を聞き手敬語の体系の別枠とし，重層的な構造として捉える理由は，もともと上称・中称・等称・下称の４称はそれぞれ使われる人間関係が決まっているのに対して，略待の語法はそれが使われる固有の人間関係が必ずしも明確でなく，同一の談話内で他の４称のいずれかと共用しうるからである。

　上称（「-습니다」体）は，生徒・学生が先生に，職場の下位者が上位

者に，店員が顧客に，一般に疎遠な間柄の年齢的・地位的下位者が上位者に対して用いるほか，未知または疎遠な大人同士の対話などで用いられる。また，講演や演説，放送のニュース番組などや，推薦状・紹介状・案内状など形式ばった書簡文，不特定多数を相手とする広告の文章などに用いられる。上称は相手を上位者として遇するものであるから，略待丁寧形に比べると非常にあらたまった，かたくるしい感じを与える。そのかたくるしさが女性のやさしさとそぐわないためか，女性は極めてフォーマルな場合を除けば上称はほとんど使わず略待丁寧形のみを使うのが普通である。なお，大人は子どもに対して下称を用いるが，学校などで先生が多数の生徒に対して話す場合や，放送の子どもの時間などでアナウンサーや司会者が子どもに対して話す場合は，上称または略待丁寧形を用いるのが普通である。

中称（「-오」体）は，平叙・疑問・命令・勧誘の各形が語形の上では区別がなく，文音調と文脈によって区別される。成人間で軽い敬意を表す場合に用いる。-오形と-우形があり，-오形は形式ばった，かたい感じを伴い，-우形は親密感があり，やわらかい語感を伴う。-오形は中年以上の男性が叱ったり，たしなめたりするようなかたい感じの発話で使うほか，不特定多数に対する標示（たとえば，試験問題の指示，ドアの「押・引」の指示，交通信号の「進メ・止マレ」の指示など。敬語形にするのが普通）を表す場合などに使われる。-우形は，うちとけた親しい女性同士または男性の比較的親しい友人同士で使われるほか，若い女性も母や祖母，あるいは親戚の親しい目上の人に対して，また親しい先輩に対して（ふつうは略待丁寧形を使うが，中称を使うと親しみが感じられる）親しみをこめて使うことがある。また，夫は妻に対して略待普通形を用いつつ中称も用い，妻は夫に対して略待丁寧形を用いながら特に二人だけの親しみのある対話では中称を用いることがある。

等称（「-네」体）は，聞き手を目下と認めながらもすでに成人してい

るために大人として遇する言葉づかいである。ただし，親子関係では年齢にかかわらず親と子どもの関係は変わらないから子どもが成人しても等称ではなく下称を用いる。具体的な例としては，男性である話し手が友人の青年に達した息子または弟に，父親が息子の親しい友人に，大学の教授（男性）が教え子である助教授らに，教師（男性）が成年に達した教え子に対してなどである。また，義母が婿に，姉や兄嫁が弟の嫁に対して用いる言葉づかいは従来等称であったが，現在では略待丁寧形，略待普通形がそれぞれ使われるようである。男性の壮年の親しい友人同士の間でも等称が使われる。この言葉づかいには専用の第二人称代名詞「자네」がある。
チャネ

下称（「-다」体）は，子どもに対する敬意ゼロの言葉づかいである。大人が中学生以下の子どもに対して，また子ども同士の対話において使われる。師弟関係では高校生や大学生ぐらいまでは下称を用いる。親子関係では子どもがいくら年をとっても親は下称を用いる。下称専用の第二人称代名詞として「너」がある。下称は敬意ゼロの言葉づかいであるけれども，「大人→子ども」という人間関係において使われるものであるから，その使用に際してはおそらく大人としての子どもに対する慈愛のような気持ちが醸し出されることが多いのではないかと思う。決して聞き手を低めたり，おとしめたりするような言葉づかいではない。軍隊で上官が兵卒に対し下称を用いるのは軍隊という階級社会における上下関係に下称を援用したものではないかと考える。また，下称は不特定多数を対象とする新聞・雑誌や論文などの文章にも用いられる。

略待普通形（「-어」体）は，子どもが自然に覚える最初の言葉づかいで，その後次第に相手によって言葉づかいを選ぶことを学習するとともに敬語意識も固まっていく。この，語幹に어を付けただけの，語形が単純で待遇表現の中立的な形から使い始めることはゆえあることと思う。

待遇法語尾を省略したこの言葉づかいは，相手との上下関係をはっき

りつけにくい場合にそれをぼかして言うときに使う。たとえば，街で大人が見知らぬ中学生に（見かけが小さければ下称を使うが，見かけが大きいと下称は使えず，といって略待丁寧形が使えるほど大きくもない），妻と夫が（結婚して10年以上にもなると中称を使うこともあるが，夫のほうは中年以後も普通形が多い），弟妹から兄姉に，小学生が上級生に対して使う。会社で，中年以後の人から若い人に対しては，以前は略待普通形を使っていたのが，90年代以降労働界の指摘で略待丁寧形を使うようになったが，反面そうなることで心理的に距離ができて人間関係の温かさが失われたような感じになったという。軍隊で上位者（上官）は下位者（兵卒）に対して下称を使うが，下位者が年長である場合は下称は使えずこの言葉づかいを使うのは，下位者であっても年長であるため下称が使えず，さりとて丁寧な言葉づかいも使えないからであろう。

　また，略待普通形は待遇段階の違いの枠をこえて，甘え，怒り（つき離し）などを表現する。子どもが両親にこの言葉づかいを使うが，男性は中学生ごろから次第に略待丁寧形か上称（述語を敬語形にする）を使うようになる。他方，女性が母親に対して大人になってもフォーマルな場合でない限り略待普通形を使うのは，同性同士のもっとも近い関係に，距離感を感じさせないこの形がぴったりだからであろう。逆に，親は子どもに下称を使って話すのが原則だが，叱る場合には略待普通形を使うことによって親子の親密な関係を言葉の上で断ち切り心理的に遠ざけるわけである。

　略待丁寧形（「-어요」体）は，待遇区分の違いを省略しながらも相手に一定の距離をおいて遇する言葉づかいである。目上の人と話すとき女性はこれを使うのが普通であり，男性もうちとけた気持ちになればこれを使うことになる。また，目下の人に対しても相手に心理的な距離感を感じる時や距離をおきたい時には使うことがある。目上の人に対して略待丁寧形を使うとうちとけた感じになるのは，上称がもっているような上下関係の意識がないためであり，逆に略待普通形を使って話している

相手に丁寧形を使えば心理的に遠ざける感じになり，人間関係の温かさが失われるように感じることもあり得るのは上にも述べたとおりである。この言葉づかいを，入門書などで便宜的にうちとけた丁寧な言い方などと説明するけれども，それは上称と比較しての話であって，これ自体が親密さという特徴を持っているわけではない。略待丁寧形は，街で会った人との会話とか店員やタクシードライバーに対してとか，その場で新しくあるいは臨時的に交際関係に入った人に対してよく使われる。

4. 敬語外の文法形式による敬意表現

以上，敬語専用の文法形式の用法について述べたが，表現形式の丁寧度を高める言い方について触れておきたい。

まず，文末に「けれども」にあたる付属語を付ける（〜ですけれども），断定を避け言葉じりをにごす語尾を使う（〜なんですが），否定の疑問形（〜ではありませんか），否定の推量の疑問形（〜ではないでしょうか）を使うなどして，文末で言い切りを避ける方法がある。命令表現も，相手の意向を尋ねる（〜なさいますか），依頼の形で表す（〜してくださいますか，してくださいませんか），条件法的表現（〜してくださったらと思います）など，間接的なあるいは婉曲な表現を用い，勧誘の表現も相手の意向を尋ねる表現や，話し手の判断を示して相手の同意を求める語尾を用いて，婉曲に表現することも多い。

5. 言語外の敬意表現

言語外の敬意表現については本書では扱っていないが，皆さんがドラマで韓国語の言語行動を見るとき，言葉によらない敬意表現についても注意していただきたい。

まず，出会いのあいさつ行動として成人男性は握手をする。その際，相手がかなり上の上位者である場合には左手も添えて握手し同時にお辞

儀もする。歩行中に出会った場合には立ち止まってあいさつする。階段や狭い通路で出会った場合は端に寄って立ち止まり，すれちがうのを待つ。オンドル式の部屋や和室であれ洋室であれ，部屋で座っているときに目上の人が入って来たら立ち上がって敬意を表する。目上の人に物を手渡すときには必ず両手で渡さなければならない。ビールを注ぐような場合にも必ず両手で瓶を持つか，瓶を持った右腕の下側に左手のてのひらを上向きにして添える。一方，目上の人から物を受け取るときも両手で受け取る。ビールなどを注いでもらう場合もコップを両手で持たなければいけない。そもそも，お酒は，父・祖父や先生の前で飲んではいけないのであって，勧められたときにはじめて盃をおし頂き，顔を横に向け一方の手で盃をかくしながら一口飲むのである。喫煙も許されない。喫煙中に父や先生が入って来たら，たばこを直ちにもみ消さなければならない。とにかく，上下の序列を常に問題とする習慣がある。

注

1） 荻野綱男・金東俊・梅田博之・羅聖淑・盧顕松（1991）「日本語と韓国語の第三者に対する敬語用法の比較対照」『朝鮮学報』第141輯, 1-42頁, 朝鮮学会および荻野綱男（1995）「21世紀の敬語表現はどうなるか」『国文学』第40巻14号, 26-30頁を参照。

2） 梅田博之（1977）「朝鮮語における敬語」『岩波講座　日本語4　敬語』（岩波書店，247-270頁）249頁参照。

3） 韓国語で「相対敬語法」というが「相対」は「相手」という意味であるので,「対者敬語法」と訳した。「絶対敬語」の対立概念である「相対敬語」と混同しないように注意したい。

4） 梅田博之（1977）では「略待丁寧形」を「略待上称」と称したが，その後, 7頁に述べたように上・中・等・下の4称の体系とは異なる原理から成っている語法であるので，上称という名前を避けるのがよいと考え，かつ「略待普通形」と対立する名称として「略待丁寧形」と称することにした。

第Ⅱ部
ドラマで見る韓国人と日本人の敬語行動

日韓における敬語の役割の違い

　最近日本のインターネットのコラムなどで敬語関係の意見を見ると，敬語がうまく使えない，間違って使って困ったことがあるなどと敬語に関する難しさを述べているものが目につく。これらはそれこそ敬語に対する日本人の意識の現われなのである。

　日本では普通子どもは敬語を使わない。日本語の敬語は，成人した人が新しい社会生活で初対面の人や親しくない人との対人関係を，言葉を通じていかに円満に解決するかということに主な目的があるようだ。また，日本では敬語というのは言語教育とともに社会生活の一環としてなされているので，簡単に覚えられるものではない。対人関係を円滑にするために，相手に対する配慮と自分の置かれた言語環境などを考慮しながら，多様な敬語形式からその場に応じた適切な言葉づかいを選ばなければならないので，たいへん気を使うことになる。それゆえ，日本の書店に出ている敬語関係の書籍の半分以上は就職用であり，一般人を対象として場面に応じた適切なあいさつ言葉，敬語の形式などを解説した実用書が多い。

　それに比べ韓国の敬語はより敬語の本意に近いといえる。韓国では幼い頃から年長者に対する礼儀として敬語教育が行われる。それは言語教育というよりは礼儀のしつけとしてである。韓国で子どもが最初に敬語を使い始めるのは家庭内のおじいさん，おばあさんをはじめ年長者なので，それは礼儀に基づいたものである。家庭内の両親には敬語を使わないが，幼稚園の先生や一般人には敬語を使い，このような言語習慣は大人になるまで続く。

　つまり韓国語の敬語使用において基準になるのは年齢の上下の概念だといえるだろう。過去の身分社会においては階級の上下が基準になっていたが，現代では主に年齢がその基準になる。特別な人間関係によって構成される集団，すなわち，家族，師弟関係，軍隊などの場合は例外であるが，一般の場合，敬語使用の要因は年齢が基本的な基準になる。ほ

かに心理的な要因などに左右されることもある。

　このように韓国語の敬語は年齢の上下などの条件が優先するが，現代人の敬語においては日本語ほどではないが，対人関係を円滑にするための社交的な面が重視されるようになったようだ。

　敬語行動における心理的な面も両国語で異なり，日本語においては対人関係に心理的距離感が大きく作用するが，韓国語では対人関係において一度定まった関係は心理的距離感によって変わったりすることは多くない。

　日本語では個人の心理的距離の遠近は敬語行動に大きく作用し，同じ対象に対しても日常会っている場合と久しぶりに会う場合とで話し方が違うようだ。つまり実際に生活を営む中で多様な状況が生じ，それによって微妙に対人意識の変化が現れる。

　韓国語では，ほとんどの人間関係は年齢などの基準によってそれぞれ位置づけられている。そして敬語行動もそれに従って行われる。また，私的関係においては時間と空間の隔たりが生じても話し手と聞き手が使っている言葉づかいにはほとんど変化が起こらない。韓国のテレビの番組に有名人が小学校の同級生に再会するというのがあった。10年ぶりの人もいれば40年ぶりに会った人もいたが，会った瞬間「반갑다.친구야!（やあ，お前，元気だったか。）」と昔の言葉づかいに戻る。

本書の敬語比較について

　本書では韓国人と日本人の敬語行動の様相を分析することによって，両国人の対人意識の相違点とそれぞれの特徴を取り上げてみることにする。なお，対人意識の判断の基準になる要因を中心にして，その要因とそれに伴う敬語行動との関係を述べることにする。

　対人意識による敬語行動は日韓両国語の特徴といえる。対人意識とは話し手が対話の相手，または話題に登場する人物に対してどういう関係を維持し，どういうふうに待遇すべきかについての話し手自身の判断をいう。対人意識は対話の相手または話題の人物との人間関係に基づいて

なされるものであり，対話者の属している社会のルールを意識したものでもある。そして敬語行動は，多様な様相で現れる言語行動と，言語を伴わず表現される非言語行動の両方を含むが，本書では対話上に現れる言語行動だけを扱う。

なお，本書ではどういう敬語形式を使用するかという敬語使用の側面からではなく，敬語行動の様相を見ることを目的としているので，日本語の敬語を細かく分類せず，大きく話題の敬語と聞き手敬語に分ける。そして話題の敬語はさらに尊敬語，謙譲語，美化語の三つに分類し，これらを敬語形とし，普通語は非敬語形と称する。通常，美化語を敬語とみなしているが，ここでは話し手の対人意識を中心としているので話し手が自分の品位を優先する「御」「あげる」などは敬語として扱わないことにする。また，聞き手敬語は丁寧体と非丁寧体に分け，「～です，～ます，～でございます」を丁寧体にし，その他の「～だ，用言の活用形（（お）食べ，食べろ）など，中途省略形（～て）」などの文体は非丁寧体とみなす。ただし，母親が子どもに同意を求めたり，相手に確認するときに使う「～です」の推量形「～でしょう」は敬意を表すよりは話し手の品位を表す用法として使われるので，文の前後を基準に判断して文の前後が非丁寧体の場合は非丁寧体として扱う。

そして韓国語は話題の敬語である尊敬語，謙譲語を敬語形とし，ほかの普通語は非敬語形として区分する。聞き手敬語は梅田博之先生の〈待遇法〉の分類に従って「-습니다」(上称)，「-오（-우）」(中称)，「-어요」(略待丁寧形)，「-네」(等称)，「-어」(略待普通形)，「-다」(下称) に分け，「-습니다」「-오（-우）」「-어요」は丁寧体，「-네」「-어」「-다」は非丁寧体とする。

敬語について言及する際，本書では話し手が自分自身と自分側の人を具体的に分けて提示する場合を除いては話し手側の人も話し手同様に自分または自分自身として扱い，聞き手側の人の場合も特別な場合を除いては聞き手または相手として一括して扱う。

第Ⅱ部について

　第Ⅱ部では，最近放映された日韓両国のテレビドラマに表れる敬語行動を主な対象に，両言語の敬語行動を比較分析した。一部分ではあるが，その他の映画や言語資料も使用した。

　敬語行動を左右する話し手の対人意識の判断の基準になる要因は〈1〉上下関係　〈2〉親疎関係　〈3〉恩恵・役割関係　〈4〉対話場面のわきまえ（公／私，格式／非格式，対話対象の多／少，対話場面における第三者の有／無）　〈5〉対話の媒体による間接対話　〈6〉心理的距離感　〈7〉話題の人物に対する判断　〈8〉相手の気持ちに対する配慮　〈9〉自己品格維持　〈10〉場面に対する配慮　のように分けられる。

　〈1〉〜〈5〉は対話をする人に与えられた人間関係，または対話時におかれている場面を話し手が考慮するものである。このうち，〈1〉上下関係　〈2〉親疎関係　〈3〉恩恵・役割関係は話し手と聞き手の間の人間関係が敬語行動の要因になっている。他に，内と外の関係もここで扱うべき要因だが，本書では〈7〉話題の人物に対する判断のところで一緒に取り扱うことにした。なお，対異性関係も敬語行動の要因の一つであるが，他の要因と重なることが多いので，別項目を立てないで各箇所で必要な部分を取り上げた。〈4〉対話場面のわきまえと〈5〉対話の媒体による間接対話は，話し手が対話の場面に配慮し敬語行動に反映するものである。

　〈6〉〜〈7〉は対話が行われる場面における話し手のいたって主観的な心理判断が敬語行動として現れるものである。〈8〉〜〈10〉は日本語では重要視される敬語行動の要因であるが，韓国語ではあまり目立たない部分であるので，本書では「日本語でより顕著な敬語行動」として取り上げることにした。

　もともと敬語行動が行われるには対人意識という要因が必要だが，それに先立って所与の環境（場面）がある。所与の環境とは敬語行動が行われる社会的要因をいうものであり，家庭，職場，学校，一般関係の4つの範囲に分けられる。本書では所与の環境（場面）を敬語行動が行

われる場面として扱うことにした。それゆえに，〈1〉の上下関係を述べる際は家庭，職場，学校，一般関係の4つを取り上げるが，他の箇所では必要なところで説明に加えることにした。

　第Ⅱ部の表記については，下記のような工夫をほどこしたので，ご了承願いたい。

・韓国ドラマをきっかけに韓国語学習を始めたいと考えている読者のために，ハングルにはルビをつけた。

・ドラマからの引用は，敬語意識が表れている表現の部分を下線で示した。

・韓国語の例文には和訳を示したが，特に敬語用法の違いで，意訳では韓国語独特の敬語表現が表せない場合，（　）の中に直訳を示した。

・ドラマから引用した対話が長くて省略したところは ⋯⋯ で示し，場面を省略したところは（中略）と示した。

・引用の会話に写真が添えられている場合は，市販されているそのドラマのDVDのうち，代表的なもの（第一巻，またはセットの箱など）のパッケージである。

・分析対象のうち，テレビドラマでないものについては出典を▲で示した。

・本文での説明中に出てくる韓国語の単語の後には，（　）の中に訳語を示したが，常にふさわしい日本語の単語があるとは限らず，その文脈のなかで理解や学習の手助けとなると思われる単語をあてはめるように心がけた。

1
上下関係

　上下関係とは年齢や社会的地位の上下関係を表し，これは従来の敬語の概念では最も重要な敬語行動の要因になっていたが，ここではこれらを家庭，職場，学校，一般関係に分けて考えてみることにする。

1．家庭

　家庭は言語教育の最も重要な環境の一つである。家庭は家族関係の人で構成され，そのなかで違う世代または同世代間のそれなりの秩序を維持するための言語行動が行われているといえる。日韓両国語ともに家庭内で子どもが両親に使う言葉づかいに敬語形はあまり見られないが，それぞれの構成員間の敬語行動には差が見られる。日本語においては家族同士の言葉づかいにはほとんど敬語が使われないが，韓国語では親子関係以外は世代の差が重んじられ，礼儀に基づいた敬語の使い方が行われる。なお，結婚によって結ばれた新しい人間関係においてもだいぶ差が見られる。このような敬語行動の差は両国語の敬語体系の特徴がよく現れる部分でもある。

日本語の場合

　日本語の場合，家族の構成員同士の対話では敬語表現はあまり見当たらない。両親と子どもの対話においては敬語形と丁寧体はほとんど使われないが，国立国語研究所の調査（『敬語と敬語意識』1983）によれば「敬

語を使わない方が使う方に比べ敬語意識が高く敬語形式面においても丁重な人が多い」という。ふだん子どもは両親に敬語を使わずくだけた言い方をするが（例①）、たまに子どもが両親に丁寧体を使うことがある。こういうことは特殊な場合で、親に対する緊張感によるもののようだ。例②は父親が家庭で子どもの勉強を手伝う場面で、教えながら父親がしかったりするので、子どもが心理的に恐ろしさと緊張感を感じて丁寧体を使っていると見られる特殊な例である。

① 大（息子）：<u>やったよ</u>、お父さん。もう<u>大丈夫だよ</u>。
　　父親：ありがとうな、ありがとうな、大。
　　　　　　　　　〈『あいのうた』第9話：息子→父〉

『あいのうた』

② 父親：龍之介！　おまえ、やる気あるのか？
　　龍之介（息子・小学生）：<u>あります</u>、<u>すいません</u>。
　　父親：おまえの勉強だろうが。
　　　　　　　　　〈『ママの遺伝子』第2話：息子→父〉

また、孫は祖父や祖母に非敬語形と非丁寧体を使って話す。例③は小学生である孫が母方の祖母に非丁寧体を用いて心理的隔てを感じさせない対話をしている。

③ 奈津（孫娘・小学生）：また遊びに<u>来てね</u>。
　　婿：ほんとにぜひまたいらしてください。
　　祖母：ありがとう。龍ちゃん、ママがね、また今度わけのわからないこといったら、おばあちゃんのとこ家出してきていいわよ。
　　龍之介（孫・小学生）：そのときはよろしく。
　　　　　　　　　〈『ママの遺伝子』第8話：孫→母方の祖母〉

祖父母と両親は孫や子どもに非丁寧体を使っており、二人称は主に「お

まえ」を使っているが、母親は子どもに「あなた」と呼んだりしている。また、両親特に母親の場合は子どもに非丁寧体で話すが、同意を求めたり意見を確かめたりするときは丁寧体「〜です」の活用形「〜でしょう」を使っている（例④）。

④　奈央子（娘）：もしもし、お母さん、話って何？
　　母親：電話で済む話じゃないわ。ナオコ、自分でも心当たりが<u>あるでしょう</u>。
　　奈央子：わかった。
　　母親：じゃあ、やっぱりこの手紙に書いてあることは全部本当なのね。
　　奈央子：お母さん、今あの、あたし会社だから、あとで。
　　　　　　　　　　　　　　　〈『アネゴ』第9話：母→娘〉

このように丁寧な言葉づかいをするのはそうすることによって対話の雰囲気を和らげることができるし、自分の品位を表すことにもなるようだ。また、日本語の場合、母親は子どもの態度を正すときや教訓的な態度を見せるときは子どもに丁寧体を用いる（例⑤）。

⑤　未希（娘）：別にあたし大学に行かなくても。その方がお母さんパートやめられていいじゃない。
　　母親：<u>ご心配ありがとうございます</u>。でも、大学はちゃんと<u>行ってください</u>。そうじゃないといい会社に<u>就職できませんから</u>。
　　未希：えー、じゃ、いい会社に入れなかったらどうなるの。
　　　　　　　　　　　　　　　〈『14才の母』第1話：母→娘〉

兄弟間の敬語行動は目下の弟妹が兄や姉に対して敬語形を使う例は見当たらない。例⑥は18歳の弟が16歳年上の兄に2年ぶりに会って話す場面だが、非丁寧体で話している。例⑦は20歳の妹が長女をはじめとする姉三人と父親にあらたまって謝る場面であるが、一切敬語形は用いられていない。

⑥　光四郎（弟）：健兄，さ，そんなにお金が<u>ほしいの</u>？
　　健一郎（兄）：うん，ないと借金取りに殺されちゃうからね。
　　光四郎：じゃあ，これ<u>あげる</u>。……　親父が俺のために貯めておいてくれてた大学の資金。
　　健一郎：だめだよ。そんなの。

　　　　　　　　　　〈『ランチの女王』第12話：弟（18歳）→兄（34歳）〉

⑦　恵（四女・20歳）：優ちゃん，晶ちゃん，まこっちゃん，私ほんとにひどい<u>娘だよね</u>。<u>ごめんね</u>，お父さん。私ほんとに親不孝な<u>娘だよね</u>。でも，ね，これからは好きに<u>なるから</u>。みんなに負けないくらいいっぱい，いっぱい好きに<u>なるからね</u>。

　　　　　　〈『おとうさん』第9話：四女（20歳）→長女（32歳），二女，三女，父親〉

　一方，子どもが成長して配偶者を迎えるとき，両親は子どもが結婚する前も後も息子や娘と同じ扱いはせず，婿や嫁をその場の心理的距離感によって親しく待遇したり丁寧に待遇したりするようだ。父親が娘の親しくつきあっている将来の婿に丁寧体を使ってアドバイスをする例が見られるし（例⑧），母親が婿に意図的にごく丁重な言葉づかいをすることによって心理的距離感を示し緊張させる例もある（例⑨）。

⑧　父親：きみはまだ若いんだ。失礼だが，ちゃんとした定職につくつもりは<u>ないんですか</u>。
　　敦也（娘の恋人）：なに言ってるんです。やっと夢がかなうってときに。

　　　　　　　　　　〈『熟年離婚』第8話：父→娘の恋人〉

⑨　婿：お母さん，絵里子を迎えに来ました。
　　義母：それが，絵里子，気持ちの整理がつくまで会いたくないって<u>言ってるんです</u>。<u>申し訳ありませんけど</u>，きょうは<u>お引き取りいただけますか</u>。

　　　　　　　　　　〈『アネゴ』第7話：義母→婿〉

つまり，平素は非丁寧体を使っているが，心理的に距離感を感じるときや何かを頼むときなどには丁寧体を使うようだ。このように日本のドラマに現れた家族の間の敬語行動を見ると，両親と子どもは互いに非丁寧体を使って隔てのない対話をしているが，両親と子どもの配偶者は相互尊重の敬語行動をしていることがわかる。舅と姑は嫁や婿に，子どもと同じ扱いをするよりは，心理的親疎により親密な言葉づかいをしたり，他人のような言葉づかいをしているといえる。

国立国語研究所の『場面と場面意識』(1990) によると，家庭生活の場面における接触態度に現れる丁寧度の順序は次のようだ。

ⓐ 目上の親戚
ⓑ その他の訪問者
ⓒ 目上の家族
ⓓ 同年輩の親戚
ⓔ セールスマン
ⓕ 目下の親戚
ⓖ 御用聞き
ⓗ 同年輩の家族
ⓘ 親戚の子ども
ⓙ 目下の家族
ⓚ 配偶者

このような調査結果を見ると配偶者がもっとも緊張しなくていい相手ということになる。ドラマに見られる夫婦間の対話を見ると，夫の立場では妻がもっとも気のおけない相手のように見受けられる。ドラマに現れる夫は妻を「あなた」とは呼ばず，世代によって違うようだが30～40代は「きみ」を使い（例⑩），中年以上の男性はほぼ「おまえ」というか（例⑪），名前で呼んでいる（例⑫）。中年の夫が妻に使う呼称は子どもに使う二人称（例⑪）と同じである。また，夫は丁寧体を使うことはなく，妻に言葉づかいの上では非常に丁寧度の低い待遇をしていることがわかる。それに対して妻は年齢にかまわず二人称として「あなた」

を使っており,夫より丁寧度が高い言葉づかいをしているようだ(例⑫)。

⑩　里見(夫)：もし行きたかったら顔出してもいいんだろう ...... いや,それなりに華やかな場所だから<u>きみ</u>もたまには表に出たいかなと思って。

　　妻：いや,ね,ま,華やかなパーティーなんて私苦手よ。

　　里見：そうか。ならいいんだ。

〈『白い巨塔』第5話：夫→妻,40代前半の医師夫婦〉

⑪　父親：仲人はどうするんだ,仲人。

　　すず(娘)：あ,そういう形式にはこだわらないから。

　　父親：そういうわけに…。

　　父親(→母親)：<u>おまえ</u>,ちょっと食ってないでさ,なんとか言えよ,<u>おまえ</u>。

　　母親：式がどうこうというよりも結婚した後のほうが大事なんじゃないの。

　　父親(→娘)：そう,そう,俺,俺が言いたいのはそこなんだよ。な,<u>おまえ</u>が結婚してうまくやっていけるわけないだろう。

〈『オヤジぃ。』第2話：父→母,父→娘〉

⑫　佐伯(夫)：一年はやい退職だが,<u>カナコ</u>のおかげでここまでやってくることができた。いろいろ面倒かけたな。

　　妻：いいえ,わたしは<u>あなた</u>に<u>ついてきた</u>だけですから。それで再就職の話はどう<u>なさったの</u>。

　　佐伯：断ったよ。

〈『家族』第1話：妻→夫(60歳)〉

韓国語の場合

　家族関係では世代間の言語使用に違いが見られる。祖父母と両親は孫と子どもに対して非丁寧体で話す。日本語の場合,子どもに教え論す態

度を見せるとき子どもに丁寧体を使用することもあるが，韓国語はそういう例は見当たらなかった。一方，子どもは両親に非敬語形と非丁寧体で話すのが一般的であるが（例①），片親で自分の教育のために苦労している母親に丁寧語を使って話したりする非常に礼儀正しい例も見られる（例②）。

① 아버지：디브이디 꺼라. 소라야.
　　　　　ディブイディッコラ　ソラヤ
　　父親：DVD消しなさい。ソラ。

　소라：응, 아빠 나 한 번 더 볼꺼야.
　　　　ウン アッパ ナ ハンボン ト ポルコヤ
　　ソラ（娘・小学生）：私もう一度見るから。

　아버지：집에 가서 보지. 집에 가서 씻고 편안하게 봐. 응.
　　　　　チベ カソ ポジ　チベ カソ シッコ ピョナンハゲ パ　ウン
　　父親：うちに帰ってから見なさい。うちに帰ってお風呂に入ってからゆっくり見なさい。

　소라：괜찮아. 보고 갈래.
　　　　ケンチャナ　ポゴ カルレ
　　ソラ：だいじょうぶ。見てから帰るよ。

　어머니：콜라 줘？
　　　　　コルラ チュオ
　　母親：コーラあげようか。

　소라：응. 엄마.
　　　　ウン オンマ
　　ソラ：うん，ママ。

　어머니：본 거 또 보구. 본 거 또 보구. 그래도 재밌어？
　　　　　ポンゴット ポグ　ポンゴット ポグ　クレド チェミッソ
　　母親：繰り返し，繰り返し見てそれでもおもしろいの。

　소라：응, 엄마. 무지무지 재밌어.
　　　　ウン オンマ　ムジムジ チェミッソ
　　ソラ：うん，ママ，ものすごくおもしろい。

〈『ママに角が生えた』第15話：娘→両親〉

② 어머니：아직 안 잤어？
　　　　　アジク アン ジャッソ
　　母親：まだ寝てないの？

　진우：내일 시험이잖아요.
　　　　ネイル シホミ ジャナヨ
　　チヌ（息子・中学生）：あした試験があるじゃない（あるじゃないですか）。

　어머니：시험 전날은 일찍 자야지. 그만하고 얼른 자.
　　　　　シホム チョンナルン イルチク チャヤジ　クマナゴ オルルン チャ

　　　　母親：試験の前日は早く寝ないと。もう勉強やめて早く寝なさい。
　　진우：이번엔 규모도 크구 되게 어렵다던데. 걱정 되서요.
　　　　　　イ　ボネン　キュモド　　クグ　テーゲ　オリョプタドンデ　　コッチョンデソヨ
　　チヌ：今度の試験は規模も大きくて，すごく難しいんだって。心配だよ（心
　　　　配ですよ）。

　　　　　　　　　　　　　　　　　　　〈『江南ママに追いつけ』第1話：息子→母親〉

　一方，父親には敬語形と丁寧体で話すこともある（例③）。これは家
庭で子どもは母親と一緒に過ごす時間が多いので，心理的に近く感じら
れ甘えて話すのに対し，父親は心理的に多少疎くて丁寧に話すものと見
られる。

③　윤정：아빠 오셨어요？
　　　　　アッパ　オショッソヨ
　　ユンジョン（娘）：お父さん，お帰りなさい（お帰りになったんですか）。
　　아버지：어 그래. 아이 근데, 윤훈 이 시간에 어딜 가는 거야？
　　　　　　オ　グレ　アイ　クンデ　ユンフン　イ　シガネ　オディル　カヌン　ゴヤ
　　父親：うん。ところで，ユンフはこんな時間にどこに行くんだ。

　　　　　　　　　　　　　　　　　　　〈『19歳の純情』第69話：娘→父親〉

　孫は祖父母には敬語形と丁寧体を使うのが普通であるが（例④），非
敬語形と非丁寧体を使うこともある（例⑤）。これは最近見られる傾向
であるが同居しながら甘えて過ごす場合と見られる。

④　할머니：아니근데, 너희 둘이서 집 보고 있었니？
　　　　　　アニクンデ　ノイ　トゥリソ　チプ　ボゴ　イッソンニ
　　祖母：ところで，あんたら二人で留守番してたの？
　　손녀：네. …… 현수한테 동화 책 읽어주고 있었어요.
　　　　　ネ　　　　ヒョンスハンテ　トンファチェク　イルゴジュゴ　イッソッソヨ
　　ユミ（孫娘）：うん（はい）。ヒョンスに童話の本を読んであげてたの（読ん
　　　　であげてました）。
　　할머니：아니 점심은 먹구？
　　　　　　アニ　チョムシムン　モック
　　祖母：で，お昼は食べたの？
　　손녀：네.
　　　　　ネ
　　ユミ：うん（はい）。
　　할머니：누가 챙겨 줬어？
　　　　　　ヌ　ガ　チェンギョジュオッソ

第Ⅱ部 〈1〉上下関係 —— 27

　　祖母：誰が支度してくれたの？
　　손녀：엄마가 도시락 싸고 나갔어요.
　　　　　　オンマガ　トシラッサゴ　ナガッソヨ
　　ユミ：お母さんがお弁当を作って行ったのよ（行きました）。

　　　　　　　　　〈『そばにいるとき優しくして』第77話：孫娘→祖母〉

⑤　경민：뭐야?
　　　　　ムォヤ
　　キョンミン（孫・大学生）：なに？
　　할머니：돈도 없을 거 아냐?
　　　　　　　トンド　オプスル　ッコ　アニャ
　　祖母：お金もないんじゃないのか？
　　경민：아, 그렇다고 뭐 이런 건 갖고 오고
　　　　　ア　　クロッタゴ　　ムォ　イロン　ゴン　カッコ　オゴ
　　　　　그래. 돈 없으면 굶으면 되지.
　　　　　クレ　　トン オプスミョン クルムミョン テジ
　　キョンミン：あ、だからってなにこんなもん持って
　　　　　　きて。金がなきゃ食わなきゃいいじゃん。
　　할머니：그러니까 집으로 들어오라니까.
　　　　　　　クロニッカ　チブロ　トゥロ　オラニッカ
　　祖母：だから、家に帰って来いったら。
　　경민：들어갈 때 되면 들어 갈 거야. 그러니까 할머니도 내 걱정 하지
　　　　　トゥロガルッテ テミョン トゥロ ガル ッコヤ　　クロニッカ ハルモニド　ネ コクチョン ハジ
　　　　　말고, 진지 좀 잘 드시고, 기도도 열심히 하시고 그래요.
　　　　　マルゴ　チンジ ジョム チャル トゥシゴ　　キドド ヨルシミ ハシゴ グレヨ
　　キョンミン：帰るときになったら帰るよ。だから、おばあちゃんも俺の心配
　　　　　　はしないで、ご飯たくさん食べて、お祈りもちゃんとしてね（し
　　　　　　てください）。
　　할머니：응, 그래, 그래.
　　　　　　　ウン　クレ　　クレ
　　祖母：おお、そうか、そうか。

　　　　　　　　　〈『屋根部屋のネコ』第5話：孫（大学生）→祖母〉

　他に兄弟の間では非敬語形と非丁寧体を使用する。韓国語の場合、非丁寧体といっても兄や姉が弟や妹に使うのは目下に使う「-다」体であり、弟や妹が兄や姉に使うのは親しい関係では目上の人にも使う「-어」を使うのが普通である（例⑥）。しかし、最近、妹が姉を二人称代名詞「너」で呼んだり文末に目下の人に使う「-다」体の命令形である「-라」や反問の「-냐」を使う例が見られる（例⑦）。一方、年齢がだいぶ離れ

ている年上の兄姉には成人すると敬語を使って話すこともあり，年齢が離れてなくても中年になると兄姉に対して敬語形や丁寧体で話すことが多い。中年の次男が15歳年上で双子である姉（例⑧）と兄（例⑨）に敬語形と丁寧体を用いる例が見られる。

⑥　미칠：언니 우리 왔어.
　　　　オンニ　ウリ　ワッソ
　　　ミチル（三女）：お姉ちゃん，ただいま（帰ったわ）。

　　덕칠：어서 와라.
　　　　オソ　ワラ
　　　トクチル（長女）：お帰り。

　　설칠：어！ 세상에, 아니, 무슨 잔치해？
　　　　オ　セサンエ　アニ　ムスン　チャンチヘ
　　　왜 이렇게 많이 했어？
　　　ウェ　イロッケ　マニ　ヘッソ
　　　ソルチル（次女）：わー！ すごい。で，何のごちそう。なんでこんなに作ったの？

　　미칠：아！ 맛있겠다.
　　　　ア　マシッケッタ
　　　ミチル：わあ！ おいしそう。

　　설칠：뭐하러 이렇게 해. 그냥 간단하게 하지.
　　　　ムォハロ　イロッケ　ヘ　クニャン　カンタナゲ　ハジ
　　　ソルチル：なんでこんなにするの。普通にすればいいじゃない。

　　　　　　〈『噂のチル姫』第9話：ミチル，ソルチル（妹）→トクチル（姉）〉

⑦　은새：누구？ 음악가 아저씨？
　　　　ヌグ　ウマッカ　アジョシ
　　　ウンセ（妹）：誰？ 音楽家のおじさん？

　　은찬：아니. 딴 아저씨.
　　　　アニ　ッタン　アジョシ
　　　ウンチャン（姉）：ううん，他のおじさん。

　　은새：넌 아저씨 킬러냐？
　　　　ノン　アジョシ　キルロニャ
　　　ウンセ：あんたはおやじキラーなの？

　　은찬：넌 어쩔 수 없다는 말에 대해서 어떻게 생각해？
　　　　ノン　オッチョル　ス　オプタヌン　マレ　テヘソ　オットケ　センガッケ
　　　ウンチャン：あんたはどうしようもないという言葉，どう思う？

　　은새：어유, 얘 또 말 못 알아 먹게 한다.
　　　　オユ　イェット　マル　モダラ　モッケ　ハンダ
　　　ウンセ：ああ，あんたまた訳のわからないこと言って。

『噂のチル姫』

『コーヒープリンス1号店』

⟨『コーヒープリンス1号店』第5話：妹→姉⟩

⑧　이석：얘, 너 저녁?
　　　　　　イェ　ノ　チョニョク
　　　イソク（姉）：まあ, あんた（おまえ）夕食。

　　삼석：<u>아니요</u>. 물이나 한 잔 <u>주세요</u>.
　　　　　アニヨ　　 ムリナ ハンジャン チュセヨ
　　　サムソク（弟）：いや（<u>いいえ</u>）。水でも一杯ちょうだい（<u>ください</u>）。

　　　　　　　　　⟨『ママに角が生えた』第27話：弟（中年）→姉（15歳年上）⟩

⑨　삼석：형님, 왜 잔 안 드세요？
　　　　　ヒョンニム　ウェ チャン アン ドゥセヨ
　　　サムソク（弟）：兄さん, どうして飲まないの（<u>飲まれないんですか</u>）。

　　일석：너 꽤 마셨어.
　　　　　ノ　ックェ　マショッソ
　　　イルソク（兄）：おまえずいぶん飲んだな。

　　삼석：<u>인제 시작인데요</u>, 뭘.
　　　　　インジェ シジャギンデヨ　ムォル
　　　サンソク：まだ始まったばかりだよ（<u>始まったばかりですよ</u>）。何を。

　　　　　　　　　⟨『ママに角が生えた』第28話：弟（中年）→兄（15歳年上）⟩

　このように家族関係における敬語使用は世代による違いが見られる。一方，結婚する前に息子，娘が，付き合っている異性を両親に紹介するとき，母親は非敬語形に丁寧体を使って，初対面の対話を始めるが（例⑪），すぐ非丁寧体で親しみをこめた話し方に切り替える（例⑫）。この際丁寧体「-어요」を使うが，この「-어요」は初対面の目下の人への礼儀を表すものでもあり，同時に相手の緊張を和らげるための配慮とも思われる。また，例⑩のように祖母は「누구신가（どなたなの）」のように敬語形と非丁寧体で話しかけている。これは若い目下の人に対する最小限の礼儀の表れと見られる待遇的意味であり，同時に相手に対する心理的距離感の表れとも思われる。しかし父親の場合は，相手に対する配慮なしに最初から非丁寧体で話すのが普通である（例⑬）。

⑩　할머니：어, 아니 <u>누구신가</u>？
　　　　　　　オ　　アニ　ヌグシンガ
　　　祖母：いや, <u>どなたかね</u>？

　　해인：아이, 안녕하세요. 기웅 선배랑 같이 일하고 있어요. 이해
　　　　　アイ　アンニョンハセヨ　キウン ソンベラン カッチ イラゴ イッソヨ　イヘ

　　　　　인이라고 합니다.
　　　　　　イニラゴ ハニダ
　　　ヘイン（孫の女友達）：ああ，こんにちは。キウン先輩と一緒に働いています。
　　　　　　　　　　　　イ・ヘインと申します。

　　　　　　　〈『変わった女，変わった男』第23話：祖母→孫の女友達〉

⑪　어머니：아이구, 아유, 아가씨가 <u>이해인이에요</u>？
　　　　　　アイグ アイユー アガシガ イヘインイエヨ
　　　母親：あら，まあ，あなたがイ・ヘインさんですか（<u>イ・ヘインですか</u>）。

　　　해인：네, 선배 어머님 되시죠？ 처음 뵙겠습니다.
　　　　　　ネ ソンベ オモニム デシジョ チョウム ペプケッスムニダ
　　　ヘイン（息子の彼女）：ええ，先輩のお母様でいらっしゃいますか。はじめまして。

　　　어머니：아유, 얼굴이 낯이 익네. 잘 왔어요. 어서 들어가요.
　　　　　　アイユー オルグリ ナディ インネ チャル ワッソヨ オソ トゥロガヨ
　　　　　…… <u>올라가요</u>. 어서.
　　　　　　　オルラガヨ　 オソ
　　　母親：あら，どこかで見覚えのある顔ね。よく来たわね（<u>来ましたね</u>）。さあ，
　　　　　<u>あがってください</u>。…… あがって（<u>あがってください</u>），さあ。

　　　할머니：그려, 그려, 올라와. 어른이 올라오라 그러면 올라오는
　　　　　　　クリョ クリョ オルラワ オルニ オルラオラ グロミョン オルラオヌン
　　　　　법이여.
　　　　　　ポビヨ
　　　祖母：そうよ。そうよ。おあがりよ。大人があがれって言ってるんだから，
　　　　　あがるもんだよ。

　　　　　　　〈『変わった女，変わった男』第23話：母・祖母→息子の彼女〉

⑫　어머니：아이, 그럼, 십년이면 알 거 모를 거 다 알겠네. 우리 사
　　　　　　アイ クロム シムニョニミョン アルッコ モルルッコ タ アルゲンネ ウリサ
　　　　　는 형편이 어떤지 도.
　　　　　　ヌン ヒョンピョニ オットンジ ド
　　　母親：それじゃ，十年たったらなんでもかんでも全部<u>わかるのね</u>。私たちの
　　　　　暮らしがどうなのかも。

　　　　　　　〈『変わった女，変わった男』第23話：母→息子の彼女〉

⑬　지은：저번엔 제대로 인사도 못 드렸습니다. 한지은입니다.
　　　　　チョボネン チェデロ インサド モッ トゥリョッスムニダ ハンジウニムニダ
　　　チウン（新婦）：この間はまともにあいさつもできませんでした。ハン・チウンです。

　　　시아버지：어, <u>그래</u>, 식장에서야 겨우 보게 <u>되는구나</u>.
　　　　　　　オ ケレ シクチャンエソヤ キョウ ボゲ デヌングナ

舅：おお，そうか。式場でやっと会えたな。

〈『フルハウス』第3話：舅→嫁〉

このように両親は息子や娘の異性の友だちに対して初対面では丁寧体を使って話しかけたりするが，自分の子どもと結婚すると，ためらわず非丁寧体を使って子どもに相当する待遇をする（例⑭）。

⑭　시아버지：어, 왔나.
　　　　　　　　オ　ワンナ
　　舅：おお，来たか。

　　해인：아버님, 어머님, 저희 잘 다녀왔습니다.
　　　　　アボニム　オモニム　チョイ チャル タニョワッスムニダ
　　ヘイン（嫁）：お義父さん，お義母さん，私たちただいま帰りました。

　　시어머니：어서 와. 피곤하지.
　　　　　　　オソ ワ　　ピゴンハジ
　　姑：お帰り。疲れているだろう。

〈『変わった女，変わった男』第141話：舅姑→嫁〉

このように韓国語は，感情に左右されて子どもまたは嫁に敬語形を使うとか，丁寧体をわざと使用するようなことは多くない。あるとしたら，相手の行動が気に入らない気持ちが言語行動に表れ，皮肉を言う場合である。たとえば，母親が娘に用言を敬語形にして話す例（⑮），姑が嫁のことを皮肉って修飾語と助詞を敬語形にして言う例（⑯）が見られる。

⑮　（妹が兄の悪口を言うのを見て母親がたしなめていう）

　　어머니：너는 매를 사서 해, 사서.
　　　　　　ノヌン メルル サソ ヘ　　サソ
　　母親：お仕置きを受けなさい。

　　할머니：아이구야, 놔 둬 야. 에미가 때리면 아프니께 이 할미가
　　　　　　アイグヤ　 ノドゥオ ヤ　エミガ　ッテリミョン アップニッケ イ　ハルミガ
　　　　　　때리는 게 낫다. 요리 와.
　　　　　　ッテリヌン ゲ ナッタ　ヨリ　ワ
　　祖母：まあまあ，放っておきなよ。おまえが叩くと痛いから，おばあちゃんが叩いたほうがいいよ。こっちに来なさい。

　　다정：아니예요, 아니예요. 잘못했어요. 할머니 …… 용서해 주세요.
　　　　　アニエヨ　　 アニエヨ　　チャルモッテッソ ヨ　ハルモニ　　　ヨンソヘ ジュセヨ
　　　　　저 공부할게요.
　　　　　チョ コンブ ハルケヨ
　　タジョン（娘・大学生）：ごめんなさい，ごめんなさい。私が間違ってた（間

　　　　　　　　違ってました)。おばあちゃん ‥‥‥ 許して (許し
　　　　　　　　てください)。私勉強しますから。

　　어머니：아이구, 아이구, 공부 좋아하시네. 아이구.
　　　　　　　アイグ　アイグ　コンブ チョア ハシネ　アイグ
　　　　母親：やれやれ，勉強嫌いのくせに (勉強お好きなのね)。ああ，まったく。

　　아버지：아, 다정이 이쁜데 왜 그래.
　　　　　　ア　タジョンイ イップンデ ウェ グレ
　　　　父親：あ，タジョンはいい子なんだからそのくらいにしとけよ。

　　어머니：이쁘기는.
　　　　　　イップ ギヌン
　　　　母親：なにがいい子よ。

　　　　　　　　　　　　　　〈『変わった女，変わった男』第117話：母→娘〉

⑯　며느리：저 왔어요. 어머니 어디 다녀 오세요?
　　　　　　チョ ワッソ ヨ　オモニ オディ タニョ オセヨ
　　　　嫁：私です。お母さん，どちらに行かれてたんですか。

　　시어머니：귀하신 몸께서 어째 여기까지 행차를 했어.
　　　　　　キ ハシン モムッケソ オッチェ ヨギッカジ ヘンチャルル ヘッソ
　　　　姑：大層なご身分であられながらこちらまでお越しくださるとは。

　　　　　　　　　　　　　　〈『変わった女，変わった男』第14話：姑→嫁〉

　夫婦の間の敬語行動をみると，韓国語の場合，世代によって異なるが，中年の夫婦はお互いに丁寧に話すことが多い。二人称はだいたい日本語の「あなた」に当たる「당신」を使う。夫が妻に日本語の「おまえ」にあたる「너」を使うのは，方言の場合とか，言葉づかいが非常に荒っぽい人の場合である。このように特殊な場合を除いては，普通の夫婦の間では相手を下げるような呼び方はしない。また，妻は夫に若い頃からの言葉づかいをそのまま使って非丁寧体で話す人もいるが，大体は中年以後は品位を保ち丁寧体「-어요」で話すようになる。夫は非丁寧体で話すこともあるが，丁寧体「-어요」を使う場合もある (例⑰)。このように丁寧体を使うのは昔から妻にくだけた言い方をしてはいけないという韓国式の家庭教育によるものだと思われる。現在，夫婦二人でいるときは互いに非丁寧体を使っても，子どもの前とか両親と一緒の場合などは丁寧に話すことが多い。これは子どもの前で互いに尊重し合い親としての品位を高めるためだと考えられる。

⑰ 부인：여보, 나 아무데도 안 가요. 나 당신하고 서영이하고 여기 같이 있을래요. 그러니까 제발 그런 얘기 하지 말아요. 나 당신 하자는 대로 할게요.
　妻：あなた, 私はどこにも行かないわ（行きませんよ）。私はあなたとソヨンと一緒にここにいるわ（いますよ）。だからどうかそんな話はしないで（ください）。私, あなたの言うとおりにします。

　남편：고마워요. 여보, 난 당신하고 서영이만 옆에 있으면 돈이 없어도 행복할 거 같애요.
　夫：ありがとう（ございます）。おまえ（あなた）, 俺はおまえ（あなた）とソヨンだけがそばにいてくれれば, 金がなくても幸せだ（幸せです）よ。

〈『悲しみよ, さようなら』第38話：夫（中年）→妻〉

しかし, 世代によって違うし, 夫婦間の対話で意識的に雰囲気を和らげるために結婚前にしたように名前で呼んでみるとか, 二人称「너」に, 文末を非丁寧体「-다」で話してみるとかする例外もある（例⑱）。

⑱ 남편：안돼다니. 안되긴 뭐가 안돼. 당신 말야. 내가 대출도 못받았다구 나를 우습게 보는 모양인데. 당장 그만두지 못해.
　夫：だめだって。だめとは何がだめなんだ。おまえの言い分は, 俺がローンもできなかったから, 俺を見下しているみたいだが。今すぐやめられないのか。

　부인：소리 좀 낮춰. 소리친다구 해결 되는거 아냐.
　妻：声を小さくしてよ。大声を出したからって解決できることではないわ。

　남편：성희야, 너 진짜 나 이렇게 비참 하게 만들래.
　夫：ソンヒ, おまえ本当に俺をこんなに惨めにさせるのか。

　부인：당신 비참할거 하나 없어. 내가 안 비참한데 당신이 왜 비참해.
　妻：あなたが惨めになることなんて何もないわ。わたしが惨めじゃないのに, あなたがどうして惨めなの。

〈『成長ドラマ四捨五入 2』第26話：夫→妻〉

なお，最近は女性が自分の兄を表す親戚名称「오빠」を年上の恋人を呼ぶときに使うようになっているが，結婚した後も夫を呼ぶときに使う人もいる（例⑲）。

⑲ 정완：금순이 너 나 없이 혼자서 괜찮겠어？
　　　　　　クムスニ ノ ナ オプシ ホンジャソ ケンチャンケッソ
　チョンワン（夫）：クムスン，君，僕がいなくても
　　　　　　　　　一人で大丈夫？
　금순：오빠 주말마다 올 꺼 아냐？
　　　　オッパ チュマル マ ダ オル ッコ アニャ
　クムスン（妻）：チョンワン（兄さん）週末ごとに
　　　　　　　　　来てくれるんでしょう？
　정완：당연히 오지, 그래두.
　　　　タンヨニ オジ クレドゥ
　チョンワン：もちろん来るさ。でも。
　금순：에이, 그럼 괜찮아. 두 달 있으면 시험이니까 그거 준 비하면 서
　　　　エイ クロムケンチャナ トゥダル イッスミョン シホ ミニッカ ク ゴ チュンビ ハミョンソ
　　　보내 면 돼. 대신 전화는 하루에 세 번 이상, 문자는 열 번 이상
　　　　ポネミョン テ テシン チョナヌン ハル エ セーボン イサン ムンチャヌンヨル ッポン イサン
　　　잊지말구 쏴야 돼.
　　　　イッチマルグ ソァヤ デ
　クムスン：もう，だったら大丈夫。2ヶ月すれば試験だから，それ準備しな
　　　　　　がら過ごせばいいわ。その代わり，電話は一日3回以上。携帯メー
　　　　　　ルは10回以上忘れないで送って。

〈『がんばれ！クムスン』第10話：妻→夫，二人は新婚夫婦〉

『がんばれ！クムスン』

まとめ

　以上，家庭における敬語行動は，日本語では親子関係はもちろん，祖父母と孫の関係でも互いに非丁寧体を使うなど，主に血縁関係の家族の間で隔てのない話し方をしている。一方，韓国の家庭では，子どもは祖父母には礼を保って敬語を使うが，母親には甘えて非丁寧体で話すことが多い。**韓国の家庭における敬語使用は，基本的に礼儀の問題であるので，上下関係に従って子どもの世代は母親などの甘えられる対象を除けば，上の世代に対して敬語を使うのである。**これに対して日本語では分

け隔てを感じない相手には敬語を使わないので，世代の上下関係がはっきりと現われるけれども**最も親しい関係にある家族同士ではむしろ敬語が使われないのである**。それゆえ，子どもの結婚によって生じる両親と子どもの配偶者の関係において，日本語では舅と姑は嫁や婿に子どもと同じ扱いをするよりは相互尊重の敬語行動をするようになり，韓国語では親の世代と子どもの世代のように上下関係に立って敬語行動が行われるのである。

　このように，韓国の家庭における姑や嫁の親密度やそれに伴う敬語行動の違いは，韓国の男性と国際結婚をした日本人の女性を戸惑わせる要因の一つでもある。韓国では嫁と姑の関係は親子の関係に準じているのだから，姑は職場で働く息子夫婦の代わりに孫の世話をするなど，密接な関係を維持することが多い。その代わり，姑は何のためらいもなく息子夫婦の生活に関与してくることもあるなど，ある程度夫の両親と距離を持ちたがる日本人の嫁を困らせることがある。

　家庭内の敬語行動は日本人の嫁の立場では夫の両親には最高の敬語を使えばいいのだが，兄弟間の言葉づかいにはなじめないようだ。自分の立場が長男の嫁で，弟嫁が年下の場合は非丁寧体を使い，次男や末っ子の嫁の立場では自分より年上の兄嫁に敬語形と丁寧体を使うのだから悩まないですむ。しかし，弟嫁が兄嫁である自分より年上の場合，弟嫁には目下扱いの言葉づかいをするのだが日本人の奥さんはなかなかそれができず，なるべく言葉を交わさないことにしているとのことである。

　また，主人を呼ぶとき名前で呼び捨てにしたら姑に「여보（あなた）」
（ヨボ）
と呼びなさいと言われるなど，人によって異なるだろうが，韓国での実際の結婚生活における家族同士の言葉づかいは日本人の奥さんの悩みの一つになっているようだ。

2. 職場

日本語の場合

　職場での日本人の敬語行動を見ると，日本語の敬語は職場，つまり仕事の場面でたいへん充実して使われているといえる。もともと敬語というのは上下の観念によって使われたものであるが，日本の現在の状況からは上下関係がはっきりと現れるのは職場しかなく，まさに職場では日本語の多様な敬語形式が網羅的に使われている。

　会社などの職場では職位の上下概念がはっきりしており，上司は部下に対して非丁寧体を使うが，これは上司と部下の初対面の場から見られる。また，これは性別に関係なく行われるもので，例として女性の先輩社員が初対面の男子新入社員に非丁寧体を使う例が見られる（例①）。

　国立国語研究所の調査（『企業の中の敬語』1982）によると，東京地域の企業内で部長や課長などの上司は男性の下位者を「姓＋君（くん）」と呼び，女性の下位者に対しては「姓＋さん」と呼んで男女の区別をしているという。しかし，今回の調査が一部のドラマに限られているためなのか，あるいは現在ではだいぶ様子が変わってきたのか，男女を問わず上位者は下位者に「姓＋君」と呼んでおり（例②），それほど男女の区別は現れなかった。

① 黒沢（新入社員・男）：はじめまして。黒沢です。
　　奈央子（先輩社員・女）：自己紹介は歓迎会で。
　　黒沢：はい。
　　奈央子：あ，ちょっと待って。あのね，そこの欄は，工学部って書くんじゃなくて，経営戦略部って書いてね。あんたもうね，学生じゃないんだから。それに，ほら，修正液使ってね。……

『アネゴ』

黒沢：すみません。あの，何て呼んだらいいですかね？
奈央子：とりあえず，書き直してね。
〈『アネゴ』第1話：先輩社員（女）→新入社員（男）〉

② 野田（社員・女）：ばれてもばれなくても，だめじゃん，不倫なんて。いけないことじゃん！
部長（男）：野田君，……もう昼休みだけど，まだその話続ける？
〈『アネゴ』第2話：部長→部下（女）〉

一方，二人称の場合，男性の上司は女性の社員に主として「きみ」を使用している（例③）。男性の上司は男性の社員に「おまえ」を使っているが（例④），場合によっては「きみ」と称することもある。このような例として普段「おまえ」と呼んでいた上司が，部下を主人公とするパーティーが開かれると他人を意識してあらたまって「きみ」と称する例が見られる（例⑤）。

③ 柳沼（警官・男）：ねえ。
ももこ（後輩・女）：え？　私ですか。はい。
柳沼：きみはさ，死にたいって思ったことがある？
〈『あいのうた』第4話：警官（男）→警官（後輩・女）〉

④ 高柳（社長・男）：おまえはそこじゃない。俺の横に座れ。……　今日，おまえは俺のカバン持ちじゃない。おまえはフロンティアの代表として，俺と一緒にビジネスに行くんだ。
〈『恋に落ちたら』第6話：社長→社員〉

⑤ 高柳（社長・男）：いらっしゃい。待ってたよ。きみの歓迎会だからね。うん，似合ってるじゃん。
島男（社員・男）：あ，ありがとうございます。遅れてすみません。
〈『恋に落ちたら』第3話：社長→社員〉

このように，呼称や非丁寧体などには男女の区分は現れないが，相手に使う二人称には男女の区別が現れる。また，日本では職場内の地位がかわって下位者だった人が上司になった場合，地位の変化にともなって敬語行動が変わる例が見られる。その例は重役の立場で社員を「おまえ」と呼び非敬語形と非丁寧体を使って話していたのが（例⑥），その社員が社長になり，自分はその社長の下で働くようになると，上司の社長に敬語形と丁寧体で話している（例⑦）。

⑥　神谷（重役・男）：おまえは知らないかもしれないが，この提携には
　　　　　　　　　　　丸1年かかってる。
　　島男（社員・男）：え，そうなんですか？
〈『恋に落ちたら』第5話：重役→社員〉

⑦　神谷（重役・男）：社長。
　　島男（社長・男）：なんでしょう。
　　神谷：これでロイド側の取締役が3分の2を超えました。
　　島男：神谷さん，心配要りませんよ。彼らは敵ではありませんし，
　　　　　利害も一致しています。
　　神谷：そうですが。
〈『恋に落ちたら』第9話：重役→社長〉

韓国語の場合

　職場での対話は上下の観念によりなされているが，注目されるのは普通上司も初対面では下位者に敬語形と丁寧体で話すことである（例①）。しかし，2回目，3回目になると上司は下位者に非敬語形と非丁寧体で話すことが多い（例②）。一方，女性の上司は男性の下位者に丁寧体を使うことがあるが（例③），これは心理的な対異性関係が敬語行動に影響を及ぼす場合といえる。

①　문과장：합격하셨나 보네. 어, 축하해요.
　　　　　　ハプキョッカションナ　ボネ　オ　チュッカヘヨ

第Ⅱ部 〈1〉上下関係 —— *39*

　　　ムン課長（男）：合格されたようだね。おお，おめでとう（おめでとうござい
　　　　　　　　　　　ます）。
　　강호：네.
　　　　　ネ
　　　カンホ（新入社員・男）：ええ。
　　　　　　　　　　　　　　　　　　　　　〈『新入社員』第4話：課長→新入社員〉

② 문과장：다 찾아가지고 왔어？
　　　　　　タ チャジャガ ジゴ　ワッソ
　　　ムン課長（男）：全部取ってきたか。
　　강호：예.
　　　　　イェ
　　　カンホ（男）：はい。

　　문과장：오늘 그만 할까？
　　　　　　オ ヌル クマン ハルッカ
　　　ムン課長：きょうはもう終わりにしようか。
　　강호：아니요. 재미있는데 계속하죠.
　　　　　　アニョ　チェミインヌンデ ケーソクハジョ
　　　カンホ：いいえ，おもしろいので続けましょう。

　　문과장：뭐 그럴까.
　　　　　　ムォ クロルッカ
　　　ムン課長：まあ，そうしようか。
　　　　　　　　　　　　　　　　　　　　〈『新入社員』第13話：課長→社員〉

『新入社員』

③ 나대리：강호씨, 앞으로 어려운 일 있으면 언제든지 얘기해요.
　　　　　　カノッシ　アップロ オリョウン ニリ イッスミョン オンジェドゥジ イェギ ヘ ヨ
　　　ナ代理（女）：カンホさん，今後ともなにかあったらいつでも話してください。

　　　　　　（※代理：日本の「主任」にあたる役職。）

　　강호：네, 잘 부탁드립니다.
　　　　　ネ　チャル プタクトゥリムニダ
　　　カンホ（新入社員・男）：ええ，よろしくお願いします。
　　　　　　　　　　　　　　　　　　　〈『新入社員』第7話：代理（女）→新入社員（男）〉

　また，下位者は上司を呼ぶとき職名に尊敬の接尾辞「님」をつけて呼ぶ
　　　　　　　　　　　　　　　　　　　　　　　　　　ニム
が，先輩の平社員も「선배님　（先輩様）」と呼んでおり，用言の敬語形と
　　　　　　　　　　　ソンベニム
丁寧体で話す（例④）。

④ 백호：자, 자, 커피 배달 왔습니다. 한 잔 씩 쭉 들고 하세요.
　　　　　チャ チャ コッピ ペダル ワッスムニダ　ハンジャンッシク チューク トゥルゴ ハ セヨ
　　이건 우리 부장님 꺼.
　　　イゴン ウリ プジャンニム ッコ

ペッコ（新入社員・男）：さあ，コーヒーのデリバリーですよ。みなさん，一杯さっと飲んで（仕事を）してください。こちら部長の（です）。

신부장：강백호씨 센스 있네. 딱 졸릴만한 타이밍인데. ……
　　　　　カンペッコッシ センス インネ　タク チョルリルマンハン　タイミンインデ
シン部長（男）：カン・ペッコ君（さん）センスいいね。ちょうど眠くなりそうなタイミングで。……

백호：자, 이건 우리 팀 장님 꺼.
　　　チャ　イゴン　ウリ　ティムジャンニム ッコ
ペッコ：じゃ，これはチーフの。

단풍：아뇨, 전 됐어요.
　　　アニョ　チョン テッソヨ
タンプン（チーフ・女）：いいえ，私は結構です。

백호：아 참, 뽑아온 사람 성의를 생각해서라도 …… 한 잔 쭈욱
　　　ア チャム　ポバオン サラム ソンイルル センガッケ ソラド　　　　　ハンジャン チューク
　　　드세요. 팀장님. 자 이건 윤 대리님꺼, 이건 우리 고 대리님
　　　トゥセヨ　ティムジャンニム　チャ イゴン ユン デリニムッコ　イゴン ウリ コ デリニム
　　　꺼. 그리고 이건 우리 서 주경 선배님 꺼. 어—!
　　　ッコ　クリゴ イゴン ウリ ソ ジュギョン ソンベニム ッコ　オー
ペッコ：ええ，そんなー。持ってきてくれた人のことを思って …… 一杯どうぞ，チーフ。じゃ，これはユン代理。これはコ代理。そしてこれはソ・チュギョン先輩の。あっ！（コーヒーをこぼす）

주경：아유, 진짜 못살아.
　　　アイユ　チンッチャ モッサラ
チュギョン（先輩・女）：ああ，もういやだ。

〈『憎くても可愛くても』第22話：新入社員（男）→事務室の人たち〉

　同じ職位の同僚のうち，一人が先に昇進した場合，二人は職名で呼び合い，上下関係に該当する敬語行動はしないようだ。例⑤は同じ時期に入社した同僚であるが，一人が先に部長になり，一人は課長のままである。このように職位が違う場合，第三者がいる時は職名で呼んでいるが，二人だけの場合は互いに非丁寧体を用い敬語行動には何の変化も起こらない。一方，職場内で職位による上下関係と年齢上の上下関係が逆になっている場合，互いに丁寧体を用い，慎重に対人関係を営んでいる（例⑥）。

⑤　문과장：아이, 구부장 생각에도 그렇게 일고의 가치가 없어 보여?
　　　　　　アイ　クブジャン センガゲド　クロッケ イルゴエ カチガ オプソ ボヨ
　　ムン課長（男）：ク部長の考えもそんなに，一考の価値がなさそうに見えるか。

구부장 : 뭐가?
　　　　　ムォ ガ
　　ク部長（男）：何がだ？

문과장 : 아, 그 회의 시간에 그 강호란 친구 한 얘기.
　　　　　ア　ク フェーイ シガネ ク カンホラン チング ハン イェーギ
　　ムン課長：あ，あの会議のときにあのカンホというやつが話した話。

구부장 : 아유, 송이사가 딱 짜르잖아.
　　　　　アイユ　ソンイサガ タク ッチャルジャナ
　　ク部長：ああ，ソン理事がきっぱりと切ったじゃないか。

　　　　　〈『新入社員』　第11話：課長←→部長，二人は同時入社〉

⑥　과장 : 한 잔, 받으시죠.
　　　　　　ハン ジャン パドゥシジョ
　　　課長（男）：一杯，どうぞ。

　　계장 : 아, 예.
　　　　　 ア　イェー
　　　係長：あ，ええ。

　　과장 : 장 계장님하고 같이 한 솥밥 먹은지도 꽤 오래 됐죠.
　　　　　 チャンゲジャンニム ハゴ カッチ ハン ソッパブ モグンジド クェー オレ デッチョ
　　　課長：チャン係長と同じ釜の飯を食べてから，かなり経ったでしょう。

　　계장 : 아, 예, 그렇지 예. 과장님이 저보다 입사시기는 좀
　　　　　 ア　イェー　クロッチ イェー　クジャンニミ チョボダ イプサ シギヌン チョム
　　　　　늦어두예, 이런 승승장구 하는 거 뵈니까 저도 마음이 참
　　　　　ヌジョドゥイェー　イロン スンスンジャング ハヌン ゴ ペニッカ チョド マウミ チャム
　　　　　좋습니다.
　　　　　チョッスム ニ ダ
　　　係長：あ，ええ，そうでしょう。課長はわたしより入社時期が少し遅いですが，
　　　　　　こんなにうなぎのぼりに出世しているのを拝見して，わたしも気分が
　　　　　　いいですよ。

　　과장 : 아, 예.
　　　　　 ア　イェー
　　　課長：あ，ええ。

　　계장 : 근데 바쁘실긴데 ……
　　　　　 クンデ パップ シルキンデ
　　　係長：ところでお忙しいでしょうに ……

　　과장 : 연세도 저보다 높으신데 제가 직급이 높다고 해서 이런 말씀을
　　　　　 ヨンセド チョボダ ノップシンデ チェガ チック ピ ノプタゴ ヘソ イロン マルッスムル
　　　　　드리는 거 저두 참 괴롭습니다.
　　　　　トゥリヌン ゴ チョドゥ チャム ケロプスム ニ ダ
　　　課長：年もわたしよりあるというのに，わたしの方が役職が高いからって，
　　　　　　こんなことを言うのは，わたしもとても苦しいですよ。

　　　　　〈『変わった女，変わった男』第11話：係長（年上）→課長（年下）〉

他にも，地位と年齢が合わない例として，年上の代理が年下の上司に親しく非敬語形と非丁寧体で話し，年下の上司は年上の部下に丁寧体を使って話す例（例⑦）がある。この場合は平素年下の上司は年上の部下を姉のように慕っており，いろいろ個人的な相談もする間柄である。こういう例から見ると，職位の上下が基準になる職場においても年齢上の上下の要因が介入するときはその要因が大きく影響するといえよう。

⑦ 주경: 팀장님 이제 오면 어떡해요?
　　　　テイムジャンニム イジェ オミョン オットッケヨ
　　チュギョン（社員・女）：チーフ，今ごろ来てどうするんですか？

　단풍: 어떻게 됐어요?
　　　　オットッケ デッソヨ
　　タンプン（チーフ・女）：どうなったんです？

　고대리: 어떻게 되긴. 보면 몰라?
　　　　　オットッケ テギン ポミョン モルラ
　　コ代理（女）：どうなったかって，見てわからない？

　윤대리: 게임 오버에요.
　　　　　ケイム オーボーエ ヨ
　　ユン代理（男）：ゲームオーバーです。

〈『憎くても可愛くても』第29話：代理（年上）⟷チーフ（年下）〉

一方，新入社員に非丁寧体で話していた女性社員（例⑧）が，後でその部下がマネージャになって自分の上司として赴任すると，敬語形と丁寧体を使って上司に礼儀を示す例も見られる（例⑨）。

⑧ 춘애: 이리 와서 환풍기 좀 고쳐봐.
　　　　イリ ワソ ファンプンギ ジョム コッチョバ
　　チュネ（先輩社員・女）：こっちに来て換気扇ちょっと直して。

　나라: 네?
　　　　ネ
　　ナラ（新入社員・女）はい？

　춘애: AS를 부르긴 했는데 언제 올지 몰라서 말이야.
　　　　エイエス ルル ブルギン ヘンヌンデ オンジェ オルチ モルラソ マリヤ
　　チュネ：修理を呼ぶには呼んだんだけど，いつ来るかわからないのよ。

　나라: 저 저런 거 잘 못하는데.
　　　　チョ チョロン ゴ チャル モッタヌンデ
　　ナラ：私，こういうのうまくできないんで。

〈『恋の花火』第6話：社員（女）→新入社員（女）〉

⑨　춘애：팀장님 점심 하셔야죠？
　　　　　　デイムジャンニム チョムシム ハ ショ ヤ ジョ
　　チュネ（部下・女）：チーフ，お昼召し上がらないんですか。
　　나라：생각없어요．
　　　　　センガ ゴプソ ヨ
　　ナラ（チーフ）：食べたくないんですよ。

〈『恋の花火』第15話：部下（女）→チーフ（女）〉

まとめ

　職位によって上下関係がはっきりと現れる**職場における敬語は，日本語では敬語の形式が網羅的に使われるほど充実している**と言えよう。男女という対異性関係から起こる言葉づかいの差があまり見られないなど何よりも上下関係が優先しているので，職位が変るとそれに相当する言葉づかいが選ばれるようだ。それに対して，**韓国の職場では職位の上下関係に基づいた敬語行動が行われているが，敬語使用の重要な要因の一つである年齢の差，経歴，対異性関係等が介入し相互尊重の言葉づかいになる傾向を見せているようである。**

　韓国には多くの日本の会社の支店があるが，一時期，日本人の駐在員が流暢な韓国語で韓国人の目下の社員に非丁寧体で話すことが問題になったりしたことがあった。特に女性の社員に非丁寧体でお茶汲みなどを命じたりして，女性社員が気を悪くしたことなどが多々あった。これはいかに韓国語の敬語ルールに則って流暢に話しても外国人であることが明らかであるので，距離感を感じ丁寧語体で話されることを心理的に期待してしまうためであろう。しかし，時代の流れとともに韓国語の敬語も上下観念から相手への配慮に傾斜し，目下の社員に対しても丁寧体を使うことが多くなったようで問題は生じなくなった（196頁参照）。

3．学校

日本語の場合

　ここで学校というのは小学校，中学校，高校までをいう。

学校における教師同士の敬語行動は一般の職場に準じる。先任の教師は後任の教師に非敬語形と非丁寧体を使っているが、教師が互いに使う呼称は「先生」である。例①は卒業生が教師として赴任したケースである。卒業生の学生時代の恩師は教師として赴任した教え子に非敬語形と非丁寧体を使っているが、呼称は「先生」といっている。

① 古田（教頭・男）：えー，新任の生物の先生を紹介します。…… 吉田先生です。
　吉田（新任教師・男）：よろしくお願いします。
　岡田（恩師・男）：<u>吉田先生</u>，まずは<u>給湯室ね</u>。お茶の入れ方，<u>教えるから</u>。
　　　〈『僕の生きる道』第11話：恩師（先任の教師）→教師（新任・教え子）〉

学校における教師と生徒の対話で教師は生徒に丁寧体を使うこともあるが（例②），普通は非丁寧体を使うようだ（例③）。また，生徒は教師に丁寧体を使うこともあるが（例③），非丁寧体を使うこともある（例④）。生徒が教師に非丁寧体を使うケースは韓国では見られない現象である。このように教師に非丁寧体を使うのは教師に対する隔てのない心理の表れといえるようだ。

また，こういう現象は幼稚園から高校まで続き，大学生になるか，成人になる年齢に達すると社会に対する適応の一つとして対人関係を意識しながら敬語を使用することになるようだ。国立国語研究所『学校の中の敬語2』(2003)によれば教師に非丁寧体を使う生徒の場合，東京地域などでは同性の教師よりも異性の教師に対して非丁寧体を使うことが多いという。

② 秀雄（教師・男）：たかが<u>大学受験ですよ</u>。そんなに真剣に悩むなんて，バカらしいっていう<u>意味です</u>。
　栞（高校生・女）：それでも担任の教師ですか？
　秀雄：はい，担任の教師としてはっきり<u>言いましょう</u>。

〈『僕の生きる道』第2話：教師（男）→高校生（女）〉

③　栞（高校生・女）：先生，進路のことで相談があるんですけど。……
　　久保（教師・男）：……あの，な，俺たちにいくら相談したって自分
　　　　　　　　　　　が勉強しなきゃ行きたい大学には行けないんだぞ。
　　栞：もういいです。

〈『僕の生きる道』第2話：高校生（女）→教師（男）〉

④　杉田（高校生・女）：なんで教師になったの？
　　秀雄（教師・男）：僕ですか。
　　杉田：うん，子どものころの夢だったとか？
　　秀雄：いや，そんなわけじゃ…。

〈『僕の生きる道』第1話：高校生（女）→教師（男）〉

『僕の生きる道』

　このように生徒は教師に非丁寧体を使って親しみを表すことがあるが，先輩にはたいてい丁寧体を使って話す（例⑤）。

⑤　川本（上級生・男）：いい試合だったな。きっとレギュラー間違いな
　　　　　　　　　　　しだ。
　　池内（中学生・女）：そんなに甘くはないと思いますけど。

〈『1リットルの涙』第2話：中学生（女）→先輩（男）〉

韓国語の場合

　韓国の学校では，その構成員のうち，教師同士の人間関係においては上位者と下位者という意識は強くないが，先輩と後輩としての敬語行動は一般の職場に準ずるといえる。同僚同士は互いに「선생님(先生様)」と呼び丁寧体で話す（例①）。教務主任とか年上の教師の場合は若い教師に「선생(先生)」と呼んでいる（例②）。また，教頭は教務主任や研究主任などには「교무주임(教務主任)」のように職位名で呼ぶ（例③）。

①　교사：아, 저 윤선생님 반에 저 강익이라고 있죠?

教師（男）：あの，ユン先生のクラスに，あの，カンイクっているでしょう？
　교사：네，왜요?
　　　　　　　ネ　ウェヨ
　　　教師（女）：ええ，どうしましたか？
　교사：야 그 녀석 거 아주 물건이데요. 이 언어구사나 음악 상식이
　　　　ヤ ク ニョソクッコ アジュム ルゴ ニ デヨ　イ オノクサナ ウマクサンシギ
　　　거의 전문가 수준이더라구요.
　　　コイ チョンムンガ ス ジュ ニ ド ラ グヨ
　　　教師（男）：や，あいつ，すごいやつですね。言葉の使いこなし方とか音楽の
　　　　　　　　　常識とかほぼ専門家のレベルでしたよ。

　　　　　　　　　　　　　　　　　　〈『学校4』第4話：教師（男）→教師（女）〉

② 교무주임：아, 멋있긴 쥐뿔이 멋있습니까? 허구헌 날 수업시간에
　　　　　　　ア　モ シッキン チュイップリ モ シッスムニッカ　ホグホンナル スオプシガネ
　　　　졸고 앉아 있는 놈이. 아, 저. 말 나온 김에 윤선생,
　　　　チョルゴ アンジャ インヌン ノ ミ　ア　チョ　マル ナオン ギ メ ユンソンセン
　　　　아, 그 자식 그, 요즘 수업태도가 왜 그 모양이에요?
　　　　ア　ク ジャシク ク　ヨジュム スオプテドガ ウェ ク モヤンイ エ ヨ
　　　教務主任（男）：えっ，かっこいいだなんて。いったいどこがかっこいいんで
　　　　　　　　　　すか。いつもいつも授業時間に居眠りしているやつが。あ，
　　　　　　　　　　それとついでにユン先生，あいつ，最近授業態度がどうして
　　　　　　　　　　ああなんですか。

　　　　　　　　　　　　　　　　　〈『学校4』第4話：教務主任（男）→教師（女）〉

③ 교감：저, 교무주임선생님, 저 이번에 새로 들어온 편입생 자료
　　　　チョ　キョ ム チュイムソンセンニム　チョ　イ ボ ネ セ ロ トゥロオン ピョニプセン チャリョ
　　　가지고 있죠?
　　　カ ジ ゴ イッチョ
　　　教頭（男）：教務主任，今回新しく入って来た編入生の資料，持ってますよね。
　교무주임：네, 있습니다.
　　　　　　　ネ　イッスムニ ダ
　　　教務主任（男）：はい，あります。
　교감：그것 좀 주세요.
　　　　クゴッ チョム チュ セ ヨ
　　　教頭：それちょっと見せてください。

　　　　　　　　　　　　　　　　　　　〈『学校4』第1話：教頭→教務主任〉

　教師と生徒は師弟関係により上下がはっきりし，それにより敬語行動が行われる。つまり，生徒は教師に敬語形と丁寧体で話すが，教師は自分が教える生徒に非丁寧体で話す（例④）。また，多くの生徒を相手に

話す場合も非丁寧体を使っている例が見られる（例⑤）。

④ 중학생：남자학　강의하는 거예요. 선생님 경험 없으시잖아요.
　　　　　ナムジャハク　カンイ ハヌン　ゴ エ ヨ　ソンセンニム キョンホム オプス シジャナ ヨ
　　　　　선 보는 남자.
　　　　　ソン ボヌン ナムジャ
　　中学生（男）：男子学の講義のことだけど（ことですけど）。先生経験ないじゃん（ないんじゃないですか）。（お）見合いする男。

　　다현：아유, 이것들이 못하는 소리가 없어.
　　　　　アイユー　イゴツトゥリ モッタヌン ソリガ オツソ
　　タヒョン（教師・女）：まあ, 言いたい放題なんだから。

　　중학생：걱정이 돼서 그렇지요. 우리가. 선생님이 워낙 순진하시니까.
　　　　　コクチョンイ デソ クロッチョ　ウリガ　ソンセンニ ミ ウォナク スンジナ シ ニッカ
　　中学生（男）：心配になって言ってるんだろ（言ってるんですよ）。俺らが。先生なにしろ純真だし（純真でいらっしゃるから）。

　　　　　　　　　　〈『１％の奇跡』第１話：中学生（男）←→教師（女）〉

⑤ 교사：자, 오늘 우리 반에 전학생이 한 명 생겼다. 들어와. ……
　　　　　チャ　オヌル ウリ バネ チョナクセン イ ハンミョン センギョッタ　トゥロワ
　　　　　서울 과학고, 과학고에서 왔단다.
　　　　　ソウル クァハクコ　クァハクコ エソ ワッタンダ
　　教師（男）：じゃ, 今日からうちのクラスに転入生が一人入ったぞ。入りなさい。…… ソウル科学高校, 科学高校から来たそうだ。

　　교사：이름이―.
　　　　　イル ミ
　　教師：名前は。

　　준상：강 준 상입니다.
　　　　　カンジュンサンイム ニ ダ
　　チュンサン（高校生・男）：カン・チュンサンです。

　　교사：그래. 준 상이. 얘들아 사이 좋게 지내야 한다. 그런
　　　　　クレ　チュンサンイ イェドゥラ サイ ジョッケ チ ネ ヤ ハンダ　クロン
　　　　　의미로 우리 다 같이 환영의 박수.
　　　　　ウィミ ロ ウリ ター ガッチ ファニョンエ バクス
　　教師：そうか, チュンサン。おまえたち仲良く過ごすように。そういう意味でみんな一緒に歓迎の拍手。

　　　　　　　　　　〈『冬のソナタ』第１話：教師（男）→生徒たち, 転入生〉

　また, 生徒同士の対話を見ると, 知らない相手には丁寧体を使うのが一般的傾向といえる。それで初対面で相手が上級生かも知れないと思う

ときは丁寧体で話しかけるが，相手が同級生または後輩だとわかるとすぐ非丁寧体に変わる。ドラマ『冬のソナタ』でも初対面の男の生徒に何年生かを聞き，2年生で同級生だとわかってすぐ非丁寧体で話す例がある（例⑥）。一方，普通先輩に対しては同性の先輩にも（例⑦），異性の先輩（例⑧）にも丁寧体で話す。

⑥ 유진 : 아이씨, 여기가 도대체 어디야. 안 깨우고 뭐 <u>한 거예요</u>.
　　　　　アイッシ　ヨギガ　トデッチェ　オディヤ　アンッケウゴ　ムォ　ハン　ゴ　エ　ヨ
　　　　　며, <u>몇 학년이에요</u>?
　　　　　ミョ　ミョッ　タンニョニ　エ　ヨ
　　ユジン（高校生・女）：なによ，ここはいったいどこなの。起こさないで，何<u>してるんですか</u>。な，<u>何年生ですか</u>。

　준상 : 2 학년.
　　　　 イ　ハンニョン
　　チュンサン（高校生・男）：2年生。

　유진 : 야. 년 가가멜이 무섭지도 않어? 2 학년 중에 너처럼 간
　　　　 ヤ　ノン　カガメリ　ムソプチド　アノ　イ　ハンニョン　ジュンエ　ノッチョロム　カン
　　　　 큰애는 내가 <u>처음이다</u>.
　　　　 クネヌン　ネガ　チョウミダ
　　ユジン：ねえ，あんたはカガメルが<u>怖くないの</u>。2年生の中であんたみたいに度胸のある人はあたし<u>初めてよ</u>。（※カガメル：先生のあだ名。）

　　　　　　　　　　　〈『冬のソナタ』第1話：生徒（女）→生徒（男），初対面の同級生〉

⑦ 기웅 : 뭐야. 내 말에 불만 있어?
　　　　 ムォヤ　ネ　マレ　プルマン　イッソ
　　キウン（上級生・男）：なんだよ。俺の言葉にケチつけんのか？

　인우 : 선배 님, 스케치북은 선배님 스스로 쓰레기통에 버렸던 거
　　　　 ソンベ　ニム　スケッチ　ブグン　ソンベニム　ススロ　スレギトンエ　ポリョットン　ゴ
　　　　 아니었습니까?
　　　　 アニ　ヨッスムニッカ
　　イヌ（高校生・男）：先輩，スケッチブックは先輩が自分でゴミ箱に<u>捨てたん</u>じゃないんですか。

　　　　　　　　　　　〈『学校 4』第8話：後輩（男）→先輩（男）〉

⑧ 정민 : 왜 하필 <u>춘 천이예요</u>?
　　　　 ウェ　ハピル　チュンチョニ　エ　ヨ
　　チョンミン（高校生・女）：どうしてよりによって，<u>春川なのですか</u>？

　진우 : 중학교 때까지 내가 자란 곳이야.
　　　　 チュンハッキョ　ッテッカジ　ネガ　チャラン　ゴシヤ
　　チヌ（上級生・男）：中学校のときまで俺が育ったところなんだ。

第Ⅱ部 〈1〉上下関係 —— *49*

정민 : 춘천에서 컸어요? 그런 얘기 안 했잖아요.
　　　　チュンチョネソ　コッソ　ヨ　　　クロン　イェギ　ア　ネッチャナ　ヨ
　　チョンミン：春川で育ったんですか。そんな話,してなかったじゃないですか。
진우 : 별로 하고 싶은 얘기 아니니까.
　　　ピョルロ　ハ　ゴ　シップン　イェギ　ア　ニ　ニッカ
　　チヌ：別に話したいことでもないから。

　　　　　　　　　　　　〈『成長ドラマ四捨五入 2』第 21 話：後輩（女）→先輩（男）〉

　しかし，親しい相手には非丁寧体を用いることもある。次は女子中学生が高校生と知り合って最初は丁寧体で話していたが（例⑨），親しくなってからは非丁寧体と丁寧体の両方を使っているのである（例⑩）。

⑨　옥림 : 오빠, 진짜 서양화 전 공한 거 맞아요?
　　　　　オッパ　　チンチャ　ソヤンファ　チョンゴンハン　ゴ　マジャ　ヨ
　　　オンニム（中学生・女）：お兄ちゃん，マジで西洋画専攻したのってほんとう
　　　　　　　　　　　　　　なんですか。
　　아인 : 그럼. 그거 공주님 옷이잖아. 서양공주님. 왜 마음에 안들어?
　　　　　クロム　クゴ　コンジュニム　オ シ ジャナ　　ソヤンコンジュニム　ウェ　マ ウ メ　アンドゥロ
　　　　　그럼 다음에 또 딴 거 그려 줄께.
　　　　　クロム　タウメ　ト　タン　ゴ　クリョジュルッケ
　　　アイン（高校生・男）：そうだよ,それお姫様の服じゃないか。西洋のお姫様。
　　　　　　　　　　　　　なんで気に入らないんだ？　それじゃ今度また他の
　　　　　　　　　　　　　描いてやるよ。
　　옥림 : 또 그려요?
　　　　　ト　ケリョヨ
　　　オンニム：また描くんですか。

　　　　　　　　　　　　〈『成長ドラマ四捨五入』第 8 話：中学生（女）→高校生（男）〉

⑩　옥림 : 저기 나무 풀 이름이 뭐야? 나 저런 풀 처음 보는데 되게
　　　　　チョギ　ナム　プル　イルミ　ムォヤ　　ナ　チョロン　プル　チョウム　ボヌンデ　テ ゲ
　　　　　신기하다. 우리 같이 내려가서 볼래요?
　　　　　シンギハダ　　ウリ　カッチ　ネリョガソ　ボルレヨ
　　　オンニム（中学生・女）：あの木の草の名前は何。わたしあんな草初めて見る
　　　　　　　　　　　　　　んだけど，すごく不思議。わたしたち一緒に降りて
　　　　　　　　　　　　　　見てみませんか？
　　아인 : 야, 너 잡초 처음 봐? 저거 잡초야.
　　　　　ヤ　ノ　チャプチョ　チョウム　バ　　チョゴ　チャプチョヤ
　　　アイン（高校生・男）：おい,おまえ雑草初めて見るのか？　あれは雑草だよ。
　　옥림 : 아이, 아니야. 잡초가 저렇게 예쁘다구. 그럼 우리 잡 초가
　　　　　アイ　　アニヤ　　チャプチョガ　チョロッケ　イェップダグ　　クロム　ウリ　チャプチョンガ

아닌가 같이 내려가서 확인해 보기].
　　　　アニンガ　カッチ　ネリョガソ　ファギネ　ボギ

オンニム：えー，違うよ。雑草があんなにきれいだなんて。それじゃわたし
　　　　たち雑草かどうか一緒に降りて確認してみよう。

아인：저런데 모기 되게 많아. 잡초 있는 데는 습기가 많아서 모기
　　　チョロンデ　モギ　テーゲ　マーナ　チャプチョ　インヌン　デヌン　スプキ　ガ　マーナソ　モギ
엄청 꼬이는 거 몰라？
オムチョン　コイヌン　ゴ　モルラ

アイン：あんなところ，蚊がすごく多いぞ。雑草があるところは湿気がひど
　　　　くて蚊がめちゃくちゃむらがってるの知らないのか。

〈『成長ドラマ四捨五入』第30話：中学生（女）→高校生（男）〉

まとめ

　青少年の言葉づかいは，日本語と韓国語で大きな差を見せている。親と子や教師と生徒の関係というのは代表的な世代別の上下関係である。**日本の青少年は家庭で敬語を使わないばかりでなく，教師との関係においても敬語を使わないことが多いようだ。**これは，隔てを感じない間柄では敬語を使わないという観点からは一貫しているように見える。しかし，教師に対して敬語を使わないのは隔てを感じない場合もあろうが，むしろそれよりもただ敬語を使わない習慣をそのまま教師との関係にも持ち込んでいるだけのことかもしれない。**韓国語では代表的な上下関係である教師と生徒の関係において，生徒は教師に敬語を使って話しており，**礼儀の尺度となる韓国語の敬語の機能からいっても生徒の教師に対する敬語は今後も維持されると思う。

　ここで個人の意識と敬語使用との関連を考えると，韓国の生徒は目上である教師に敬語を使うように強制的に教育されたから使うのかもしれない。しかし，韓国の生徒が先生に習慣的にあるいは強いられて敬語を使うとしても確かに教師に対する敬意は伴っていると思われる。

　こういうふうに意識と言葉づかいという観点から考えると，日本の学校における生徒の教師に対する非丁寧体の言葉づかいにはいささか疑問が感じられる。日本の生徒は教師には敬意を持たないから敬語を使わないのか。先輩には使う敬語を教師には使わないというのは日本の敬語の

本意が礼よりは距離感または力に基づいているからかも知れない。しかし，教師に対して敬意を持たないのではなく自ら気づいてないのかも知れないが，教師に対して抱いている敬意を表すためには敬語を使うべきだという敬語意識を持たないのではないのだろうか。

4．一般関係

日本語の場合

　一般関係とは，家庭，職場，学校の他に日常で会う人との間でなされる人間関係でその範囲は広い。あいさつぐらい交わす近隣関係や長く知り合った知人などの恒常的関係もあれば，街で道を聞く人と聞かれる人，役所や図書館などの公共機関における係員と一般市民の関係などのいわばその場その場で成り立つ臨時的な交際関係と捉えられるものもある。前者はこれから述べるいろいろな要因と重複する場合が多いので，ここではとりあげないことにする。後者は初対面またはそれに準ずる関係とみなされるので，ここでは初対面を中心に述べることにする。

　一般関係において上下概念の基準になるのは年齢の差であるが，日本語においては年齢が基準になるよりは話し手の相手に対する心理的判断と場面に対する配慮が影響を及ぼしている。つまり，日本語では相手をどう待遇するかの判断が必要な場合と何の緊張感も感じない場合とでは敬語行動が違う様相を見せている。つまり，日本語では相手がだれであっても緊張感なしに気軽に話してもいい場合は敬語形や丁寧体を用いず非丁寧体で話す。そのせいか初対面の成人間の対話で非丁寧体が多く見られ，隔てを感じない場合は見知らぬ一般人に対しても非丁寧体を使う（例①）。

① 　神谷（重役・男）：受け取ってくれ。（車代としてお金を払う）
　　運転手（中年・男）：いらねえよ，そんなの。
〈『恋に落ちたら』第5話：重役→運転手〉

また，子どもと大人の対話でも子どもが大人に非丁寧体を使って話す例が多い（例②）。

② 島男（会社員・男）：この間ありがとう。ずいぶん，古い笛だね。
　　大介（取引先の主人の息子）：お母さんの。
　　島男：へえ，お母さんの笛？　お母さんもうまいの？
　　大介：僕に取り入っても無駄だよ。
　　島男：そんなんじゃないよ。
　　大介：お母さん，死んじゃった。
　　　　　　　　〈『恋に落ちたら』第3話：子ども（取引先の主人の息子）→会社員〉

　若い男女が合コンで初めて会って話すときも品位を保ち教養を示すタイプのグループでは敬語形に丁寧体を用いて話したりするが（例③），若者同士で隔てのない対話をする場合は非丁寧体を用いる例が見られる（例④）。

③ 桜子（客室乗務員）：はじめまして，お招きいただきましてありがとうございます。
　　佐久間（医師）：フライトでお疲れなのに恐縮です。
　　　　　　　　　　　　　　〈『やまとなでしこ』第1話：合コンでの男女の対話〉

④ 男：ねえ，ねえ，彼氏いるの？
　　女：どう見える？
　　男：いる。こんなに可愛いけりゃ男がほっとくわけないでしょう。
　　　　　　　　　　　　　〈『元カレ』第5話：合コンでの若い男女の対話〉

　場面によって言葉づかいが変わる例として，若い女性が初対面の男性に相手の手落ちをなだめるような雰囲気で非丁寧体を使っていたのが（例⑤），正式に招待された場所で会ったときは敬語形に丁寧体を使い格式張ったあいさつをかわす例（例⑥）がある。また，自分の考えや感情を正式に相手に伝えようとするときは，以前非丁寧体を使っていた相手

(75頁例④参照)であっても丁寧体を使って礼儀を表している(例⑦)。

⑤ 島男(男):あ,どうしよう。あ,ごめんなさい。ほんとうにすみません。

香織(女):気持ちよかった。……<u>面白かった</u>。……<u>泳げたし</u>。……今回出張で泳ぐ暇が<u>なかったのよね</u>。

〈『恋に落ちたら』第1話:若い女性→若い男性,初対面〉

⑥ 香織(女):ご招待ありがとう。ごめんなさい。遅くなって。<u>ご招待していただいた</u>のに,お名前<u>うかがう</u>のを忘れてて。……ちょっと<u>手間取っちゃいました</u>。

島男(男):あ,そう,そうでした。あの,あのときは,あわててまして,鈴木島男と申します。

〈『恋に落ちたら』第1話:若い女性→若い男性,招待されて再会〉

⑦ 神谷:私たちは,社長を口説きに<u>来たんじゃありません</u>。あやまりに<u>来たんです</u>。これだけ<u>伝えてください</u>。どうもすみませんでした。

〈『恋に落ちたら』第5話:重役→家政婦と勘違いされている老婦人〉

韓国語の場合

一般関係において初対面の場合,成人は互いに敬語形と丁寧体を使って話す(例①,②)。

① 남:정말 죄송합니다. 바로 제 앞에서 교통사고가 났는데 그냥 지나칠 수가 있어야죠. 주제넘게 좀 도와주느라구요.
チョンマル チェソンハムニダ バロ チェ アッペソ キョトン サ ゴ ガ ナンヌンデ クニャン チナッチル ス ガ イッソ ヤジョ チュジェノムッケ チョム ト ワ ジュヌ ラ グ ヨ

男:本当にすみません。すぐわたしの目の前で交通事故が起きて,ただ通りすぎることができなかったんです。ぼくみたいなものでも手伝えたらと思って。

삼순:예에.
イェエ

サムスン(女):ええ。

남 : 늦은 거 정말 죄송합니다. 진심으로 사과드립니다.
　　ヌジュン ゴ チョンマル チェソンハムニダ　チンシムロ　サグァドゥリムニダ
　　男：遅れたこと本当に申し訳ありません。心からお詫びします。

삼순 : 아유, 아니예요. 아유, 뭐 이깟 맞선이 중요한가요. 사람
　　　アイユ　アニエヨ　　アイユ　ムォ イッカッ マッソニ チュンヨハンガヨ　サラム
　　　목숨이 더 중요하죠. 정말 잘 하셨어요. 아유, 참, 이
　　　モクスミ ト チュンヨハジョ　チョンマル チャル ハショッソヨ　アイユ　チャム　イ
　　　서울특별시는 이 표창장 같은 거 안 주나 모르겠네.
　　　ソウルトゥク ビョルシヌン イ ピョチャンジャン ガットゥン ゴ アン ジュナ モルゲンネ
　　　호호호.
　　　ホ ホ ホ
　　サムスン：まあ，いいえ。そんな，お見合いなんか大切なもんですか。人の
　　　　　　命が何よりでしょう。本当によくやりましたよ。まあ，本当にソ
　　　　　　ウル市は表彰状みたいなものくれるかもしれませんね。ホホホ。
　　　　　　　　　　　　〈『私の名前はキム・サムスン』第2話：お見合いする男女，初対面〉

② 형준 : 혹시 성현 그룹이라고는 들어보셨습니
　　　　ホクシ ソンヒョン クルビラゴヌン トゥロボショッスムニ
　　　　까?
　　　　カ
　　　　ヒョンジュン（弁護士・男）：ひょっとしてソンヒョ
　　　　　　　　　　　　　　　　ングループって聞いた
　　　　　　　　　　　　　　　　ことがありますか。

　다현 : 물론이지요.
　　　　ムルロニジヨ
　　　タヒョン（教師・女）：もちろんですよ。

『1％の奇跡』

　형준 : 거기회장님이 이, 규자, 철 자 쓰십니다.
　　　　コギフェジャンニミ イ　キュッチャ　チョルッチャ スシムニダ
　　　ヒョンジュン：そこの会長は李圭鉄と言います（李，圭（キュ）の字，鉄（チョ
　　　　　　　　　ル）の字をお書きになります）。

　다현 : 아. 예. 근데 무슨일로 절 찾아오신 거지요？그 얘길 해
　　　　ア　イェ　クンデ ムスンニルロ チョル チャジャオシン ゴジヨ　ク イェギル ヘ
　　　주시러 오신 건 아닐 테구.
　　　ジュシロ オシン ゴン アニルッテグ
　　　タヒョン：あ，はい，ところでどういう件で私を訪ねていらっしゃったんで
　　　　　　　すか？ そんな話をしに来られたわけじゃあるまいし。

　형준 : 물론 아닙니다. 제가 여기까지 찾아온 이유는 ……
　　　　ムルロン アニムニダ　チェガ ヨギッカジ チャジャオン イユヌン
　　　ヒョンジュン：もちろん違います。私がここまで来た理由は ……
　　　　　　　　　　　　　　　　　　　〈『1％の奇跡』第1話：若い男女の対話，初対面〉

　　　　　この場合丁寧体を使わないと対話の相手は不愉快になる（例③，④）。

例③は大企業の会長の孫が若い女性の教師にどういうふうに自分の祖父（会長）を口説いたのか，どうして祖父が遺産を彼女に残したいといっているのかを聞く場面である。例④は交通事故を起こした女性が被害者である男性に逆に非丁寧体を使いながら怒る場面である。普通初対面の成人は互いに敬語形と丁寧体で対話を交わすので，丁寧体を使わないと対話の相手は無視されたと思う。

③ 재인：선생이 어떻게 꼬리를 쳤는지 묻고 싶은 거야. …… 도대체
　　　　ソンセン イ　オットッケ　コリルル　チョンヌンジ　ムッコ　シップコ　ゴヤ　　　トデッチェ
　　　　우리 대장한테 무슨 짓을 한 거지？ 어떻게 아양을 떨었길래
　　　　ウリ　テジャンハンテ　ムスン　ジスル　ハン　ゴジ　オットッケ　アヤンウル　トロッキルレ
　　　　이렇게 나오시냐구.
　　　　イロッケ　ナオシニャグ
　　チェイン（会長の孫・男）：あなた（先生）がどうやって誘惑したのか聞きた
　　　　　　　　　　　　　いんだ。…… いったいうちの大将にどんなこと
　　　　　　　　　　　　　をしたんだ？ どうやって愛嬌をふりまいたら
　　　　　　　　　　　　　こうなるんだ。

　　형준：이재인！
　　　　　イジェイン
　　ヒョンジュン：イ・チェイン！

　　다현：가만요. 나도 대충 알겠네요.
　　　　　カマニョ　ナド　テッチュン　アルゲンネヨ
　　タヒョン（教師・女）：ちょっと待って。わたしもだいたいわかったわ。

　　재인：무슨 뜻이지？
　　　　　ムスン　ツトゥシジ
　　チェイン：どういうことだ？

　　다현：당신이 변호사와 함께 다니는 이유 말이에요. 그 고약한
　　　　　タンシニ　ピョノサワハムケ　タニヌン　イユ　マリエヨ　ク　コヤッカン
　　　　　말버릇 때문에 항상 문제가 되겠어요. 당신은.
　　　　　マルッポルッ　テムネ　ハンサン　ムンジェガ　テゲッソヨ　タンシヌン
　　タヒョン：あなたが弁護士と一緒にいる理由のことよ。その悪い口癖のため
　　　　　　にいつも問題になるのよ（なりますよ）。あなたは。

　　　　　　　　　　　　〈『１％の奇跡』第１話：若い男女の対話，初対面〉

④ 우경：괜찮아요？
　　　　　ケンチャナヨ
　　ウギョン（男）：大丈夫ですか。

　　윤정：도대체 눈을 어디다 두고 운전하는 거야？ …… 아니 주차
　　　　　トデッチェ　ヌヌル　オディダ　トゥゴ　ウンジョンハヌン　ゴヤ　　　アニ　チュチャ
　　　　　에티켓 뭐 이런 것도 없어？ 남이 주차하려는 칸에 왜 새치길
　　　　　エティケッ　ムオ　イロン　ゴット　オプソ　ナミ　チュチャハリョヌン　カネ　ウェ　セッチギル

하는 거야. 내가 잽싸게 브레이크를 밟았으니까 망정이지
어쩔 뻔 했어?

ユンジョン（女）：いったいどこ見て運転してんの？ …… いえ，駐車のエチケットすらもないの？ 人が駐車しようとしているところにどうして割り込んでくるの？ 私が素早くブレーキを踏んだからよかったものの，どうなってたと思う？

우경：저기요. 나도 말 좀 합시다. …… 멀쩡히 주차하고 있는데 달려와서 부딪힌 게 누군데 지금 엉뚱한 소리하는 거예요? 그리고 어디다 반말입니까.

ウギョン：あのう，わたしもちょっと言わせてもらいますが。…… ちゃんと駐車しているのに，ぶつかって来たのはだれなんですか。なんで的はずれなことを言うんですか。それから，どうしてため口なんですか。

〈『19歳の純情』第8話：若い男女の対話，初対面〉

　次に，老年層が若い世代に初対面から非丁寧体を使う例である（例⑤，⑥）。例⑤は電車の中で親切な若い女性と老人との対話であり，例⑥は店の従業員と店の主人の母親との初対面での対話である。両方とも老人は若い人に非丁寧体を使っているが，これは世代差による敬語使用と思われる。つまり，韓国ではある程度年齢が高くなると若い世代に非丁寧体を使って待遇を低くしても失礼にならないのが社会の常識になっている。この場合の年齢は老年層と見ていいようだ。また，職場でも年齢の高い上位者（専務）が新入社員に初対面で非丁寧体を使う例（例⑦）があるが，これもやはり年齢の上下の観念に基づいているといえよう。ただし，これらの例で使われる非丁寧体は梅田博之先生の〈待遇法〉の等称「-네」である。これは相手が大人であるが，目下の者に使うものであり，子どもに使う「-다」とは違うものである。

⑤　다현：할아버지, 이쪽이요.
　　タヒョン（若い女性）：おじいさん，こちらです。

노인 : 난 괜찮은데, ... 이거 고맙네.
　　　ナン ケンチャヌン デ　　　　　イ ゴ コマムネ
　老人（男）：わたしは大丈夫だけど ...... これはありがとう。

　（中略）

다현 : 주세요. 제가 올릴게요.
　　　チュセヨ　チェガ オルリルケヨ
　タヒョン：(荷物, こちらに) ください。私が上へあげますよ。

노인 : 여러 가지로 신세 지네.
　　　ヨロ ガジロ シンセ ジネ
　老人：いろいろと面倒をかけるね。

다현 : 뭘요. 이것도 주세요.
　　　ムォルリョ イゴット チュセヨ
　タヒョン：何がですか。これもください。

노인 : 아니야, 이거라도 들고 졸아야지. 나는 앉으면 자요.
　　　アニヤ, イゴラド トゥルゴ チョラヤジ ナヌン アンジュミョン チャヨ
　老人：いいや、これだけでも持って寝ないとな。わたしは座ったら、一眠り
　　　するよ（しますよ）。

다현 : 그럼 그러세요. 제가 가시는 데서 깨워 드릴게요. 어디서
　　　クロム クロセヨ　 チェガ カシヌン デソ ケウォ ドゥリルケヨ オディソ
　　　내리세요?
　　　ネリセヨ
　タヒョン：それじゃ、そうしてください。目的地に着いたら起こしてさしあげ
　　　ますよ。どちらで降りられますか。

　　　　〈『1％の奇跡』第1話：老人（男）→若い女性, 電車の中〉

⑥ 종남 : 어서 오세요.
　　　オソ オセヨ
　チョンナム（若い女性）：いらっしゃいませ。

노부인 : 아니, 이 집 주인은 어디 갔나?
　　　　アニ イ ジプ チュイヌン オディ ガンナ
　老婦人：いや、この店のおかみさんはどこに行ったの？

종남 : 아, 잠깐 어디 좀 나가셨는데요.
　　　ア チャムカン オディ ジョム ナ ガションヌンデヨ
　チョンナム：あ、ちょっと外に出てるんですが。

노부인 : 어디?
　　　　オディ
　老婦人：どこへ？

종남 : 저어기요. 근데, 누구세요?
　　　チョーギヨ クンデ ヌグセヨ
　チョンナム：ちょっとそこまで。ところでどちら様でしょうか。

노부인 : 저어기요라니? 아이, 어른이 물으실 것 같으면 똑바로
　　　　チョーギヨラニ　 アイ オルニ ムルシルッコ カトゥミョン トパロ

말을 해야지?
マルル ヘヤジ

老婦人：そこまでって？　まったく，目上の者が聞いている（お聞きになってる）んだから，はっきり答えてくれなきゃ．

〈『変わった女，変わった男』第6話：老婦人→若い女性〉

⑦　전무：자네 이름이？
チャネ　イルミ

　　専務（男）：君の名前は？

　　강호：강！ 홉니다.
カン　ホムニダ

　　カンホ（応募者・男）：カン！　ホです．

　　전무：오ー, 외자네. ⋯⋯ 취미가 뭔가？
オー　ウェジャネ　　　　チュイミ ガ ムォンガ

　　専務：おお，(名前が) 一文字だね．⋯⋯ 趣味は何かね？

　　강호：독서와 스포츠입니다.
トクソ ワ　ス ポ チュイム ニ ダ

　　カンホ：読書とスポーツです．

　　전무：오ー, 스포츠! 그야말로 지와 체를 겸비했구만.
オー　スポチュ　クヤマルロ チワ チェルロ キョムビヘックマン

　　専務：おお，スポーツ！　それこそ文武両道だな．

〈『新入社員』第3話：専務（面接官）→（応募者）〉

　また，小学生はもちろん中高生も初対面の大人には敬語形と丁寧体で話すが，大人は非丁寧体で話しかける（例⑧）．日本語では普通子どもは初めて会う大人に非丁寧体を使って話すようだが，韓国語では丁寧体を使って話す（例⑨）．この差は，日本語は世代差にかまわず場面によって非丁寧体を使い，韓国語は世代差によって必ず大人には丁寧体を使うということである．日本語話者が使う丁寧体，非丁寧体から相手が感じるのは分け隔てがあるかないかの区別であるが，韓国語では丁寧体の使用如何は礼儀の現れか礼儀知らずの無礼なのかにあるのである．

⑧　옥림：아줌마, 이거 다 해서 얼마예요？
アジュムマ　イゴタ ヘソ オルマエヨ

　　オンニム（高校生・女）：おばさん，これ全部でいくらですか．

　　가게주인：어디 보자. 다하면 9만5천원이네.
オディ ボジャ ターハミョン クマンオチョノニ ネ

　　店の主人（女）：どれどれ．全部で9万5千ウォンだね．

第Ⅱ部 〈1〉上下関係 —— 59

옥림：저, 이 모자 빼면요?
　　オンニム：あのう，この帽子を抜いたら？

가게주인：아, 8만원.
　　店の主人：あ，8万ウォン。

옥림：그럼 이 둘 중에 어떤 게 더 비싸요?
　　オンニム：それじゃ，この二つのうちでどっちが高いんですか。

가게주인：그야 쇼올이 더 비싸지.
　　店の主人：そりゃ，ショールが高いよ。

〈『成長ドラマ四捨五入 2』第 47 話：高校生（女）→店の主人（女）〉

⑨　어린아이：<u>누구세요</u>?
　　子ども（男）：<u>どなたですか</u>。

수혁：어유, 넌 누구냐?
　　スヒョク（男）：あれ，おまえ誰だ？

어린아이：제가 먼저 물었잖아요.
　　子ども：ぼくが先に聞いたんじゃないか（<u>聞いたんじゃないですか</u>）。

수혁：아이, 자식, 똘똘하네. 강태영이란 친구를 찾고 있는데, 혹시 아니?
　　スヒョク：よう，小僧，お利口さんだね。カン・テヨンという人（友達）を探してんだけど，もしかして知ってるか。

어린아이：태영이 누나랑 어떤 <u>사인데요</u>?
　　子ども：テヨン姉ちゃんとどういう関係なの（<u>関係なんですか</u>）？

수혁：어떤 사이냐구? 아, 애인이다.
　　スヒョク：どういう関係かって？ 恋人だよ。

〈『パリの恋人』第 4 話：子ども→若い男性〉

まとめ

　一般関係で行われる初対面における敬語行動は，日本語では年齢の上下などの要因よりは話し手の相手に対する心理的判断と場面に対する配

慮が重要な要因になる。それで日本語では相手にあまり緊張感を感じない場合は，敬語を使わないことがある。それに対して，韓国語では初対面での言葉づかいは非常に重要である。韓国語では子どもは大人に対して敬語を使い，初対面の成人は互いに敬語を使うのが一つの社会的ルールになっているので，日本語のように非丁寧体で話すと相手に礼儀知らずと思われ人間関係がスムーズにいかない恐れがある。

　いろいろな面で日韓の敬語行動に違いが見られるが，初対面における言葉づかいもその一つである。日本に留学した経験がある韓国人は，よく大学の職員をはじめ関係者に非丁寧体で話しかけられたことを覚えている。学部留学生はまだ若いが，大学院に留学した人は20代の後半か30代の人が多い。そのくらいの年齢は韓国では話し相手が高年層でない限り非丁寧体で話しかけられることはめったにない。日本語で言われたからそれが非丁寧体だと感じない人もいるし，まだ学生の身分だから子ども扱いされていると感じる人もいるようだ。しかし，人によっては，自分も非丁寧体で応対してもいいのかなと思う人もいるようだ。

　一方，韓国に来ている日本人が初対面の人に非丁寧体を使うことはあまりないようだ。緊張感を感じないとき非丁寧体を使う日本人の敬語意識からは，外国で初対面の外国人に非丁寧体で話しかけてトラブルを起こすことはないだろう。

●○● 子どもの目に映る男性と女性 ●○●

　子どもが親戚ではない一般の大人を呼ぶとき，一般に普通の男の社会人は「아저씨（おじさん）」，女性は「아줌마（おばちゃん）」のように呼ぶが，若く見える男性は「형／오빠（お兄さん）」，若い女性には「언니／누나（お姉さん）」と呼んで区別している。しかし，この若いというのはあくまでも子どもの目に映る大人の年齢だから，男女によって違いを見せている。男性は大学生ぐらいに若く見えないと「형」と呼ばないで「아저씨」と呼ぶようだが，女性は若いという年齢層がもっと広いようだ。それこそ若く見える未婚の女性は「언니／누나（お姉さん）」と呼ばれる。
　テレビの番組で大人と子どもが一緒にゲームをするとき，若い男性（アナウンサー・20代）には「아저씨」と呼び（例①），若い女性（アナウンサー・20代）には「언니」「누나」（例②）と呼んでいる。これに対して若い女性も自分のことを男の子に話すとき「누나」といっている（例③）。

① 　사회자：영민어린이는 누구랑 하고 싶어요？
　　　司会者：ヨンミンは誰とやりたい（ですか）？
　　　영민：아저씨하고 할래요.
　　　ヨンミン（男児）：おじさんと（ゲーム）やりたい（です）。

② 　영민：나경은 누나는 행복해요？
　　　ヨンミン：ナ・キョンウン姉さんは幸せ（ですか）？

③ 　나경은：영민아, 누나가 하나만 대답하면 되지？
　　　ナ・キョンウン（ゲスト）：ヨンミン，姉さんが一つだけ答えればいい？
　　　〈以上，▲バラエティ番組『幻想の相棒』2007. 12. 31 放送分より〉

　最近はこの二つの段階の呼称のほかに「삼촌（三寸）」と「이모（姨母）」いう親戚名称が使われるようになった。この呼称は最初は子どもだけが使ったようだが，最近は若い人も自分より目上の人に親しみを表すために使うことがあるようだ。「이모」はあまりはやる段階までいってないようだが，「삼촌」は現在だいぶ広まっている。
　「삼촌（三寸）」はもともと父親の弟で，母親の弟は「외삼촌（外三寸）」

であるが，子どもは区別しないで両方とも「삼촌」と呼ぶことが多い。一般の人を呼ぶときは子どもの目から見てどうも「형（お兄さん）」と「아저씨（おじさん）」の間の年齢層に当たる人に使っているようだ。

　今は終了したが，子ども相手の番組の司会者で，30代のイ・フィジェを，画面の字幕で「휘재삼촌（フィジェ三寸）」と紹介している番組（『ビッグママ』）があった。これは子どもにより親しみを感じさせる効果をあげている。

　一方，この「삼촌」は使う年齢層も広がってきているようだ。実際この新しい呼称は最近のドラマで子どもだけではなく，普通の若い男性が知り合いのおじさんに対しても使う呼称としても使われている。ドラマ『BAD LOVE』では，若い男性が中年の男に親しく「삼촌」と呼んでいる（67頁の例①参照）。最初親戚かと思って見たが，親戚関係ではなく主人公の母親に片思いをしていた知り合いの男性だった。

　これに対応するように，子どもが「언니（お姉さん）」と「아줌마（おばさん）」の中間にあたる女性を「이모（姨母）」と呼ぶことが増えている。女性を表す親戚名称は父親の妹は「고모（姑母）」，母親の妹は「이모（姨母）」，他にもそれに該当する「숙모（叔母）／외숙모（外叔母）」などいくつかあるが，子どもが「이모」を代表呼称に選んだのは母親との生活が多いことが関係しているだろう。

　先ほどの番組『ビッグママ』では，男性司会者の「휘재삼촌（フィジェ三寸）」に対して，毎回変わる若い女性の出演者は「이모」と呼ばれていた。この場合は「삼촌」同様，まるで身近にいる実際の「이모」のように親しみを子どもに感じさせる効果があるのかもしれない。

　しかし，男性とは違って女性は「이모」よりは「언니／누나」と呼ばれるほうがうれしいだろう。実際，最近の子どもは会う機会が多い母親の友人には「이모」と呼び，あまり会う機会がない友人には「아줌마」と呼んでいる。しかし，父親の友人には「삼촌」と呼ぶよりは「아저씨」と呼ぶことが多いようだ。多分父親の友人には接触の機会があまりないからだと思われる。

2
親疎関係

　親疎関係は敬語行動を決める重要な要因であり，状況的要因と心理的要因の二つに分けられる。前者はもともとの立場や関係が親密か疎遠かという条件の問題によるものであり，後者は具体的な場面で感じる心理的な距離感による親疎関係である。ここで取り扱うのは心理的距離感による親疎関係ではなく，普段親しい関係かあるいは疎遠な関係かを基準とする状況的要因という意味においての親疎関係である。

日本語の場合

　日本語で親疎関係は敬語行動を決める要因になる。同年輩の親しい間柄では非敬語形と非丁寧体で話している（例①）。この場合は相手が社会的に地位が高くなっても敬語行動に変化は起こらないようだ。その例として急激に昇格して社長になった親友に相変わらず非敬語形と非丁寧体を使う例が見られる（例②）。また，平素親しい関係を維持していた場合，会社内の上下関係より親疎関係が優先するようだ。例③は若い頃恋人の間柄だった関係で起業にいっしょに参加した部長と社長の対話であるが，ここで女性部長は社長に相変わらず非敬語形に非丁寧体を使っている。

① 龍太（男）：おまえ，なんか変じゃない？
　　島男（男）：え？　おれが？　全然，いつもどおりだけど。
　　龍太：あ，そう？

島男：そうだよ。
〈『恋に落ちたら』第2話：二人は友人関係〉

② 龍太（友人・男）：もう，目標達成。よかったんだよな。
　　島男（社長・男）：冗談じゃない。目標なんて達成してないよ。
　　龍太：おまえさ，何言ってんの。……　おまえ，何言ってるのかよくわかんねえぞ。引っ越すなんて，意味わかんねえし，本末転倒じゃないかよ。
　　島男：わかった。勝手にしろ。おれ引っ越すから。
〈『恋に落ちたら』第9話：二人は友人関係〉

③ 七海（部長・女）：森村さんが役員を引き連れて受付に来てる。どうする。
　　社長（男）：森村君だけ通してくれ。2分だけ話そう。
〈『恋に落ちたら』第4話：部長（女）→社長（男），二人は友人だがかつては恋人〉

　一方，職場内で最初は警備として勤めていた人が後に会社で重要な人物としてポストが上がると，警備のときは非丁寧体を使っていた会社員（例④）が昇進したポストに合わせてその人物に敬語形と丁寧体を使って丁重な言葉づかいをしている（例⑤）。

④ 島男（警備・男）：これ，ハッキングじゃない。サーバー侵入型の新型ウィルスです。……
　　宮沢（社員・男）：触るな，おまえ。素人が何言ってる。あ，おまえ，なんでこんなところにいるんだ。おまえ，出てけ。出てけ，おまえ。
〈『恋に落ちたら』第1話：社員→警備〉

⑤ 宮沢（社員・男）：あ，社長，取締役会は終わったんですか？　あの，あしたのパーティーの進行なんですけど，ちょっ

と変更がありまして。
島男（社長・男）：もう必要なくなりました。
〈『恋に落ちたら』第9話：社員→社長〉

しかし，同じ人物に対して警備員のときの上司で人間的に親しくしてくれた警備班長は自分の部下だった人が出世した後も以前（例⑥）の非丁寧体の話し方を維持している（例⑦）。つまり，例⑤の場合は，職場内の上下関係が敬語行動の決定要因として作用したのに対し，例⑦の場合は親疎関係が敬語行動の決定要因として作用したものといえる。

⑥　豊田（警備班長・男）：<u>いいか，二度とこんなことするなよ，おまえ。わかったかよ！　次クビだぞ，クビ！</u>
〈『恋に落ちたら』第1話：警備班長→警備員〉

⑦　豊田（警備班長・男）：<u>俺見たよ</u>。おまえが，高柳社長の隣に座るのを。
　　島男（重役・男）：あのときは，ありがとうございました。……
　　豊田：島男，<u>出世したなー</u>。
〈『恋に落ちたら』第6話：警備班長→重役〉

このように日本語は親疎の基準による敬語行動に話し手の心理的親疎関係が影響を及ぼすことが多い。それで時が経ったとか環境が変わったときなどに以前の敬語行動が維持されない面が現れる。その例として社会人になった中学時代の同級生に久しぶりに会って相手を確かめる場面で，丁寧体で話しかけている（例⑧）。それに続く対話は非丁寧体で行われるが，久しぶりに会ってすぐには心理的に中学時代の関係に戻れず言葉づかいにも心理的疎遠さが表れているようだ。同窓会でも学校時代以来初めて会う同級生と丁寧体と非丁寧体の対話が行われ，心理的要因が言葉づかいを左右して中学のころの言葉づかいは維持されない（例⑨）。

⑧　晶子：神野さん？　やっぱり。私，富山の中学
　　　　　校で同じクラスだった<u>フジサキショウコ</u>
　　　　　<u>です</u>。
　　桜子：あ，みんな先に行ってて。
　　晶子：覚えてる？
　　桜子：え。久しぶりね，フジサキさん。
　　晶子：ホントに。あ，私今タカスギショウコに
　　　　　なったんだけど…。や一，もうこんなところで会えるなんて。
　　　　　神野さんきれいになったね。
　　桜子：私忙しいのでこれで。

　　　　　　　　〈『やまとなでしこ』第5話：晶子←→桜子，二人は中学の同級生〉

⑨　桜子：あら，何年ぶりかしら。もしよかったらこれどうぞ。
　　宮脇：あ，ありがとう。神野さん。
　　桜子：あっ。
　　宮脇：<u>すみません</u>，手が滑って。
　　桜子：いい。いいの。お化粧室で<u>拭いてきますから</u>。
　　宮脇：いや，<u>だめですよ</u>。僕が悪いんだ。そうだ，うちの車にサン
　　　　　プルの<u>商品</u>がある。それ<u>使ってください</u>。

　　　　　　　　〈『やまとなでしこ』第5話：宮脇←→桜子，二人は中学の同級生〉

韓国語の場合

　韓国語の場合も，親疎関係は敬語行動の重要な決定要因の一つになる。韓国語では目上の人には敬語を使うのが常識になっているが，だいぶ年が離れている人にも親しくなると非丁寧体「-어」を使って話すことがある。
　例①は若い男性が子どものころからの知り合いの中年の男性（昔自分の母親を愛した人）に対して親に甘えるような話し方をしている。ここで使われている「삼촌（三寸）」（サムチュン）という呼称は一般的には父親の兄弟を

呼ぶ親族名称であるが，「아저씨（おじさん）」の代わりに最近になって
大人の男性を呼ぶときによく使われるようになってきた呼び方の例である。また，若い女性が店を開き，隣の店の年上の女将さんを頼りにしている場面で若い女性は親しみを込めて非丁寧体で話している（例②）。

① 용기：갑자기 웬 사우나야?
　　　カプチャギ ウェン サウナヤ
　　ヨンギ（男）：突然，なんでサウナ？
　　황사장：야, 늙어가는 삼촌 등도 좀 밀어주고 둘이서 오붓하게
　　　ヤ ヌルゴ ガヌン サムチュン ドゥンド チョム ミロジュゴ トゥリソ オブッタゲ
　　　해장국도 한그릇씩 때리구 그러면 좋잖아. 자식아.
　　　ヘ ジャンククト ハングルッシク テリグ クロミョン チョッチャナ チャシガ
　　ファン社長（男）：おい，だんだん老けていくおじさん（自分）の背中を流し
　　　　　　　　　　てくれて，それから二人で仲良くヘジャンククでも食べ
　　　　　　　　　　て。そうすりゃいいじゃないか。おまえ。（※ヘジャンクク：
　　　　　　　　　　スープの一種。牛骨を使った肉汁スープで，二日酔いの酔
　　　　　　　　　　い覚ましにいいとされる。）
　　용기：삼촌 나한테 할 얘기 있지.
　　　　サムチュン ナハンテ ハル イエギ イッチ
　　ヨンギ：おじさん，僕に何かいうことあるでしょ（あるだろう）。

　　　　　　　　　　　　　　〈『BAD LOVE』第4話：若い男性→中年男性〉

② 반찬숙：인정아, 내가 오늘 장 다 봐 놨거든. 일찍만 들어와.
　　　インジョンア ネガ オヌル チャンタ バ ノァッコドゥン イルチンマン トゥロワ
　　パン・チャンスク（女）：インジョン，私がきょう買い物を全部済ませたから
　　　　　　　　　　　　　早く帰ってくるだけでいいよ。
　　인정：울 엄마 기일마다 신세 져서 어떡해.
　　　ウル オムマ キイルマダ シンセ ジョソ オットッヘ
　　インジョン（女）：母の命日の度に世話になって悪いわね。
　　반찬숙：아ー, 한솥밥 먹는 사이끼리 신세는 …… 우리가 다 남이니？
　　　ア ハンソッパプ モンヌン サイッキリ シンセヌン ウリガタ ナミニ
　　　알고 보면 한 핏줄, 한 자손, 단군의 자손인데.
　　　アルゴ ボミョン ハン ピッチュル ハン チャソン タングンエ チャソンニンデ
　　パン・チャンスク：あ，同じ釜の飯を食べている仲だというのに，世話だな
　　　　　　　　　　んて …… 私たちは他人なの？　系図を遡ってみれば同
　　　　　　　　　　じ血筋，同じ子孫，檀君の子孫じゃない。（※檀君：朝鮮
　　　　　　　　　　神話の宗教的，政治的最高統師権者の称号。「단군의 자손」
　　　　　　　　　　は，さかのぼればみんな同じ血筋だから近い間柄だとい

　　　　　　　　う意味で使う。）

　　인정：가게 문 일찍 닫고 빨리 들어갈게.
　　　　　　カゲ ムン イルチク タッコ パルリ トゥロガルケ
　　　インジョン：早く店を閉めてすぐ帰るよ。

　　　　　　〈『BAD LOVE』第2話：若い女性→女将さん，二人は隣の店の知人〉

　韓国語においても日本語同様，同年代の友人の間では非丁寧体で対話をするが，これは職場でもそのまま反映されることが多い。このような例として，会長の息子は企画室長でその友人は同じ会社の代理という場合の例を見ると，二人は幼なじみで互いに非丁寧体を使っているし（例③），社内の他の人も自然に受け入れている。

③　우경：이거 와이브로 서비스 현 황 이야.
　　　　　イゴ ワイブロ ソービス ヒョンファンイヤ
　　　ウギョン（代理・男）：これワイブロサービスの現
　　　　　　　　　況だよ。

　　윤후：아ー, 우리가 생각했던 것보단 가입고객이
　　　　　ア　　ウリガ センガッヘットン ゴッボダン カイプコゲギ
　　　　　적은데.
　　　　　チョグンデ
　　　ユヌ（企画室長・男）：ああ，僕らが思ってたより
　　　　　　　　　加入した客が少ないんだけど。

　　우경：음, 그 서비스 지역을 서울 전역과 경기도 일부로 확대하고
　　　　　ウム ク ソービス チヨグル ソウル チョンニョックヮ キョンギド イルブロ ファクテハゴ
　　　　　PDA, PMP 타입 단말기가 나오면 훨씬 좋아질 거야.
　　　　　ピーディエイ ピーエムピ タイプ タンマルギガ ナオミョン フォルシン チョアジルッコヤ
　　　ウギョン：う～ん，そのサービス地域をソウル全域とキョンギ道の一部に拡
　　　　　　　大してPDA，PMPタイプの端末機が出てくれば，ずっとよくな
　　　　　　　るはずだよ。

　　윤후：마케팅에 좀 더 신경을 쓰고. 브랜드 공모는 잘돼가고 있
　　　　　マケティンエチョム ド シンギョンウル スゴ ブレンドゥ コンモヌン チャルテガゴ イッ
　　　　　지?
　　　　　チ
　　　ユヌ：マーケティングにもう少し気をつかって。ブランドの公募はうまくいっ
　　　　　　てるの？

　　우경：이번 주 안으로 마감하고 심사 들어갈 거야.
　　　　　イボンチュ アヌロ マガムハゴ シムサ トゥロガルッコヤ
　　　ウギョン：今週中に締め切って審査に入るつもりだよ。

　　　　　〈『19歳の純情』第53話：代理→企画室長，二人は友人関係〉

『19歳の純情』

しかし，普通は親しい関係の二人が同じ会社に勤めながら上下関係をなしている場合，第三者がいる公の場では上下関係を優先する敬語行動を行い，私的場面で親疎関係に戻るのが普通である。例④は高校の先輩と後輩の異性間の対話である。二人は私的な場面では互いに非丁寧体を使用しているが，職場の上司という立場の女性が，学校の先輩であるが職場では下位者である相手に，会社では自分の立場を考え上位者に対する待遇をしてほしいと要求している。

④　기웅：해인아, 커피 마실래?
　　　キウン（社員・男）：ヘイン，コーヒー飲む？

　　해인：선배, 내 이름이 해인인건 맞거든.
　　　ヘイン（チーフ・女）：先輩，わたしの名前はヘインで合ってるけど。

　　기웅：응.
　　　キウン：うん。

　　해인：근데 그건 회사 밖에서만 그렇게 불러 줘. 회사에선 미안하지만 …… 난 선배 상사야.
　　　ヘイン：だけど，それは会社の外だけにして。会社では悪いけど …… 私は先輩の上司よ。

　　　〈『変わった女，変わった男』第4話：社員（学校の先輩）→チーフ（女）〉

一方，一定の基準によって言語行動が行われる家族関係においても疎遠な関係になったとき非丁寧体のかわりに丁寧体を使う例が見える。⑤の例は舅が嫁に対して非丁寧体を使っているが，嫁が息子と契約結婚をしているのがわかった後は例⑥のように他人扱いをして丁寧体を使っている。

⑤　시아버지：아주 기가 막히는구나. …… 니들이 지금 제 정신이냐?
　　　舅：まったくあきれるね。おまえたち今正気なのかい？

『フルハウス』

지은：죄송합니다.
  チェーソンハムニダ
  チウン（嫁）：すみません。

시아버지：아주 잘 한다.
  アジュ チャル ハンダ
  舅：よくやるよ。

〈『フルハウス』第14話：舅→嫁〉

⑥ 지은：아버님.
    アボニム
  チウン（嫁）：お父さん。

시아버지：이제 그 아버지란 소린 좀 듣기가 그렇네요. 아가씨는
  イジェ ク アボジラン ソリンジョム トゥッキガ クロンネヨ アガシヌン
  내 며느리가 아니잖아？ 길게 얘기 안할게요. 이제 그
  ネ ミョヌリガ アニジャナ キルゲ イェギ アナルッケヨ イジェ ク
  만 우리 영재하고 헤어져요.
  マン ウリ ヨンジェハゴ ヘヨジョヨ
  舅：今のそのお父さんというのは，ちょっと聞き捨てならないね（聞き捨て
  なりませんよ）。お嬢さんはお嫁さんじゃないじゃないか？ 長くは話さ
  ないよ（話しません）。もうヨンジェとは別れてくれ（別れてください）。

〈『フルハウス』第14話：舅→嫁，契約結婚が知らされた後〉

　このように特別な場合もあるが，普通ははじめに使っていた敬語行動のスタイルは後まで維持されることが多い。それで初対面の時点，あるいはある時点で対話の両者は会話のスタイルを決めることがある（例⑦）。両者の合意で丁寧体を使わず砕けた言い方をすることを「敬語をつかうのはやめましょう」「ため口しよう」の意味の「말을 튼다，말을
  マルル トゥンダ マルル
놓는다」という。韓国語の場合，時間の経過によって心理的には疎遠
ノンヌンダ
の関係から親近の関係に変わっていくにもかかわらず，言葉づかいには親疎による柔軟性が現れない傾向がある。それで，ある時点で相手との関係を親しい関係と定め直すことによって，その親近な人間関係に相当する言葉づかいに直すことができるのである。つまり，使い慣れていた言葉づかいの調節を行って親しい間柄で使う非丁寧体を取り入れるようになるのである。それゆえ，親しくなったといっても，断りなしに相手に非丁寧体を使うと相手は瞬間戸惑ってしまうことがある。

⑦　재인：칠 겁니까？
　　　チェイン（男）：叩くつもりですか。

　　서현：때리면, 맞을 거예요？……
　　　ソヒョン（男）：叩いたら, 叩かれるつもりですか？ ……

　　서현：우리 말 놉시다. 뭐, 나이도 동갑이고. 다현이가 내 동생이니까.
　　　…… 어떡할 거야. 포기하는 거야？　내 동생.
　　　ソヒョン：僕たち敬語はやめましょう。なに, 同い年だし。タヒョンは僕の
　　　　　　　妹だから。…… どうするつもりだ。あきらめるのか？　僕の妹。

　　재인：누가 포길 해？
　　　チェイン：誰があきらめるって？

　　　　　　　　　　　　〈『１％の奇跡』第10話：男性同士の対話（妹の彼氏との対話）〉

　それで韓国では幼なじみの友人または学校の同級生に20～30年経って再会したときや電話で会話を交わすときなども, 昔の親しく付き合っていたころに使っていた非敬語形と非丁寧体で話しかけ昔と変わることはない。例⑧は小学校の同級生が社会人になって再会した例であるが, 小学校のころの言葉づかいと見られる非丁寧体で話している。

　このように長い年月が経った場合, 学生時代に親しかった友だちは久しぶりに会えば懐かしさを感じるが, 学生時代に親しくなかった同級生にはよそよそしさを感じるだけである。しかし, このようなよそよそしい個人の疎遠な心理は敬語行動を決める要因になることはなく, 昔の言葉づかいを維持することで時間と空間を超越し, 同じ年代の親友という関係を維持するのが普通である。

⑧　준호：신영아, 나야. …… 야, 신영아.
　　　チュノ（医師・男）：シニョン, 僕だ。…… おい, シニョン。

　　신영：어머.
　　　シニョン（記者・女）：あら。

　　준호：야―, 너 이뻐졌다.
　　　チュノ：おお, きみ, きれいになったな。

신영：어！　너도 몰라 보겠다.
　　　　オ　　ノド　モルラ　ボゲッタ
　シニョン：ああ！　あなたも見違えたわ。

준호：반갑다.
　　　パンガプタ
　チュノ：会えてうれしいな。

〈『結婚したい女』第3話：小学校時代の同級生，久しぶりの再開〉

まとめ

　日本語でも韓国語でも親疎関係は敬語を決める重要な要因になるが，職場での上下関係や対話の場面の公私の区別などの他の要因とぶつかることが生じ，そういう場合は他の要因が優先することがしばしばある。しかし，親疎関係には，与えられた状況や立場での関係（状況的要因）と，具体的な相手との対話の場面で感じる話し手の心理的距離感（心理的要因）によるものの2つがあり，この2つのどちらがより強く敬語行動決定の要因として作用するかによって，両国語の差が現れる。

　韓国語における親疎関係というものは，状況的要因によって定まっているとみなしてよいほど，対話の場面における話し手の心理的要因に左右されない。反面，日本語では，親子関係以外は親疎関係にも対話の場面での心理的要因が影響してくる。それゆえ，韓国人は子どものころの友だちは何十年経った後で会っても子どものころの話し方の延長線で話すが，日本人は久しぶりに会うとよそよそしさが敬語行動として現れるのであろう。

●○● 오빠（お兄ちゃん）と 아빠（お父ちゃん） ●○●

「오빠（お兄さん）」は妹が兄を呼ぶ呼称である。しかし，だいぶ前からその使用範囲が広がってきている。子どもから中・高校生に至るまでの女子学生は年上に見える男性をみんな「오빠」と称しているし，大学生も異性の先輩のことを「오빠」と呼ぶ。女性社員も会社の先輩を私的な場所では「오빠」と呼ぶという。昔は自分の兄は「오빠」で，ほかの関係の目上の男性は「名＋오빠」（例：민수오빠）と呼んで区別したが，最近は名前をつけず「오빠」と呼んでいる。そのかわり，自分の兄のことは「우리 오빠（私の兄）」と呼んで区別して話しているようだ。

それに加えて，付き合っている男性も「오빠」，つまり「彼氏」の意味としても使われている。男女がつき合うとき，男性の方が年上の場合が多くて生じた現象だろう。結婚した後も夫のことを「오빠」と呼び続ける場合もある。新婦が人の前で「오빠가～（兄が～）」などと話すと，どうしてお兄さんのことを話すのかなと混乱することが多いが，聞いているうちに夫のことを話していることがわかる。こういう言い方は子どもが生まれると変わるのが普通だが，変わらずにもう少し続くこともある。韓国では従来，夫は妻のことを「집사람（家内）」とか「처（妻）」と言って人前であまり困らずに話していたのだが，若い女性は夫のことを他人に話すとき適当な呼び方がなくて，子どもが生まれると「子どもの名＋아빠（お父さん）」と言っていたものだ。

この「아빠（お父さん）」という言葉が，子どものときからの父親の呼称と同じなので，父親のことをいうのか，夫のことをいうのか紛らわしく，「お父ちゃん」に当たる呼称を父親ではなく，夫に使うといって話題になることが多かったのである。現在は妻が夫について使う呼称は「아빠」から「오빠」に変わってきているといえる。

とにかく，今はこの親戚名称の「오빠」の用法は止めようがないほど広がっている。この「오빠」はいつの間にか，年齢に関係なく好きな歌手やタレントを呼ぶ言葉にもなっている。それでこういうファンクラブを「오빠부대（オッパ部隊）」というが，この「오빠부대」，つまり追っかけは，少女だけでなく中年の女性まで若い歌手の公演中「오빠～！」と声を上げているとのことである。

3
恩恵・役割関係

　恩恵・役割関係とは，お客さんに対する商業上の敬語や，社会的有力者または個人的に恩恵関係にある場合を指す。ここで使われる言葉づかいは，敬語選択の一つの要因になりうるが，日本語と韓国語で異なる様相を見せている。

日本語の場合

　日本語の場合，取引の力関係または役割などが敬語行動の大きな要因として作用している。日本語は話し手の必要により相手の力を認めたときに敬語行動に差が見られる。こういう例として個人的に会った平凡な若者に対する社長の態度（例①）と，その平凡な若者が天才プログラマーとしてコンピュータウイルスを直すやいなや社長の態度がすごく丁重になる例が見られる（例②）。

① 　高柳（社長・男）：困ったことがあったら，いつでも訪ねておいで。
　　島男（若者・男）：多分お邪魔することはないと思います。
　　高柳：そう思うかい。
　　　　　　　　　　　　　〈『恋に落ちたら』第1話：社長→若者〉

② 　高柳（社長・男）：あ，きみ，……鈴木島男君だね。……後で社長
　　　　　　　　　　室に来ていただけますか？
　　島男（警備員・男）：はい。
　　高柳：じゃあ，1時間後に。

〈『恋に落ちたら』第2話：社長→警備員・プログラマー〉

　また，倒産の危機におかれた会社の社長が今は亡き友人の息子を訪ねて自分の会社を引き受けてくれるように頼むとき，友人の息子に敬意度が高い敬語形と丁寧体を使う例が見られる（例③）。このような例は韓国語と大きな差が見られる敬語行動である。

③　高柳（友人の息子）：申し訳ありません，東条社長。不義理を重ねてしまって。
　　東条（社長・男）：徹君も<u>ご立派になられて</u>，……　<u>ご活躍</u>のほどはテレビや雑誌で<u>拝見しております</u>。
　　高柳：お元気そうで何よりです。……　おかぜですか。
　　東条：<u>ガン</u>です。余命<u>宣告されまして</u>，……　東条貿易をフロンティアの力で<u>救っていただきたい</u>。きょうはそのお願いに<u>まいりました</u>。
　　（中略）
　　東条：図々しいお願いだというのはわかった上で，<u>ご検討いただければ</u>と思っています。
　　〈『恋に落ちたら』第6話：東条(社長)→高柳(取引先の社長であり友人の息子)〉

　一方，会長である相手を年老いた家政婦と思い違いして非丁寧体を使用した例も見られる（例④）。これは相手が自分がお願いにきた会長だとわかったら敬語形と丁寧体を用いたはずなのに，相手を家政婦と思ってしまい気軽に考えて丁寧さが欠けた例である。ここでは，相手を軽く見て緊張感の伴わない会話をしていると思われるので，役割が言葉づかいの決め手になる恩恵・役割関係として扱った。

④　神谷（重役）：これで<u>取り次いでくれないか</u>？　（お金を差し出す）
　　老婦人：社長はお会いしないと思いますよ。失礼します。
　　〈『恋に落ちたら』第5話：訪問客(重役)→老婦人(会長，家政婦と勘違いされる)〉

また，例⑤ではデパートとそのテナント会社との取引の関係が敬語行動の要因になるという内容が含まれている。個人的には自分が大学の先輩に当たるが，公的にはデパートのテナントの職員として依頼している弱い立場に立っている場合である。しかし，実際には後輩に非丁寧体を使っており，丁寧な後輩の話し方を受け入れているような雰囲気が感じられる。

⑤　千歳（テナントの職員・男）：悪い。すぐ戻るから。
　　東次（デパートの社員・男）：あ，<u>大丈夫ですから</u>，ゆっくりして<u>来てください</u>。
　　千歳：また，そんな丁寧な言葉づかいしちゃって，いくら大学の先輩だからって，おれは出入り業者，そっちはここの社員じゃない。気遣わなくていいっつってんのに。
　　　　　〈『元カレ』第1話：デパートの社員→テナントの職員（大学の先輩）〉

　辻村敏樹『敬語の用法』(1991)に，現代社会で成人同士が「です・ます」を使わずに話すことができるのは，
　(1)　話し手が聞き手に比べて明らかに目上である場合
　(2)　客が，商人・サービス業者などに対して注文するような場合
　(3)　家族（特に夫婦，実の親子および兄弟姉妹）同士で話す場合
　(4)　親しい間柄同士で話す場合（特に，話し手が聞き手と同等かそれ以上であって親しい場合）
ぐらいのものであり，これ以外の場合には「です，ます」を使うほうが普通であろうとある。
　この中で(1)，(3)，(4)は韓国語にも共通して見られる現象であるが，(2)の客が商人・サービス業者などに注文するような場合の，客としての言葉づかいは韓国語にはほとんど該当しない。日本では近所の市場などで丁重な言葉づかいを聞くことはめったにない。普段品位のある言葉づかいをしている奥さんも近所の店や市場で丁寧な言葉はあまり使わない。つまり日本では買い物をする客が商品を注文する場合，非丁寧体を使う

ことがわかる（例⑥）。近所の店の商人もやはり丁重な言葉づかいはせず，親しそうな非丁寧体を使用したりする。

⑥　チヨコ（主婦）：あ，チキンカツ4枚ちょうだい。
　　　　　　　　　……子どもたちは半分ずつでいいの。
　　店の主人（女）：そんな，奥さん。1枚サービスしますから。
　　チヨコ：あら，悪いわ。じゃ，サラダも買っちゃおうかしら。……
　　店の主人：サラダもつけて500円でいかが。
　　チヨコ：あら，悪いわ。
　　　　　　〈『吾輩は主婦である』第10話：客→店の主人（女）〉

『吾輩は主婦である』

しかし，デパートなどでは店員をはじめデパート関係者は客に対して最高の敬語を使っている。例⑦は突然食品売り場に現れ騒ぎを起こす若い人に丁寧な言葉づかいで応対し，例⑧は食品売り場のまわりの客に謝る場面で最大の敬語形と丁寧体が使われている。これに対して，食品売り場の例ではあるが，客は敬意度の高い敬語をほとんど使用しないようだ（例⑨）。

⑦　篠田（課長・男）：お客様，ご不満な点ございましたらば奥のほうでお話うかがいます。
　　　　　　　　　〈『元カレ』第9話：デパートの課長→裕二（若者）〉

⑧　篠田：どうもお騒がせいたしました。申し訳ございませんでした。
　　　　　　　　　〈『元カレ』第9話：デパートの課長→まわりの客〉

⑨　店員：申し訳ございません。すぐお包みいたします。少々お待ちくださいませ。
　　客（女）：これだけ待たせたんだから，おまけしときなさいよ。はい，

　　　　この中に入れちゃうよ。
　　　　　　　　　　　〈『元カレ』第2話：客→デパートの店員〉

　また，タクシーの乗客の敬語行動も丁寧なものとはいえない（例⑩）。このように日本では客としての言語行動は客に接する商人などの言語行動と異なるが，これは力関係・役割の関係によるものといえよう。

⑩　乗客（男）：中央テレビまで。
　　運転手（女）：はい。
　　乗客：あれ，なんだ，女の人？
　　運転手：いやならほかの車に乗ってください。
　　乗客：いいよ，急いでるから。……珍しいよね。女の運転手さん。
　　　　　　　　〈『マンハッタンラブストーリー』第1話：乗客→運転手〉

　今度は医師と患者の関係を見ることにする。医師は患者を診察し，患者は医師に頼っている立場といえるので，役割の関係として医師と患者の関係が取り上げられる。それで，日本での医師と患者の言語行動をドラマの例から見ると，医師は患者に親近感のある軽い待遇をしている。日本のドラマ『オヤジぃ。』で中年の医師は患者にいつも非丁寧体を使っている。その対象はおじいさん，おばあさんの場合も同じであるが，これは患者を弱い人と見て保護する立場での言葉づかいと見られる（例⑪）。ドラマ『ラストクリスマス』では医師が若い女性に非敬語形と非丁寧体を使っており（例⑫），『僕の生きる道』でも医師と患者の対話が見られるが，医師は28歳の患者（教師）にまるで弟に話しかけるように親しみを込めた非丁寧体を使っている（例⑬）。実際日本で病院に行って患者として医師に見てもらったことがある韓国の留学生は，医師から非丁寧体を使われた経験をしている。

⑪　神崎（医師・男）：おかあさん，調子いいじゃない。ねえ，よかったね。
　　　　　　　　　　ちゃんと薬飲んでる？
　　患者（老婦人）：はい。

神崎：続けてよ，薬ちゃんとね。

〈『オヤジぃ。』第2話：医師→患者（老婦人）〉

⑫　澤口（医師・男）：今回も再発の兆候などは見られなかったよ。安心していいよ。

由季（若い女性）：先生，約束のものちゃんと持ってくれてます？クリスマスに必ず届くように送ってくださいね。

〈『ラストクリスマス』第1話：医師→患者（若い女性）〉

⑬　金田（医師・男）：きみがそう生きようと思ったのはどうして？

秀雄（若い男性）：僕の余命が1年だからに決まってるじゃないですか。先生，僕間違ってませんよね。

金田：きみが本当にそう思ってるなら。

秀雄：もちろんです。嘘なんかついてません。

金田：だったら，問題ないじゃない。きみは自分の思った通りに生きてるんだから。

〈『僕の生きる道』第3話：医師→患者（若い男性・教員）〉

一方，日本では最近患者という単語に「様」をつけて「患者様」と呼ぶことが多くなってきているという。これは医療機関が患者をお客さん扱いするサービス業にかわる傾向を見せていることだといえよう。そもそも厚生労働省の医療サービス向上委員会が2001年11月，「国立病院などにおける医療サービス質の向上に関する指針」というものを作って，国立病院に対し患者を呼ぶときは原則的に姓（名前）に「様」をつけるように勧めたものだという。しかし，病院関係者は患者という普通名詞に「様」をつけて敬称として使うようになったという。これに対して金田一春彦は『日本語を反省してみませんか』（2002）で単語を丁寧な形態にしても決して丁寧にならない例として「患者様」の例をあげている。「患者」という言葉がすでに悪い印象を与えているのでいくら「様」をつけるとしても気分はよくならないという。そういう例として病人，怪我人，

老人などをあげている。しかし，人によっては患者様という言葉を聞いて好印象を受ける場合もあるようだ。この言い方は患者個人に対して使うことはなく，「採血をお待ちの患者様いらっしゃいますか（～採血室でお待ちください）」のように，不特定の患者を対象に使われているという。

韓国語の場合

　韓国語では普通，恩恵関係または役割関係により弱い立場にいる人が優位の立場の人に対して必ずしも敬語を使うとはいえない。なお，客を相手にする職業の場合もその職業によって敬語行動に差が生じるとは考えがたい。特に相手が青少年の場合はお客さんとしての条件よりは世代差が優先する（例①）。また，客が成人である場合もずっと年上の商人は若く見える客に対して非敬語形に非丁寧体を使って親しく接することはあるが，若い客が商人に非丁寧体を使ったりすることはない（例②）。

① 　빵집 주인：학생, 케익 살 거야 말 거야？
　　　　　　ハクセン　ケイク　サル ッコヤ　マル ッコヤ
　　　パン屋の主人（女）：学生さん，ケーキ買うの，買わないの？

　　옥림：아, 생크림 아닌 걸로 주세요.
　　　　　ア　センクリム　アニン ゴルロ　チュセヨ
　　　オンニム（高校生・女）：あ，生クリームじゃないのをください。

　　　　　〈『成長ドラマ四捨五入 2』第 3 話：パン屋の主人（女）→高校生（女）〉

② 　포장마차 아줌마：아이, 둘이 언제까지 이
　　　　　　　　　　ア イ　トゥーリ　オンジェッカジ　イ
　　　　　　　　　　러고 있을 거야, 아유,
　　　　　　　　　　ロゴ　イッスル ッコヤ　アイユー
　　　　　　　　　　합석 안 해？
　　　　　　　　　　ハプソク　ア ネ
　　　屋台のおばさん：ちょっと，二人ともいつまで
　　　　　　　　　　そうしているつもりなの。まっ
　　　　　　　　　　たく，相席しないの？

　　삼순：네？
　　　　　ネ
　　　サムスン：ええ？

　　아줌마：아이, 테이블 꽉 찬 거 안 보여？ 수작 그만 떨고 빨리
　　　　　　アイ　テイブル　ックッ チャン　ゴ アン ボヨ　スジャク クマン トルゴ　パルリ

『私の名前はキム・サムスン』

합처 총각!
ハプチョ チョンガク

おばさん：ちょっと，テーブルがぎっしり詰まってるのが見えないの？ ふざ
　　　　　けないで，いいから早く一緒に座りなよ，お兄さん。

삼순：에, 에, 아줌마, 아니 누가 합석한대요?
　　　エ　エ　アジュムマ　アニ　ヌガ　ハプソッカンデヨ

サムスン：え，え，おばさん，いやあ，誰が相席するですって？

아줌마：어, 아가씨 성격 참 이상하네, 아이, 아까부터 잘 못했다고
　　　　オ　アガシ　ソンキョク　チャム　イサンハネ　アイ　アッカブット　チャルモッテッタ　ゴ

　　　　비는 것 같더만 그만 좀 해.
　　　　ピヌン　ゴッ　カットマン　クマン　ジョム　ヘ

おばさん：あら，このお姉さん，ちょっと変だね。もうさっきから（彼が）謝っ
　　　　　てるじゃない？　いい加減にしなよ。

〈『私の名前はキム・サムスン』第2話：屋台のおばさん→若い男女〉

　タクシーの場合も客と運転手の役割による言語行動の差はない。この場合も役割の問題よりは世代が優先的な要因になる（例③）。例④は日本語の例⑩のように女性運転手に男性の客であるが，中年の客は女性の運転手に丁寧体で話している。全般的に韓国人は世代差による敬語行動は認めるが，恩恵・役割の関係（顧客と商人など）による非丁寧体の使用は自然な気持ちで受け止められない。それで初対面の人には相手が成人の場合は丁寧体「－어요」などを用いて聞き手に対する配慮を施さないと対話者間の緊張感が解けず心理的に抵抗が残るようだ。この場合使われる丁寧体「－어요」は日本語の「です，ます」がもっている相手との距離としての機能よりは聞き手を配慮する礼儀の表示であり，相手との一つの緩衝の役割をしているとみなされる。

③　재인：아, 그럼 저기 버스 전용 차선으로 들어가요. 책임은 내가
　　　　ア　クロム　チョギ　ボス　チョニョンチャソ ヌロ　トゥロ ガヨ　チェギムン　ネガ

　　　　질 테니까. …… 들어가라니까요. 내가 전부 해결 할 테니
　　　　チル ッテニッカ　　　　トゥロ ガラニッカヨ　ネガ　チョンブ　ヘギョル ハル ッテニ

　　　　까.
　　　　ッカ

チェイン（乗客・男）：あ，それじゃ，あのバスの専用車線に入ってください。
　　　　　　　　　　　責任は私が取りますから。…… 入ってくださいって
　　　　　　　　　　　ば。私が全部解決するから。

택시기사：아, 이 양반아. 당신이 뭘로 책임져. 찍히면 나 혼자
　　　　　ア　イ ヤンバナ　タンシニ　ムォルロ　チェギムジョ　チッキミョン　ナ　ホンジャ

　　　　　옴팡 쓸 텐데. 내가 당신이 누군질 알고.
　　　　　オムパン スッテンデ　　ネガ タンシニ　ヌグンジル アルゴ
　　運転手：あ, あんたがなんで責任を取るっていうんだ。撮られたら, 自分だ
　　　　　けにかぶってくるのに。あなたのことだれだかわかってるとでも。
　　　　　　　　　　　　　　〈『１％の奇跡』第１話：運転手→客（若い男性）〉

④　　운전사：좋은 일 있으셨나 봐요？
　　　　　　　チョウン ニル イッスションナ バヨ
　　　運転手（女）：いいことあったみたいですね。
　　　승객：아, 있었죠. 이번에 우리 아들 놈이 박사가 돼서 친구놈들
　　　　　ア イッソッチョ イボネ ウリ アドゥル ノミ パクサガ デソ チングノムドゥル
　　　　　불러서 내가 한턱 내고 오는 길이에요.
　　　　　プルロソ ネガ ハントゥ ネーゴ オヌン ギリエヨ
　　　乗客（男）：あ, ありましたよ。今度うちの息子が博士になって, （僕の）友
　　　　　　達を呼んでおごって, その帰りなんですよ。
　　　운전사：와! 진짜 좋으셨겠네. 축하드려요.
　　　　　　　ワー チンチャ チョウ ショッケンネ チュッカトゥリョヨ
　　　運転手：うわ！　本当によかったですね。おめでとうございます。
　　　　　　　〈『江南ママに追いつけ』第１話：乗客（中年男性）→運転手（女）〉

　⑤の例は普段着で会社に出てきた会長を社員たちが物売りに来た人と
勘違いして追い出そうとする例である。これは前の日本語の例④と同じ
ケースと見られるが, 日本語では非丁寧体を使って軽く待遇していたの
に対して韓国語の場合は老人に敬語形と丁寧体を使って丁重に待遇する
敬語行動を見せる。これは心理的には軽く待遇しているが, 実際には丁
重に行動しており, 話し手の待遇意識と敬語行動の要因が食い違う例と
いえよう。

⑤　　회사원：어. 할아버지, 잠 깐만요. 어딜 들어가세요？
　　　　　　　オ ハラボジ チャムカンマニョ オディル トゥロガセヨ
　　　会社員（女）：あれっ, おじいさん。ちょっと待ってください。どこに入るん
　　　　　　ですか。
　　　회사원：여기가 어딘 줄 알고 올라오셨어요. 얼른 가세요. 얼른.
　　　　　　　ヨギガ オディン ジュル アルゴ オルラ オショッソヨ オルルン ガセヨ オルルン
　　　会社員（男）：ここがどこだと思って入ってきたんですか。早く行ってくださ
　　　　　　い。早く。

　　（中略）

第Ⅱ部 〈3〉恩恵・役割関係 —— 83

부장：아이, 최과장, 자네 어째 사람이 그런가? …… 아이,
　　　어르신을 그렇게 몰아붙이면 어떡해? 할아버지,
　　　할아버지가요, 여기 계실 곳이 아니거든요. 그러니까요.
　　　어디 가서 저, 점심이나 저, 사 드세요.
部長（男）：おい，チェ課長，君はどうしてそうなんだ。…… おい，年配の
　　　方をそういうふうに責め立ててどうするつもりだ？ おじいさ
　　　ん。おじいさんがですね，ここはいるところじゃないんですよ。
　　　ですからね。どこかに行って，お昼でも，これで（買って）食べ
　　　てください。（お金を差し出す）
　　　　〈『１％の奇跡』第8話：会社員たち→老人（会長，物売りと誤解）〉

　しかし，一般的にはお客さんに対する言葉づかいは丁寧である。例⑥
の例は生地問屋の若い店員と韓服店を開業しようとする年上の客との対
話であるが，店員は丁寧体を使い，客の方は非丁寧体を使っている。

⑥　무설：어때요? 우리 옥사랑 은조사가 제일 낫죠?
　　ムソル（女店員）：どうですか？ 当店の玉糸やウンジョ糸が一番よろしいで
　　　　しょう。
　　손님：글쎄, 에이, 다 비슷비슷하지 뭐.
　　客：そうね。みんな似たりよったりね。
　　（中略）
　　무설：사장님 한복집 개업하시는데가 한남동이 라면서요? 거기
　　　　수준이 있죠. 이 정도 감은 갖 춰 놓으셔야죠. ……
　　ムソル：店長，韓服の店を開かれるのはハンナム洞だそうで。あそこ，レベ
　　　　ルは高いですよ。これくらいの生地は揃えておかれませんと。……
　　손님：뭐가 이렇게 시끄러워. …… 나중에 다시 올께요. 시끄러워서
　　　　흥정을 못하겠네.
　　客：なんでこんなに騒々しいの。…… また今度来るわ。騒々しくて商売の話
　　　　ができないわ。（注：店の２階が合気道道場なので騒々しいと言ってい
　　　　る。）

한나 : 아이고 사모님, 사모님….
ハンナ（店主）：ああ，奥様，奥様…。

〈『ムニ』第5話：ムソル（店の販売員）→客〉

なお，ホテル（例⑦）や飲食店（例⑧）などではお客さんに対して最高の敬語形と丁寧体を使っている。

⑦ 호텔직원 : 어서 오십시오, 무엇을 도와드릴까요? 고객님.
　　ホテル職員（女）：いらっしゃいませ，お客様（お客様いかがなさいましたか）。

유진 : 아이 몰 문현철 회장님 댁에서 낮에 짐 가져 왔죠? 몇호실입니까?
　　ユジン（男）：アイモールのムン・ヒョンチョル会長のお宅から昼に荷物が届きましたよね。何号室ですか。

호텔직원 : 아, 네, 잠시만 기다리십시오. 확인해 드리겠습니다.
　　ホテル職員：あ，はい，少々お待ちください。ご確認いたします。

유진 : 고맙습니다.
　　ユジン：ありがとうございます。

〈『ムニ』第12話：ホテル職員（女）→客（男）〉

⑧ 갈비집 주인 : 저, 처음 오셨죠?
　　焼肉屋の店長（男）：あの，はじめてでいらっしゃいますよね。

상미 : 갈비 맛있다는 소문 듣고 한번 와봤어요.
　　サンミ（若い夫人）：カルビがおいしいという噂を聞いて，来てみたんです。

갈비집 주인 : 저, 릴루 준비해 올릴까요.
　　店長：あの，何をご用意いたしましょうか。

상미 : 갈비가 유명하다니까 갈비 먹죠, 뭐. 2 인분이요.
　　サンミ：カルビが有名だということですから，カルビにします。じゃ，2人前お願いします。

갈비집 주인 : 술은?
　　店長：お飲み物は？

第Ⅱ部 〈3〉恩恵・役割関係 —— *85*

상미：됐구요.
　　（テッ ク ヨ）
　サンミ：いいです。

문호：소주 주세요.
　　（ソジュ チュセヨ）
　ムノ（夫）：焼酎ください。

갈비집 주인：예, 갈비 2 인분 소주 한 병 바로 준비해올리겠습니다.
　　（イェー　カルビ　イ インプン　ソジュ ハンビョン　パロ　チュンビヘオル リゲッスム ニ ダ）
　店長：はい，カルビ2人前と焼酎1本すぐにお持ちいたします。

〈『ムニ』第16話：店主→客〉

　次の例⑨は，友人関係の二人が，一人は店長になって客の立場で店で買い物をする友人に敬語を使う例である。しかし，この例は意識的に友人を困らせようとして嫌みを言っている場面である。

⑨　수정：어, 영애야, 이 시간에 니가 왜？
　　　　（オ　ヨンエヤ　イ シガネ　ニ ガ ウェ）
　スジョン（店長・女）：えっ，ヨンエ，こんな時間にあんたがなんで？

　영애：'니가 왜？' 하하하, 오 점장 지금 나한테 너라고 한 거야？
　　　（ニガ ウェ　ハハハ　オ チョムジャン チグム　ナ ハンテ ノラゴ ハン ゴヤ）
　ヨンエ（客・女）：「あんたがなんで？」，ほほほ。オ店長今私にあんたって言ったの。

　수정：아닙니다.
　　　（アニムニダ）
　スジョン：失礼しました（違います）。

『彼女がラブハンター』

　영애：…… 친구 한번 도와 보겠다고 멀리서부터 꾸역 꾸역 와서
　　　（チング ハンボン トワ ボゲッタゴ モルリソブット クョク クョク ワソ）
　　　사 주고는 있지만, 손님 대접도 못 받는 건 좀 아니지？
　　　（サ ジュゴヌン イッチマン　ソンニム テジョプト モッ パンヌン ゴン チョム アニジ）
　　　샵에서 만큼은 Ｖ Ｉ Ｐ, very important person 으로 대접받
　　　（シャベソ マンクムン ブイアイピー　ベリ インポテントゥ ポーソヌロ テジョッパ）
　　　고 싶은데 그게 그렇게 어려운 일일까?
　　　（ッコ シップンデ クゲ クロッケ オリョウン イ リルッカ）
　ヨンエ：…… 友達を助けてあげようと，遠くからわざわざ来て買ってあげてはいるけど，客扱いもしてもらえないのはひどくない？ 店でぐらいは VIP 扱いしてもらいたいんだけど，それってそんなに難しいことなの。

수정：아뇨, 어렵긴요. 안 어렵습니다
　　　アニョ　オリョプキニョ　アン　オリョプスムニダ
　スジョン：いいえ，難しいなんて。難しくありません。
　　　　　　〈『彼女がラブハンター』第2話：宝石店の店長（女）→ヨンエ（女）〉

　今度は医者と患者の場合を見ることにする。日本語では医者は患者に非丁寧体で話しているが，韓国語では医者は患者に一般的に丁寧体を使う。韓国でもし医師が成人の患者に非丁寧体で話すとしたら，その医師は生意気で権威的だといって人格を疑われ患者の不満を買うことになる。実際有名な大学病院の医師（中年）は患者に非丁寧体を使うというが，その医師に診察を受けた患者は医師の行動はとても無礼で自分は人格的に無視されたと思っていた。

　ドラマの例を見ると，病院での医師と老人の会話では老人は医師に非丁寧体で答えており，医師は子どもに対するように優しく話しかけているが，敬語形に丁寧体を使っている（例⑩）。例⑪は『冬のソナタ』の例であるが，若い男性に使う中年の医師の言葉づかいも丁寧である。例⑫は精神神経科クリニックで医師が女の子に最初から非丁寧体で話している。これは医師と患者というよりは大人が子どもに使う言葉であろうが，隣のおじさんのような自然な話し振りは子どもの不安な気持ちを和らげる効果をあげているように感じられる。

⑩　준명：할아버지 어제는 좀 어떠셨어요？
　　　　　ハラボジ　オジェヌン　チョム　オットショッソヨ
　　チュンミョン（医師・男）：おじいさん，きのうはいかがでしたか。

　　환자：여기가 좀 아팠어, 여기가.
　　　　　ヨギガ　チョム　アッパッソ　ヨギガ
　　患者（老人）：ここが少し痛かったよ。ここが。

　　준명：음, 왜 한참 좀 괜찮으시더니… 정육점 아저씨하고 또 술
　　　　　ウム　ウェ　ハンチャム　チョム　ケンチャヌ　シドニ　チョンニュクチョム　アジョシハゴ　ト　スル
　　　　　드신 거 아니예요？
　　　　　トゥシン　ゴ　アニエヨ
　　チュンミョン：う〜ん，どうしてかな。ずっと調子がよろしかったのに…
　　　　　　　　　肉屋のおじさんとまたお酒飲んだんじゃないですか？

　　환자：안 마셨어, 아니야.
　　　　　アン　マショッソ　アニヤ
　　患者：飲んでない。飲んでないよ。

第Ⅱ部 〈3〉恩恵・役割関係 —— 87

준명：내가 보면 다 알아요. 자 조금만 올려보세요.
　　　(ネガ ポミョン タ アラヨ　チャ チョグマン オルリョポ セ ヨ)
　チュンミョン：私が診察してみればわかりますよ。じゃ，ちょっと服を<u>上げ</u>
　　　<u>て</u>みてください。

　　　　　　　　　　　　　〈『ヨメ全盛時代』第52話：医師→患者（老人）〉

⑪　준상：수술 받으면 괜찮아질 수 있는 겁니까？
　　　　(ス スル パドゥミョン ケンチャナジル ス インヌン ゴムニッカ)
　　チュンサン（男）：手術を受ければよくなるんでしょうか。
　　의사：장담 할 수는 없습니다. 워낙 혈종의 위치가 안 좋아서. 수
　　　　(チャンダム ハル スヌン オプスムニダ　ウォナク ヒョルチョンエ ウィチ ガ アン ジョア ソ　ス)
　　　　술이 성공을 한다 해도 다른 후유증이 생길 수도 있고.
　　　　(リ ソンゴンウル ハンダ ヘド タルン フュチュンイ センギル ス ド イッコ)
　　　　그렇다고 가만있을 수는 없잖습니까？　오늘 당장 입원
　　　　(クロッタゴ カマニッスル スヌン オプチャンスムニッカ　オヌル タンジャン イボン)
　　　　수속부터 하십시오.
　　　　(スソクブット ハシプシヨ)
　　医師（男）：<u>断定</u>はできません。もともと血腫の位置がよくなくて，手術が成
　　　　　　　功したとしても，他の後遺症が現れるかもしれませんし。だから
　　　　　　　といって<u>放っておく</u>わけにもいかないじゃないですか。きょう，
　　　　　　　すぐ入院の手続きを<u>してください</u>。
　　준상：생각해 보겠습니다.
　　　　(センガッケ ポゲッスムニダ)
　　チュンサン：考えてみます。
　　의사：생각 할 시간이 없어요. 한시가 급합니다. 빨리 결정을
　　　　(センガッ カル シガニ オプソヨ　ハンシガ クッパムニダ　パルリ キョルチョンウル)
　　　　내리셔야 합니다.
　　　　(ネリショヤ ハムニダ)
　　医師：考えている時間は<u>ありません</u>。一刻を<u>争います</u>。すぐに<u>決めなければ</u>
　　　　<u>なりません</u>。

　　　　　　　　　　　　　　〈『冬のソナタ』第19話：医師→患者（若い男性）〉

⑫　의사：이제 우리 저기 가서 얘기 좀 나눌까？　그래 가자.
　　　　(イジェ ウリ チョギ ガソ イェギ ジョム ナヌルカ　クレ カジャ)
　　医師（男）：これからあそこに行って<u>話さない</u>？　うん，<u>行こう</u>。
　　유미：와아, 인형 많다.
　　　　(ワー　イニョン マンタ)
　　ユミ（少女）：わー，お人形たくさん。
　　의사：응？ 마음에 드는 애 있으면 가져가.
　　　　(ウン　マウメ ドゥヌン エ イッスミョン カジョガ)
　　医師：うん？　気に入ったのがあったら<u>持って行って</u>。
　　유미：그래두 돼요？
　　　　(クレドゥ テヨ)

ユミ：そうしてもいいんですか？
　　　의사：아이, 그럼.
　　　　　　ァィ　　ヶﾞﾛﾑ
　　　医師：うん、いいよ。
　　　　　　　〈『そばにいるとき優しくして』第22話：医師→患者（子ども）〉

　しかし、漢方病院では医師は患者に意識的に非丁寧体を使うことがあるという。これは医師の非丁寧体の使用は患者に親しみを感じさせる効果があるし、権威と信頼感を同時に感じさせるからだという。患者も病院と漢方医ではそれぞれの医師に対する意識が違うようだ。

まとめ

　日本では恩恵をこうむっている場合や負い目を感じている相手に対して言葉づかいが丁寧になるなど恩恵関係や役割関係は敬語行動を決める重要な要因になる。また、客に接する商人の言葉づかいは客の言葉づかいより丁寧であり、ホテルやデパートなどでの言葉づかいは最高の敬語形が使われている。それに対して客の立場ではあまり高い敬語は使わないようだ。私の留学時代にも品格のある先生方が店の人に使う言葉づかいはあまり上品とは思えない程度のものだったので不思議に思ったことがあった。

　しかし、**韓国語は恩恵関係や役割関係のような力によるものは敬語行動を決める要因にならないと言っていいくらいである。**それよりは世代差などの他の要因が敬語を決める際に優先的に働く。ホテルやデパートなどサービスを優先するところでは客に対して最高の敬語を使っているが、普通の店での客と店の人との言葉づかいは一般人同士の対話のやり取りと変わらない。店の人は青少年の客に対しては非丁寧体で話すことが多く、中年の人は若い人に客だから意識的に敬語を使うこともない。反対に客もものを売る相手が弱い立場だという意識も持っていないし、相手に負い目を感じるとか恩恵をこうむったといってそれが原因で言葉づかいを変えるということもない。

なお，断言はできないが，今後も韓国で恩恵・役割・商業的目的は言葉づかいを決める要因になりがたいと思われる。韓国では年齢上の上下関係が優先し，それを揺すぶる要因は受け入れがたいのである。もし，相手が恩恵や役割関係の要因で言葉づかいを粗末にしたら，そういう関係において弱い立場に立っている人は，人格的に無視されたと思うに違いない。そればかりでなく，自分の職業にプライドが持てなくなるなど心理的ショックを受けるようになるだろう。こういう面は敬語行動において日本語とははっきりと違いが現れるところである。

●○● 씨(氏)と님(様), その他の呼称 ●○●

韓国語の接尾辞「씨(氏)」は名前につく接尾辞（例：김미연씨（キム・ミヨン氏））で,「님（様）」は職名（例：선생님（先生様）, 부장님（部長様））や身分名（例：사모님（奥様）, 손님（お客様））につくものである。そのほかの人を表す名詞につく接尾辞は「분」（例：형제분（ご兄弟）, 환자분（患者様））などがある。しかし，最近は「씨」だけでなく「姓＋名」に「님」をつけて使う傾向が見られる。

昔は「姓＋씨」と呼んだこともあったが, その呼び方は相手を軽視するように受け取られ使わなくなり, 今は「姓＋名＋씨（例：김미연씨）」のように使う。

また, 昔は名だけに「씨」をつけて呼ぶのは親しい異性間に限られたが, 最近はそのような関係に限らず, 姓をつけないで呼ぶことが多くなっている。最近は会社でも姓をつけるのとつけないのとはあまり差を感じないらしく, 呼ぶ人個人の好みに過ぎなくなったようだ。

人の呼び方が「姓＋名＋씨」から「姓＋名＋님」に変わっていくのと同時に「씨」の敬意も低下しつつあると言えよう。特に銀行, 郵便局, 病院などお客さんや患者さんを呼ぶ場所では「씨」よりも「님」を使うようになってきている。それだけでなく, 一般人の間にまで広がりそうで, 今後「씨」に代わって「님」が敬意の高い接尾辞として使われるだろうと推測される。

韓国の「毎日経済新聞」に, 会社で職名の代わりに上から下まで「님」で呼び合う会社が増えているという記事が掲載されたことがある（2006年2月20日）。職名の代わりに「姓＋名」に「님」をつけて呼ぶと能率が上がるという意見も大分あるとのことだ。職名というのは権威の象徴だという意識をみんな持っているのだろうか。ちなみに, 大企業であるCJグループでは会長から平社員まで職名で呼ぶことをやめて, みんな「姓＋名＋님」というふうに呼び合っているという。一般人に対する「님」は日本語の「様」のように敬意の高いものだが, 会社で使う「님」は敬意が高いというよりは地位に関係なく使われる英語のMr. やMs. のような役割だろう。

その他の呼称として, たとえば, 役所や病院などの受付ではたとえば

「김영수님（キム・ヨンス様）」と呼ぶが，入院患者のように世話を必要とする場合などは老年層に「김영수 할아버지（キム・ヨンスおじいさん）」のように「姓＋名＋親族名称」で呼ぶことがある。テレビ番組に登場する出演者に対する司会者の呼称は，老年層には「할아버지／할머니（おじいさん／おばあさん）」，家庭の主婦には姓名に「주부님（主婦様）」をつけ「김연희 주부님（キム・ヨンヒ主婦様）」のように呼ぶ。

　また，子どもを「영민어린이（ヨンミン児童）」のように「姓＋名」あるいは名だけに「어린이（児童）」の名称をつけて呼んでいる（例①）。

　このように「할아버지／할머니」「주부님」「어린이」と個人を表すことばで呼ぶと，呼ばれる側は親しみが感じられる。

　また，子どもの場合，司会者は途中で「영민아（ヨンミンちゃん）」のように名に呼格助詞「아／야」をつけた普通の子どもへの呼び方に変えることもある。他に子どもの名前につく接尾辞に「양（嬢）」「군（君）」がある。子どもが出演者ではなく司会者の立場になっている場面で，大人の司会者は子どもに「지완양（チワン嬢）」のように接尾辞「양（嬢）」をつけて呼んでいる（例②）。「양」は女の子の名前につけて呼ぶ接尾辞であるが，話し手の年齢によっては20代の女性にも使うことがある。この「양」に対し，男の子には「군（君）」をつけて呼ぶ。「군」も子どもから大学生の年齢に至るまで使える呼称である。

　他に青少年に対する呼称の一つに「姓＋名＋학생（学生）」があり（例③），テレビ番組などで性別に関係なく使われている。

① 　영민어린이는 누구랑 하고 싶어요？
　　　ヨンミン（児童）は誰と組みたいの？
　　　〈▲バラエティ番組『幻想の相棒』2007.12.31 放送分より〉

② 　사회자：우리 꼬마 엠씨 지완양, 첫번째 문제는 어떤 문젠가요？
　　　司会者：子どもMC チワン嬢，最初の問題はどういう問題ですか。
　　　〈▲バラエティ番組『頭脳王アインシュタイン』2007.12.9 放送分より〉

③ 　사회자：김재석 학생은 골든벨을 뭘로 정의할 수 있을까요？
　　　司会者：キム君（学生）はゴールデンベルを何と定義していますか。
　　　〈▲クイズ番組『ゴールデンベル』（400回特集）2007.11.25 放送分より〉

4
対話場面のわきまえ

　対話のときはどういう場面で会話をするかによっても敬語行動が異なる。対話場面の公的／私的，格式／非格式，話す対象の人数の多／少，対話場面への第三者の介入／不介入などの，場面に対する考慮が作用するのである。

日本語の場合

　国立国語研究所の調査（『場面と場面意識』1990）によると，一般場面で最上位の敬語意識を要するのは「公の席で多数の人を意識して話す場面であり，過度の緊張を強いられる状況である」とのことである。そしてそういう場面の上位3位は，

(1) 結婚式などのスピーチ
(2) テレビやラジオに出演するとき
(3) 会合などで発言するとき

である。ドラマでも公私の区分と格式・非格式の如何，対話対象の多少によって敬語行動に大きな差が現れ，公の場面，または格式張った場面，多数の人を対象にしている場面では敬語行動の敬意度が高くなる。職場でも公私の区分をして親しい間柄では言語行動に気をつける例が見られる。

　例①は，若い女性が同じ会社に勤めている恋人に平素使っている呼称を会社でも使ってしまい，それを聞いた恋人の先輩が場面による使い分けができないこの女性にアドバイスをする例である。

① 菜央（女）：じゃ，東次も知ってんだ。
　 東次（男）：うん。
　 千歳（東次の先輩・男）：まずいんじゃないの。……職場で東次っつうのはさ。ま，呼びたい気持ちもわからないではないけどね。
　　　　　　〈『元カレ』第2話：千歳（東次の先輩），菜央（東次の同僚であり恋人）〉

　また，公的な場面で話すときは平素と違って敬語形と丁寧体で対話が交わされる。例②は普段，部下（女子社員）に非丁寧体を使用していた部長が部下の辞職のあいさつを受ける格式ばった場面でその部下に丁寧体を使って話す場合である。

② 奈央子（社員・女）：みなさん，ほんとうにお世話になりました。
　 部長（男）：野田君，こちらこそお世話になりました。ご苦労様でした。
　　　　　　〈『アネゴ』第10話：部長→部下，あらたまった場面〉

　例③は大学時代クラブの部員として親しい友人であった二人が，会社では一人は会長の息子で重役であり，一人は社員の場合である。二人は普段親友としての対話をするが，会社で他の社員の前で話すときはちゃんと上下の関係を保ち敬意度が高い敬語形を使っている。

③ 健次（社員・男）：取締役，今おうかがいしようと思ってたところで，……取締役は本日中に現地に入れますよね。
　 伍郎（重役・男）：うん。
　 健次：段取りのご確認を。
　 伍郎：あ，そうそう，転勤の話なんだけど。
　 健次：はい。
　 伍郎：おまえ行かなくなった。中国には商品開発部の日垣が行くこ

『ラストクリスマス』

とになりそうだ。
　　　　　　〈『ラストクリスマス』第2話：社員→重役，二人は友人関係〉

　次は学校の例であるが，クラス会議をするとき，クラス委員と生徒は互いに多数の学生に丁寧体を使って話しており（例④），教師は転校する小学生をそのクラスの生徒に知らせるときも，離れていく小学生にも丁寧体で話している（例⑤）。

④　学級委員（女）：えーと，じゃ，まず指揮者決めたいと思います。
　　生徒（女）：クラス委員がやればいいと思います。
　　　　　　〈『1リットルの涙』第1話：学級委員⟵⟶クラスメート〉

⑤　教師（男）：この前も話したように小柳りんさんはきょうでこの小学校とお別れです。この音楽会がみんなとの最後の思い出となるでしょう。……　小柳さん，楽しくやってください。
　　小柳（小学生・女）：はい。
　　　　　　〈『僕と彼女と彼女の生きる道』第12話：担任→クラスの生徒〉

　また，新学期が始まり教師が生徒たちに最初にあいさつをするとき，担当のクラスの生徒たちに非丁寧体を使用している（例⑥）。しかし，同じ教師がバスケットボールのサークル活動では，初めて会った部員の生徒たちに丁寧体を使っている（例⑦）。このように生徒を対象に話す場合にも差が見られるのは担任のクラスの生徒とサークル活動のために集まった生徒という心理的親疎の差の現れともいえるが，その場面がどれほど公的な雰囲気であるかによって敬語行動が左右されるからでもある。

⑥　教師（担任・男）：担任の西野だ。担当教科は英語，女子バスケ部の顧問をやってる。……　よろしくな。それじゃ，出席をとるから。

〈『1リットルの涙』第1話：担任→クラスの生徒〉

⑦　教師（バスケ部の顧問・男）：新一年生，ようこそ。僕は顧問の西野です。

〈『1リットルの涙』第1話：教師（バスケ部の顧問）→生徒たち（部員）〉

　一方，父兄が参席した編入学式で司会を受け持った学年主任が新しく編入学した生徒を紹介する場面で，欠席した生徒と教師に対して言及するとき二人のことに同じ敬語形を使っている例が見られる（例⑧，⑨）。

⑧　学年主任：(生徒を紹介して）続いて菅野徹さんですが，本日は欠席されています。

〈『ヤンキー母校に帰る』第1話：学年主任（女）→全校生，編入学式〉

⑨　学年主任：(教師を紹介して）え，ほかに，え，3年C組にわが校出身の吉森真也先生が副担任として着任されます。え，本日は事情により欠席されています。

〈『ヤンキー母校に帰る』第1話：学年主任（女）→全校生，編入学式〉

韓国語の場合

　韓国語における対話場面に対する考慮は，まず公的場面と私的場面に分けられるが，公的な場面では社会的上下関係が年齢の上下関係や親疎関係を抑制する。つまり，公的な立場が優先し公的な対話の場面に限り丁寧体を使用し，私的な場面では非丁寧体を使うなどはっきりとその差が現れる。

　①の例は親子が同じ会社に勤めている場合である。父親は会長の秘書で，息子は室長である。父親は会社では公的な立場で「ユン室長」と呼んでおり，丁寧体を使って待遇しているが，うちでは非丁寧体で親子の一般的な会話をしている（例②）。

①　회장비서：지금 몇시 줄 알아요？
　　　　　　チグム　ミョッシン　ジュル　アラヨ

会長秘書（父）：今何時かわかりますか？

재웅：열한시 하구 십분 좀 지났네요.
　　　ヨランシ　ハグ　シップン　ジョム　チナンネヨ

チェウン（室長・息子）：11時と10分ぐらい過ぎましたね。

회장비서：마켓팅 실장이라는 사람이 지각하기를 밥 먹듯 하질 않
　　　　　マケッテイン　シルチャンイラヌン　サラミ　チガッカギルル　パムモクトゥッ　タジル アン
　　　　나 사전에 연락하나 없이 업무일정 펑크내질 않나 이래
　　　　ナ　サジョネ　ヨルラッカナ　オプシ　オムムイルチョン　ポンクネジル アンナ　イレ
　　　　서 어디 조직생활 제대로 해낼 수 있겠어요？……
　　　　ソ　オディ　チョジクセンファル チェデロ　ヘネル　ス　イッケッソヨ

会長秘書：マーケティング室長たる者が遅刻を日常茶飯事のようにするわ，

　　　　事前連絡いっさいなしで業務日程にあなをあけるわ，こんなんで

　　　　組織の人間としてちゃんとやっていけるんですか。……

재웅：저는 제 방식대로 일할 뿐입니다.
　　　チョヌン　チェ　パンシクテロ　イラル　ップニムニダ

チェウン：わたしは自分のやり方で仕事をするだけです。

회장비서：윤실장！
　　　　　ユンシルチャン

会長秘書：ユン室長！

재웅：그게 마음에 안들면 짜르세요.
　　　クゲ　マウメ　アンドゥルミョン　チャル　セヨ

チェウン：それが気に入らないのなら，首にしてください。

〈『オー！必勝』第1話：会長秘書（父）→室長（息子），会社で〉

② 아들：차 드실래요？
　　　　チャ　トゥシル レヨ

　息子（チェウン）：お茶，どう（いかがですか）。

아버지：그 여자 계속 만나구 있는 거냐？
　　　　ク　ヨジャ　ケーソク　マンナグ　インヌン　ゴニャ

　父親（会長秘書）：あの女にずっと会ってるのか？

아들：그 얘긴 저번에 다 끝난 걸루 아는데요．……
　　　ク　イェギン　チョボネ　タ　クンナン　ゴルル　アヌンデヨ

　息子：その話はこの前もう終わったはずだけど（ですけど）。……

아버지：언제 한번 데리구 나와라. 같이 밥 한번 먹자. 날짜 잡는
　　　　オンジェ　ハンボン　テリグ　ナワラ　カッチ　パプ　ハンボン　モクチャ　ナルッチャ　チャムヌン
　　　대로 연락해.
　　　テロ　ヨルラッケ

　父親：今度一度連れて来なさい。一緒に飯でも食べよう。日が決まり次第連

　　　絡しなさい。

아들：아니, 무슨 일 있으세요？ 아버지.
　　　アニ　ムスン　ニル　イッス セヨ　　アボジ

　息子：あの，どうしたの（どうなさったんですか）。お父さん。

第Ⅱ部 〈4〉対話場面のわきまえ ―― 97

아버지 : 일은 무슨 일. 아들 녀석이 좋아하는 여자 한번 보자는데.
　　　　イルン　ムスン　ニル　　アドゥル　リョソ　ギ　チョア　ハヌン　ニョジャ　ハンボン　ボジャヌン　デ
父親：どうしたとはなんだ。息子の好きな女に一度会ってみようとしてるのに。

〈『オー！必勝』第9話：父（会長秘書）→息子（室長），家で〉

　③の例は従兄同士の二人が普段は非丁寧体で話すが，上司である目下の従弟が下位者である従兄に公的な場面に合う待遇をするように要求して，従兄が従弟に丁寧体を使っている場面である。また，格式／非格式の区分は公／私の区分と見分けが難しい点があるが，一応正式に礼儀を保つ敬語行動を格式と見なした。

③　석현 : 근데 형.
　　　　　　クンデ　ヒョン
　　ソッキョン（本部長・男）：ところで，兄さん。

　　기웅 : 야，너 넥타이 이쁘다. 비싸 보인다，야.
　　　　　　ヤ　ノ　ネクタイ　イップ　ダ　ビッサ　ボインダ　ヤ
　　キウン（社員・男）：やあ，おまえのネクタイいいな。高そうに見えるよ。

　　석현 : 여긴 집이 아니고 회사잖아.
　　　　　　ヨギン　チビ　アニ　ゴ　フェーサジャナ
　　ソッキョン：ここは家じゃなくて会社じゃないか。

　　기웅 : 어，그렇지.
　　　　　　オ　クロッチ
　　キウン：あ，そうだな。

　　석현 : 공적인 자리니까 공적으로 대해 줘.
　　　　　　コンチョギン　チャリニッカ　コンチョグ　ロ　テ　ヘ　ジュオ
　　ソッキョン：公の場所なんだから，それに合わせてくれよ。

　　기웅 : 아，그，그，그렇구나. 깜빡했다. 조심할게.
　　　　　　ア　ク　ク　クロックナ　カムッパッケッタ　チョシムハル　ケ
　　キウン：あ，そうだな。うっかりしてた。気をつけるよ。

　　석현 : 그럼 수고해.
　　　　　　クロム　スゴ　ヘ
　　ソッキョン：それじゃお疲れ。

　　기웅 : 안녕히 가십시오，장석현 본부장님！
　　　　　　アンニョンヒ　カシプショ　チャンソッキョン　ポンブジャンニム
　　キウン：お疲れ様でした（さようなら）。チャン・ソッキョン本部長！

『変わった女，変わった男』

〈『変わった女，変わった男』第6話：社員（本部長の従兄）→本部長〉

例④は，職場の後輩の妻が，以前にすこしつき合ったことのある女性だったという場合であるが，二人だけの場合は非丁寧体を使っていたのに，丁寧体を使って格式ばったあいさつを交わすことで，後輩の妻に対する礼儀を表す例である。

④　진희：너는 사랑, 나는 윤수. 윤수는 나를 위해서 희생하고 승우는 결혼을 지켜야 하구, 결국 다 원점인 거잖아. …… 진짜 발전하긴 한 거 같은데, 이렇게 세나씰 보니까 정말 시작 점은 다 달라졌다는 생각이 드네요.
　　チニ（外交官・男）：お前は愛，俺はユンス。ユンスは俺のために犠牲に，スンウは結婚を守らなきゃ。結局すべてが原点に戻ったんじゃないか。…… 本当に発展したにはしたようだけど，こうやってセナさんを見ると本当に（僕たちの）（再）スタートの位置がまったく変わったという<u>思いがします</u>ね。
　　세나：왜 갑자기 다시 존댓말이에요？
　　セナ（後輩の妻）：どうして突然，また敬語なんですか。
　　진희：앞으로 잘 부탁드립니다, 승우의 아내로 이렇게다시 새로운 관 계된 거 정말 기쁘게 생각해요.
　　チニ：今後ともよろしくお願いします。スンウの妻として，こうしてまた新しい関係になれたことをうれしく<u>思っています</u>。

〈『ウェディング』第 18 話：
　　外交官→後輩の妻，二人は前に少しの間つき合っていた〉

　例⑤は個人的に会って話すときは非丁寧体を使っていた生徒がクラス全員を前に謝る場面であるが，丁寧体を使っている。このように対話の対象の人数の多少も場面に対する配慮に属する。特に学校での敬語行動は人数の多／少が重要な要因になるが，公／私の区分との見分けがはっきりしない。

第Ⅱ部 〈4〉対話場面のわきまえ ―― 99

⑤ 용일：저는 학생의 본분을 잊고 자습시간을 빼먹은 걸 가슴깊이
　　　　　チョヌン ハクセンエ ボンブヌル イッコ チャスブシガヌル ッペモグン ゴル カスムキッピ
　　　　　반성하며 앞, 앞으로는 절대 그런 일이 없도록 하, 하겠습니
　　　　　パンソンハミョ アブ アップロヌン チョルテ クロン ニリ オプトロク ハ ハゲッスムニ
　　　　　다.
　　　　　ダ
　　ヨンイル（高校生・男）：私は学生の本分を忘れ，自習の時間を怠けたことを
　　　　　　　　　　　　　心から反省し，今後は絶対こんなことはないように
　　　　　　　　　　　　　します。

　　교사：크게 해.
　　　　　クゲ ヘ
　　教師（男）：大きい声で。

　　용일：절대 그런 일이 없도록 하, 하겠습니다.
　　　　　チョルテ クロン ニリ オプトロク ハ ハゲッスムニダ
　　ヨンイル：絶対こんなことはないようにします。

　　　　　　　　　　〈『冬のソナタ』第1話：高校生（男）→クラスの生徒たち〉

　また，学校の教師と生徒との関係において，多数の生徒を対象とする
公の行事では丁寧体を使う。各クラスの生徒の所持品の検査をするなど
の学校側の公的な立場を説明する場面で丁寧体を使う例が見られる（例
⑥）。

⑥ 학생주임：여러분 중간고사 끝나니까 마음들이 해이해졌지요?
　　　　　　ヨロブン チュンガンコサ クンナニッカ マウムドゥリ ヘイヘジョッチョ
　　　　　　어, 선도 기간을 맞이하여 불시에 소지품 검사가 있겠습니다.
　　　　　　オ ソンドキガヌル マジハヨ ブルシエ ソジプム コムサガ イッケッスムニダ
　　学生主任（男）：みなさん，中間テストが終わって気持ちが緩んでますよね。
　　　　　　　　　　風紀取り締まり期間を迎え，抜き打ちの所持品検査がありま
　　　　　　　　　　す。

　　교무주임：자, 자, 자, 모두 책상 위에 가방들 올려놔!
　　　　　　　チャ チャ チャ モドゥ チェクサン ウィエ カバンドゥル オルリョノワ
　　教務主任（男）：さあ，さあ，みんな机の上にかばんをのせなさい。

　　학생주임：올려 놓으세요.
　　　　　　　オルリョ ノウセヨ
　　学生主任：のせてください。

　　　　　　　　　　　　　　〈『学校4』第7話：学生主任→生徒たち〉

　しかし，他の場面で教師が生徒に丁寧体を使うことはめったにない。
つまり，クラスの生徒の前で転校してきた生徒を紹介する場合に敬語を

使ったりはしない。日本語では転校する生徒のことをクラス全員の前で言及するとき小学生にも丁寧体を使っているが，韓国語では高校生に対してもいつものように非丁寧体を使って話す（例⑦）。なお，生徒もクラスの生徒たちに非丁寧体で別れのあいさつをしている。

⑦　교사：다 들 알겠지만 정민이가 1학년을 끝으로 멀리 가게 됐어.
　　　　　본인이 하고 싶은 공부가 있다니까 즐거운 마음으로 보내줘
　　　　　야겠지. 정민이 인사말 들어볼까? 정민아.
　　教師（男）：みんな知っているようだけど，チョンミンが1年生を終えて遠く
　　　　　　　に行くことになったんだ。本人がしたい勉強があるそうだから，
　　　　　　　気持ちよく送ってやらなくちゃね。チョンミンのあいさつ聞いて
　　　　　　　みようか。チョンミン！
　　정민：언젠가 반장 은서가 읽는 책을 빌려 읽은 적이 있어.
　　　　　거기에 보면 사막을 여행하는 사람들에 대한 이야기가
　　　　　나오는데 이런 글이 있었어.
　　チョンミン（高校生・女）：いつか学級委員長のウンソが読んでいる本を借り
　　　　　　　　　　　　て，読んだことがあるの。それを見ると砂漠を旅
　　　　　　　　　　　　行する人についての話が出ているんだけど，こん
　　　　　　　　　　　　な文章があったんだ。
　　　　　　　　〈『成長ドラマ四捨五入2』第50話：教師（担任・男）→クラスの生徒たち〉

　例⑧は学校の守衛として勤めていた人物が高校生になったケースである。普段女教師は同年代の守衛さんに丁寧体を使っていたが，守衛が自分のクラスの生徒の身分になってからはクラスの生徒の前で他の生徒に話すのと同じ態度で非丁寧体を使って話している。こういう例は教師と生徒という関係が優先して，公的場面が敬語行動の要因になれない場合である。

⑧　은환：차상두, 들어와. …… 다들 들어서 알겠지만, 얼마 전 까지만
　　　　　해두 우리 학교에 수위로 계시던 차상두씨가, 차상두 형이자

第Ⅱ部 〈4〉対話場面のわきまえ —— 101

오빠가 어, 오늘부터 우리 교실에서 같이 공부하게 됐어.
　オッパガ オ　オヌルブット ウリ キョシレソ カッチ コンブ ハ ゲ デッソ
…… 근데, 어, 뭐 모르는 게 있으면 도와 주구. 그리구
　クンデ　オ　ムォ モルヌン ゲ イッスミョン トワ ジュグ　クリグ
사이좋게 잘 지내구, 응ー, 빈자리가 있나?
サイジョッケ チャル チネグ　ウン　ビンジャリガ インナ

ウナン（教師・女）：チャ・サンドゥ、入ってきなさい。……　みんな聞いて知っ
　　　てると思うけど、何日か前まで学校で守衛としていらし
　　　たチャ・サンドゥさんが、チャ・サンドゥ兄貴であり、
　　　お兄さんがああ、今日からうちのクラスで一緒に勉強す
　　　ることになった。……　それで、ああ、何かわからない
　　　ことがあったら手伝ってあげるように、それから仲良
　　　く、う〜ん、空いてる席ある？

희서：선생님, 여기요.
　　　ソンセンニム　ヨギヨ
　ヒソ（高校生・女）：先生、ここ空いてます。

은환：차상두, 저기 희서 옆에 가서 앉을래?
　　　チャサンドゥ　チョギ ヒソ ヨッペ カソ アンジュルレ
　ウナン：チャ・サンドゥ、あそこのヒソの横に行って座ってくれる？

　　　　　　　　　　　　　〈『サンドゥ、学校へ行こう！』第4話：
　　　　　　　　　　　　　教師→クラスの生徒たち、転入生（教師と同じ年）〉

まとめ

　日本語では公的な場面などでの言葉づかいは、場が求める格式性が親疎関係などの私的感情に優先している。なお、この場合、年齢の上下は言葉づかいに影響を及ぼさず、場に対する配慮だけが作用し、子どもに対しても大人同様丁寧な言葉づかいになるようだ。韓国語の場合も公の場における言葉づかいは格式性が親疎関係や上下関係に優先する場合が多い。しかし、これは一般的な傾向で、韓国語では、教師と生徒のように世代の差と立場の差がはっきりしている小学校や中学、高校の場合は、世代の差や立場の差が公的な場が与える要因に先立つ傾向を見せている。しかし、大勢の生徒を相手にして告示のような雰囲気で話すときは場の条件が優先する。

●○● 第三者の存在と敬語行動 ●○●

　国立国語研究所(『企業の中の敬語』1982)によれば,「わきで聞いている人の地位」も言葉づかいの上での要因になるという。「特に話しことばを用いる場面で,話し相手でも話題になる人でもなく,ただその場に同席しているだけの人も,言葉づかいでは気になる存在である」というわけである。

　まわりの環境により敬語行動が影響を受ける例は,日本語に限らず韓国語でも見られる。

　親友でありながら同じ大学に勤めている大学教授の場合,周辺にいる学生や職員の前では,ある水準の礼儀を保って話すことがある。しかし,それは相手の姓に職名をつけて「김교수(キム教授)」と呼ぶとか「너(おまえ)」のような二人称の使用を抑制するぐらいにとどまる場合がほとんどで文末を丁寧体にすることはないようだ。

　また,家庭でも,外部の人が同じ席にいる場合はいうまでもなく,第三者である目上の人がいる場合,夫婦の言葉づかいは丁寧になる。次例は普段非丁寧体を使用していた妻(例①)が,姑がいるときは夫に対して丁寧体を使う例である(例②)。この場合,妻は夫に普段の言葉づかいとは違う丁寧体を使っているが,夫は場面にかまわず妻に非丁寧体で話している。

① 일호 : 내일 그 아가씨 다시 만나서 깔끔하게 마무리 해. 아, 위로금을 좀 주던가.
　　イルホ(夫):あした,その娘にもう一度会ってきっぱりけりをつけてくれ。あ,慰謝料を渡すとか。
　　진희 : 난 당신 <u>어머니가 아냐</u>.
　　チニ(妻):私はあなたの<u>母親じゃないわ</u>。
　　일호 : 넘겨 짚지 말아. 난 이런 경우 없었어.
　　イルホ:いい加減なこというなよ。僕はこんな経験はなかったよ。
　　진희 : 어쨌든 그 아이 당신 손주고 내 <u>손주야</u>.
　　チニ:とにかくその子はあなたの孫であり,私の<u>孫なのよ</u>。
　　〈『悲しみよ,さようなら』第38話:夫婦同士でいるときの会話〉

② 진희 : 당신도 그 아가씰 <u>만나 봐요</u>.
　　チニ（妻）：あなたもその娘さんに会ってみてよ（<u>会ってみてください</u>）。
　일호 : 만나고 자시고 할 것도 없어. 당신 손에서 해결해.
　　イルホ（夫）：会うも何もないよ（会っても会わなくてもすることはないよ。）お前の方でなんとかしろよ。
　진희 : 당신 <u>손주예요</u>. 그런 식으로 말이 <u>나오세요</u>？
　　チニ：あなたの<u>孫</u>ですよ。そんなふうな言葉が<u>出る</u>んですか。
　일호 : 일 없어. 이런 일은 냉정하게 깔끔하게 처리해야 돼.
　　イルホ：もういい。こういうことは冷静にきっぱりと処理しなきゃいかん。
　어머니 : 아이구, 애비야. 천벌 받을 짓은 이제 그만 해.
　　母親：もう，あんたは，まったく。罰があたるようなことはもうやめなさい。
　일호 : 어머니！
　　イルホ：お母さん！
　어머니 : 아이구, 그래, 그래. 아이구, 난 잘 모르겠다. 그래, 에미야 니가 애빌 좀 달래봐라
　　母親：ああ，やれやれ，本当に，まったく，もう知らないよ。じゃ，チニさん，あんたがパパをなだめてやっておくれよ。
　　　〈『悲しみよ，さようなら』第38話：そばに姑がいるときの会話〉

このように人目を意識したとき夫婦の間で敬語行動に変化を見せるのは男性より女性のほうが多いようだ。しかし、職場など場面によっては男性のほうが格式ばった言葉づかいに切り換えるのがはやいことに気がつくことがある。

5 媒体による間接対話

　対話には，人と直接会って話を交わす場合と，電話や手紙など媒体を利用して対話をする場合がある。媒体を使用する場合は**間接対話**になるのだが，これは音声言語と文字言語に分けて考える必要がある。最近はインターネットを利用した言語使用が注目される。

日本語の場合

　日本語では，直接相手に会って話すのと，電話，録音，手紙などの媒体を通して意思を伝達するのとでは，敬語行動が違った様相を見せている。

(1) **音声言語**

　日本語では直接対話ではなく媒体を利用した場合，ほとんど丁寧体を使ってメッセージを伝えている。このような現象は母親の場合（例①，②），夫婦の場合（例③），恋人同士の場合（例④，⑤）にも同様に現れる。日本語の媒体を通した場合のこういう敬語行動は，直接対話とは違って，自分の行動が公開されるような状況とみなし，公的立場同様になるという心理的緊張感からくるものであろう。このような敬語行動は韓国語と日本語に大きな差が現れるところである。ここでは媒体を利用した間接対話の中でまず留守番電話と携帯電話の留守録，ラジカセ（テープ）を利用した音声言語について述べることにする。

◆　留守番電話

次の例は留守番電話に残した母親の音声である。二人の娘が電話に出ないので連絡してほしいという内容を残す母親の音声である。普段は非丁寧体で娘たちに話す母親であるが，媒体を通した場合は丁寧体の言葉を使っている。

① 　母親：もしもし，お母さんです。あきちゃんにちょっとお話があります。

〈『できちゃった結婚』第1話：母→娘，最初の電話〉

② 　母親：お母さんです。急用があります。あきちゃん，千代ちゃん，どちらでもいいですからお電話をください。

〈『できちゃった結婚』第1話：母→娘たち，2回目の電話〉

◆　携帯電話の留守録

最近は携帯電話の使用の例が多くなっている。普段，妻に非丁寧体を使用していた夫が，携帯に残した音声のメッセージには丁寧体を使っている。このような言葉づかいは，上のケース同様，公の場面のような緊張した心理状態になっているようだ。

③ 　一郎（夫）：ぼくです。また電話かけます。
〈『末っ子長男姉三人』第7話：夫→妻〉

『末っ子長男姉三人』

◆　テープ

ドラマ『世界の中心で，愛をさけぶ』では，愛する男女の高校生がロッカーを利用して録音したテープでメッセージのやり取りをする場面がある（例④，⑤）。つき合っている二人の生徒は面と向かって話すときはとても親しい話し方を見せているが（例⑥），録音を通した対話では丁寧体を使っている。これは媒体を使うことで話し手は自分の行動が公開されることに心理的に緊張しているからだと考えられる。

④　亜紀（高校生・女）：こんばんは。広瀬亜紀です。びっくりしたでしょう。7月3日。きょうの晩ご飯，うちはコロッケでした。うちのコロッケってお父さんの好みでカニクリームなの。

〈『世界の中心で，愛をさけぶ』第2話：生徒（女）→彼氏・朔太郎〉

⑤　朔太郎（高校生・男）：おはようございます。松本朔太郎です。突然ですが，わたくし文化祭の演出に立候補しようかと思います。そなたの接吻を阻止するのじゃ。コロッケパンが待っておるぞ。

〈『世界の中心で，愛をさけぶ』第2話：生徒（男）→彼女・亜紀〉

⑥　朔太郎（高校生・男）：今日，部活ないの？
　　亜紀（高校生・女）：雨だし。
　　朔太郎：やりたくないなら，言ったほうがいいんじゃない。ジュリエット。
　　亜紀：わかっちゃった？
　　　　　（中略）
　　亜紀：松本君，サクって呼んでもいい？
　　朔太郎：うん。
　　亜紀：じゃね，サク。

〈『世界の中心で，愛をさけぶ』第1話：生徒（男）⟷生徒（女），二人は恋人関係，直接対話〉

(2) 文字言語

　上では間接対話の例として音声言語の例を見たが，ここでは文字を媒体とした間接対話の例をあげてみることにする。文字を使う媒体である手紙，招待状などに現れた言語行動を見ると，普段向かい合って対話をするときは非丁寧体を使う間柄である祖父，母親，弟が，手紙または招待状でメッセージを伝えるときは丁寧体を使っている。音声言語の場合

同様，間接対話における丁寧体の使用はだれかに公開されるという公開性を前提にしているようだ。つまり，日本語の場合，このような丁寧体の使用は家族か他人かの親疎の区別ではなく格式と見なされる。手紙や招待状という媒体を通して人に注目されるとき，私的な親近感よりは注目される自分の品位への配慮で丁寧体が使われるのであろう。

◆ 手紙

例⑦は有名な言語学者である柴田武さんと幼いお孫さんとの手紙のやりとりを本にしたものの中にあるものである(『おじいちゃんの日本語教室』2003)。孫は祖父に丁寧体で手紙を書いている。子どもが祖父に丁寧な言葉づかいをするのは韓国語と同じであるが，祖父の手紙には日本人の言語行動の特徴がよく現れている。祖父が孫に送った手紙は孫に対する祖父の愛情と教育的な祖父の様子がうかがわれるが，全文丁寧体を用いている。このような言葉づかいは韓国語では見当たらない。韓国でも男性は友人や後輩に書く手紙に「하게，하오」など，ある程度格式を見せる言語表現を使うことがあるが，一般的に直系の孫に丁寧体を使うことはない。

⑦ (祖父と孫の手紙)

　11月2日　おじいちゃん→つよし(孫)

　　おてがみ三通いただきました。

　　この前のクイズで「バイオリン」としたのは，せいかいだとおもいます。バイオリンのえんそうはたいていピアノのばんそうがつくからです。(後略)

〈祖父→孫(つよし)〉

　11月19日　つよし(孫)→おじいちゃん

　　おじいちゃん，おげんきですか。ぼくはいまぜんそくぎみです。きっと，しんたかなわプリンスホテルで，くうきのないところ(まどがなく，くうきが出られなくなるところ)にろうそくをつけたか

<u>らでしょう。</u>（後略）

〈孫（つよし）→祖父〉

〈▲書籍『おじいちゃんの日本語教室』より，下線は引用者による〉

　例⑧は小学生である弟がサッカー大会に参加しながら，姉に来てもらいたくて作った招待状である。いつもは非丁寧体で話すのだが，招待状には普段とは違って「～てください」と丁寧に書いてある。例⑨はこの世にいない娘におくる母親の独白の手紙であるが，丁寧体を使っている。

⑧　（弟（弘樹）からの招待状）
　　池内弘樹デビュー戦
　　ご招待券
　　亜也ねえへ
　　絶対に<u>来て下さい</u>。<u>お願いします</u>。

〈『1リットルの涙』第6話：弟→姉〉

⑨　（母親がなくなった娘に書いた手紙）
　　亜也へ
　　　あなたと会えなくなってもう1年が<u>経ちました</u>。亜也，<u>歩いていますか</u>？　ご飯が<u>食べられますか</u>？　大声で笑ったりお話が<u>できていますか</u>？　お母さんがそばにいなくても毎日ちゃんと<u>やっていますか</u>。お母さんはただただそれだけが<u>心配でなりません</u>。

〈『1リットルの涙』第11話：母親→娘〉

◆　Eメール

　最近では手紙のかわりにインターネットのEメールを使ってメッセージを伝えることが多い。Eメールは手紙よりも瞬間的で脱形式のものと見なされるが，日本語ではこれにもやはり間接対話に見られる共通の現象としての丁寧体が使われている。これも手紙のように公開性を前提とする心理的緊張感から来るものといえよう。

第Ⅱ部 〈5〉媒体による間接対話 —— 109

　例⑩は日本の研究者が韓国の友人に送ったメールである。二人とも女性であるが，韓国人の友人は3年前に留学を終えて帰国し大学で日本語を教えている。彼女は日本に滞在中はその日本人の友人と非丁寧体で話していたし，最近も電話で話すときは非敬語形と非丁寧体を使うという。しかし，日本人の友人はEメールは丁寧体で送ってくる。一方，「忙しいと思うけど，体に気をつけて」のように中途省略形を使うとか終助詞「ね」を使うことで親密感を表し，一般の丁寧なメールとは異なる点が見られる。

⑩　（私信のEメール）
　　日本は，昨日からめっちゃ蒸し暑くなっていて，なんと，7月下旬くらいの気温だそうです。
　　そちらはどうですか？
　　遅くなりましたが，今日，年報を発送しました。
　　ちょっとしたはがきに近況をメモっているので，読んでくださいね。
　　　　　　（中略）
　　お仕事どうですか？
　　忙しいと思うけど，体に気をつけて。
　　また，メールしますね。
　　　　　　〈▲私信のEメールより，日本の研究者→韓国の研究者，二人は友人〉

◆　掲示板
　掲示板の種類は多様である。若い人の間では会合を知らせるとき，文語体も混ぜて簡略に表現する。日本で『生協の白石さん』（講談社，2005）というおもしろい本が出版された。生協の「ひとことカード」にメモされた内容を集めたものである。「ひとことカード」は生協の利用者が必要なものを注文したり業務上改善してほしい点などをメモしておくものである。このような客の質問や要求事項に対して生協の担当者が答えを

書いたものであるが，担当者の誠実な答えがユーモアのセンスに満ちたものとして評判になり出版された。これを見ると，質問あるいは注文をする人はそれほど敬意度が高くない言葉づかいをしているが，それに対して答える生協の職員(白石さん)は敬意度の高い敬語形や丁寧体を使っている。こういう言葉づかいの違いは物を買い求める顧客とサービスを提供する販売者という役割関係による敬語使用の差ともいえよう。ここでは生協の職員の答えは商業的な面もあるが，学生に人情的に近づく内容に満たされた掲示板の一種類としてここで扱った。内容の一部を取り上げてみる。

⑪　(生協の「ひとことカード」)

　　　　　　生協への質問・意見，要望
　　ゲーム雑誌おいてください（ファミ通，電撃 PlayStation など）

　　　　　　生協からのお答え
　　ご要望ありがとうございます。
　　そういえばゲーム雑誌置いてないようですね。上記の"ファミ通"，"電撃 PlayStation"，入荷させる運びとさせて頂きます。
　　　　　　　　　　　　　　　　　　　　　　　［担当］白石

⑫　　　　　　生協への質問・意見，要望
　　愛は売っていないのですか…？

　　　　　　生協からのお答え
　　どうやら，愛は非売品のようです。
　　もし，どこかで販売していたとしたら，それは何かの罠かと思われます。くれぐれもご注意下さい。
　　　　　　　　　　　　　　　　　　　　　　　［担当］白石

　　　　　　　　　　　　　　　〈▲書籍『生協の白石さん』より〉

韓国語の場合

　間接対話の部分は，韓国語と日本語ではだいぶ異なる様相を見せている。韓国語の場合は，すでに定められた関係では，直接会って話すのと媒体を通した間接的な対話とはあまり差が見られない。普段，非丁寧体で話をしていた間柄では，媒体を通した間接対話だといって両親が子どもに，またはつき合っている二人が互いに平素の会話のスタイルとは違った丁寧体を使うというのは考えられないことのようだ。韓国語の場合，最近のドラマではメールと携帯の使用が目立つが，そのような媒体を通した場合もいつもの通りの会話のスタイルを保つ。

(1) 音声言語

◆　留守番電話

　次の例は留守番電話に残された母親の音声である。ドラマでは適当な例が見当たらず映画の例をあげたが，普段母親として息子に使っていた非丁寧体の言葉づかいでメッセージを残している。韓国語の場合，媒体を通した場合も親子の対話のスタイルに影響はない。

① 어머니：엄마다．입영 통지서 나왔다．큰 인물이 되려면 병
　　　　　オンマダ　イビョン　トンジソ　ナワッタ　　クン　インムリ　デリョミョン　ビョン
　　　　　역 문제는 잘 처리해야 한다．
　　　　　ニョンムンジェヌン　チャル　チョリヘヤ　ハンダ
　　　母親：母さんよ。入隊通知書が来たわ。えらくなろうと思ったら兵役の問題
　　　　　はうまく処理しなきゃだめよ。

〈▲映画『逆転の名手』より，母→息子〉

◆　携帯電話の留守録

　次はドラマ『冬のソナタ』の例である。サンヒョクの恋心に応えることができないでいるユジンがサンヒョクの携帯の留守録に残した音声のメッセージである。自然な日常の非丁寧体を使っている。

② 유진：상혁아, 미안해. 정말 미안해. 미안하다는 말 같은거 더
　　　　サンヒョガ　ミアネ　チョンマル　ミアネ　ミアハダヌン　マル　ガットゥンゴ　ト
　　　　이상 안하고 싶었는데, 미안해, 상혁아, 메시지 들으면
　　　　イサン　アナゴ　シッポンヌンデ　ミアネ　サンヒョガ　メシジ　トゥルミョン
　　　　전화해. 기다릴게.
　　　　チョナヘ　キダリルケ
　　ユジン（女）：サンヒョク, ごめんね。本当にごめんね。ごめんなんて言葉,
　　　　　　　　これ以上言いたくなかったんだけど, ごめんね, サンヒョク,
　　　　　　　　メッセージ聞いたら電話して。待ってるね。
　　　　　　　　　　　　　〈『冬のソナタ』第8話：若い女性→異性の友人〉

◆ テープ

　次の例はドラマ『悲しき恋歌』で愛する恋人がアメリカに行ってしまい, 恋人同士である二人が韓国とアメリカでテープに自分の感情を録音して送り, 互いの愛を確認する場面である。これは前に述べた日本語のテープの録音の例と同じような設定である。日本語の例は二人の生徒はクラスメートで毎日会う間柄だが, 録音という媒体を通じるときは丁寧体を使っていた。韓国のドラマの場合は目の不自由な恋人のために手紙のかわりに録音テープで感情を伝達しようとするのである。遠く離れていて相当の期間会ってないのにもかかわらず, まるで対面して話し合うように非丁寧体で恋心を音声で残している。

③ 혜인：박혜인이 서준영에게 보내는 첫 번째
　　　　パッヘイニ　ソジュニョンエゲ　ボネヌン　チョッポンッチェ
　　　　편지！ 준영아 지금 막 이모부댁에
　　　　ピョンジ　チュニョンア　チグム　マク　イモブッテゲ
　　　　도착했어. ……… 너 보고 싶을 때마다
　　　　トチャッヘッソ　　　　　　ノ　ボゴ　シップル　ッテマダ
　　　　나 뜨개질 할거다. 이번엔 스웨터야！
　　　　ナ　トゥゲジル　ハルコダ　イボネン　スウェトヤ
　　ヘイン（女）：パク・ヘインがソ・チュニョンに送る
　　　　　　　　初めの手紙！ チュニョン, 今ちょう
　　　　　　　　どおじの家に着いたとこ。…… チュ
　　　　　　　　ニョンに会いたくなるたびに私, 編み物してるわ。今度はセーターよ。

『悲しき恋歌』

　　　　　　　〈『悲しき恋歌』第5話：ヘイン→チュニョン, テープの声〉

④　준영 : 서준영이 박혜인에게 보내는 두번째 편지！ 편지 잘 받았어.
　　　　ソジュニョンイ　パッ　ヘ　イ　ネ　ゲ　ポ　ネヌン　トゥボンッチェ　ピョンジ　　　ピョンジチャル　パダッソ
　　　야～ 그렇게 좋은 집에 살게 됐다니까 마음이 좀 놓인다.
　　　ヤ　　クロッケ　チョウン　チベ　サルゲ　デッタニッカ　マウミ　チョム　ノインダ
　　　チュニョン（男）：ソ・チュニョンがパク・ヘインに送る2回目の手紙。手紙
　　　受け取ったよ。うわ～，そんないい家に住むことになった
　　　んだったら安心できるよ。
　　〈『悲しき恋歌』第5話：チュニョン→ヘイン，二人は恋人同士，テープの声〉

(2) 文字言語

◆　手紙

　つぎは文字という媒体を通じての例で，祖父がかわいい孫に送ったものと，母親が息子に送ったものである。例⑤，⑥は筆者の知人の祖父が孫に送ったカードの内容である。カードの内容を見ると祖父の慈愛と孫に対する愛情が感じられるが，上掲の日本語の柴田武さんの手紙の文体と違って，普段孫に話すような非丁寧体を使っている。これもまた韓国語と日本語の敬語行動の差が現れるところである。

⑤　소영이에게
　　ソヨンイエゲ
　　할아버지의 인생에서 크고 소중한 만남은 바로 너와의 만남이란다.
　　ハラボジエ　インセンエ　ソクゴ　ソジュンハン　マンナムン　パロ　ノワエ　マンナ ミランダ
　　첫 돌 축하한다. 365일 하루 같이 기쁨 주고 보고 싶은
　　チョットル　チュッカハンダ　　サムベンニュクシボイル　ハル　ガッチ　キップム　ジュゴ　ボゴ　シップン
　　마음으로 잘 지내자.
　　マウムロ　チャル　チネジャ
　　한 해 한 해 키가 자라고 생각이 자라고 ……
　　ハ　ネ　ハ　ネ　キガ　チャラゴ　センガギ　チャラゴ
　　ソヨン，
　　おじいちゃんの人生の中で大きくて大切な出会いは，ソヨンとの出会いだよ。
　　1歳のお誕生日おめでとう。毎日毎日変わらず楽しい気持ちで過ごそうね。
　　1年1年背も伸びて，いい子になって（考え方が育つように）……
　　　　　　　　　　　　　〈▲私信，祖父から孫への1歳の誕生日カード〉

⑥　소영아,
　　ソヨンア
　　학교 들어가면 공부 잘하고
　　ハッキョ　トゥロ　ガミョン　コンブ　チャラゴ
　　친구들과 다정하게 놀아라.
　　チング　ドゥルグヮ　タジョンハゲ　ノララ

부모 말씀 잘 듣고 동생과 잘 놀아라.
　ブモ　マルスム　チャル　ドゥッコ　トンセングヮ　チャル　ノララ
ソヨン,
入学したらしっかり勉強して
友達と仲良く遊ぶんだよ。
お父さんとお母さんの話もよく聞いて弟・妹とも仲良くするんだよ。
〈▲私信, 祖父から孫への入学祝いのカード〉

　次は筆者が日本の大学に1年間客員研究員として滞在していたとき当時幼稚園に通っていた息子に送った葉書である(例⑦)。やはりそばで話すように非丁寧体を使っているが, 当時息子に丁寧体を使うというのは考えてもみなかったことである。その理由は普段使う対話体をそのまま使用することで母親の温かさを感じさせたかったからであろう。
　韓国語では媒体を通した場合公開されることからくる緊張感よりは世代差によって定められた言葉づかいをすることと, 一方では子どもや孫に心理的距離感を感じさせないようにする意識もあるようだ。

⑦　(前略)
승준아 놀이터 혼자 다니고 있니?
　スンジュナ　ノリト　ホンジャ　タニゴ　インニ
이 동네에도 놀이터가 있단다.
　イ　トンネエド　ノリトガ　イッタンダ
꿈에 엄마를 만날 때가 있니?
　クメ　オムマルル　マンナルッ　テガ　インニ
그럼 잘 있어. 안녕.
　クロム　チャー　リッソ　　アンニョン
엄마가.
　オンマガ
　　スンジュン, 公園には一人で行ってるの?
　　この近くにも公園あるって。
　　夢でお母さんに会うことってある?
　　じゃあ, 元気でね。またね。
　　お母さんより。
〈▲私信, 母から息子への葉書〉

　反面, 韓国の母親の一部ではあるが, 普段子どもに話すときに丁寧体

「-어요」を使うことがある。子どもに丁寧体を使う母親は子どもに教養ある言葉を使うことによって教育上いい影響を与え，礼儀正しい言葉づかいができるように意図しているようだが，現実的ではないようだ。子どもに丁寧体を使う人は手紙という媒体を介入させるときも丁寧な言葉づかいをするのではなかろうか。

◆　Ｅメール

　韓国ではインターネットでメールを送るとき，親しい間柄では丁寧体を使わない。このように個人的に親しい人とは普段話すように非丁寧体を使うのだが，親疎関係よりは公の関係を優先するときは丁寧体を使う。こういう場合は公／私の区別に関わるものであろうが，媒体を通した場合はここでしか扱わないのでここに入れた。

　筆者自身のことを例にあげて見ると，筆者は現在大学で学生を教えているが，学期末成績をつけると学生から成績に関する問い合わせのメールが来ることがある。そういう問い合わせのメール（例⑧）を受けると答えを丁寧に書いて送ることにしている。例としてあげたメールの場合，はじめは丁寧体を使ったが（例⑨），学生が納得してくれた（例⑩）ので，２回目の返答では普段学生に使う非丁寧体を使っている（例⑪）。この場合の非丁寧体の使用は公の立場から離れて教授と教え子の関係に基づいた隔てのない感情を表しているのである。また，待遇法を丁寧体にするかしないかの問題とは別に相手に対する呼称は相手が学生なので，名前だけにしている（例⑪）。なお，大学院で指導する院生には非丁寧体を使うことが多いが，これは大学院生は論文などの指導で個人的に会う機会が多くて公の場面にならないからであろう。

⑧　처음에 전화로 말씀을 드릴까 하다가, …… 이런 내용의 말씀을
　　チョウメ　チョナロ　マルッスムル　トゥリルッカ　ハダガ　　　　　イロン　ネヨンエ　マルッスムル
　　전화로 드리는 건예의가 아니라 생각되었고 …… 직접 찾아뵙는
　　チョナロ　トゥリヌン　ゴンイェイ　ガ　アニラ　センガクテオッコ　　　　チクチョプ　チャジャベムヌン
　　것도 바쁘실텐데 좀 아닌 것 같아서 ……
　　ゴット　バップシルテンデ　チョム　アニン　ゴッ　カッタソ
　　그래서 이렇게 경우가 아닌 거 알지만 그래도 메일을 드립니다.
　　クレソ　イロッケ　キョンウガ　アニン　ゴ　アルジマン　クレド　メイルル　トゥリムニダ

죄송합니다. ……
성적 평가, 교수님께서 확실하게 해 주시는 것 잘 알고 있고
이런 류의 성적 관련 메일 제일 싫어하신다는 말씀도 들었기에
더욱 조심스러웠고 고민도 했습니다만, 그래도 혹시 가르쳐 주실
수 있다면 그것을 발판으로 삼아 더 노력하는 모습 보여드리도록
노력하겠습니다. (後略)

　　初めはお電話でお話しようかとも思ったんですけれど, …… このような内容
　　をお電話でお話するのは失礼かと思い …… 直接おうかがいする事も考えま
　　したが, お忙しい事でしょうから, このように失礼を承知でメールをお送り
　　致します。申し訳ございません。
　　成績評価, 先生がきちんとしてくださることは承知しており, このような類
　　の成績関連メールが一番お嫌いであるということもうかがったので, さらに
　　気をつかいましたし悩んだりもしました。しかし, もし教えてくださるので
　　したら, それをきっかけにさらに努力する姿をお見せできるように努力いた
　　します。(後略)

　　　　　　　　　　　　　　　　　　　（▲私信のEメールより, 学生→教授）

⑨　나는 성적을 묻는 메일에 '이번에 올려주면 다음부터 잘 하겠다'
　는 메일의 종류는 뭐라 쓸지 몰라 답을 안 한 적이 있지만 그
　외에는 성실하게 답변해왔어요. 그리고 싫어하는 게 아니라
　정신적으로 힘들어요. 그 마음을 알 것 같으니까. (後略)

　　私は成績を問い合わせるメールに '今回あげてくれれば次回からがんばる'
　　という類のメールは何と書けばいいのかわからず, 返事をしなかったことが
　　ありますが, それ以外は真摯に返事してきています。それから, 嫌なのでは
　　なく精神的に辛いのです。その気持ちがわかるような気がしますので。(後略)

　　　　　　　　　　　　　　　　　　　（▲私信のEメール, 教授→学生）

⑩ 교수님 안녕하세요!
다소 건방지게 보일 수도 있는 메일이었는데 이렇게나 길고
친절하게 답변 메일 정말 감사합니다. (後略)

先生，お元気でしょうか！

多少，生意気にも見えるメールでしたが，このように長く親切な返信メールを本当にありがとうございます。(後略)

⑪ 잘 이해를 해 준 메일 고마웠어.
　　　(中略)
이걸 기회로 삼아 앞으로 어떠한 사소한 일에도 최선을 다할 필요가 있다고 생각해 주면 정말 ○○ 인생에 도움이 될 거야. 사소한 차이가 결과는 이런 큰 차이를 만든다는 것이 나도 안타깝다. 그냥 이런 이야기가 ○○ 의 앞으로의 학교 생활에 도움이 되었으면 하고 메일을 써 보는 거야. 앞으로도 열심히 하고 잘 지내. 그리고 진로 상담 같은 고민이 있으면 연구실 (연구동 ○○○호) 에 한번 들려.
한 미 경

よくわかってくれたとの内容のメールありがとう。
　　　(中略)
これを機に今後どんな些細なことにも最善を尽くす必要があると考えてくれれば，本当に○○（さん）の人生において役に立つと思います（役に立つと思うよ）。わずかな差が結果的にこのような大きな差になってしまうということは私にとっても残念です（残念だよ）。ただ，こんな話が○○（さん）の今後の学校生活に役に立つならばとメールを書いてみました（書いてみたんだよ）。今後ともがんばって，元気に過ごしてください（過ごして）。それから進路の相談のような悩みがあれば研究室（研究棟○○○号）に一度寄ってみてください（寄ってみて）。
ハン・ミギョン

◆ 掲示板

　次の例は韓国内の某大学生活協同組合の'한마디 제안（ひとこと提案）'コーナーに載っている提案と答えである。質疑の内容は短いが答えは丁寧になされている。普段会話で使わない謙譲語尾「오」を使って「가능하오니」とするなど，全体的に相手に敬語形と丁寧体を適切に使っている。

⑫
```
제안자 학생  [2006-08-18]     조회 횟수 5 5 회
내용   해피머니 문화상품권 사용가능한지요？
```

提案者 学生　[2006-08-18]　　　　照会回数55
内容　ハッピーマネーの文化商品券は使用可能でしょうか。

```
글쓴이 사무국  [2006-08-21]     조회 횟수 4 7 회
안녕하세요？
말씀하신 해피머니 상품권 사용가능합니다. 또한 해피머니
상품권뿐만 아니라 한국도서보급과 한국문화진흥원에서 발행한
상품권도 사용이 가능하오니 참고 하시기 바랍니다.
아울러 상품권은 구내서점에서 판매도 같이 하고 있으니 필요하
실 때 구입하시기 바랍니다. 감사합니다. 좋은 하루 되십시오.
```

文を書いた人　事務局［2006-08-21］　　　照会回数47
こんにちは。
　お尋ねのハッピーマネーの商品券は使用可能です。またハッピーマネーの商品券ばかりでなく，韓国図書普及と韓国文化振興院で発行した商品券も使用が可能ですので，ご参考になさってください。
　なお，商品券は構内の書店でもいっしょに販売しておりますので，必要なときご購入の程お願いいたします。
　ありがとうございました。良い一日をお過ごしください。

　　　　　　　　　　　　　　　　　（▲某大学生協の掲示板より）

まとめ

　日本語では直接相手に会って話す直接対話と，電話，録音，手紙などの媒体を通して意思を伝達する間接対話とは，敬語行動に異なった様相が見られる。**日本語では普段，向かい合って対話をするときは非丁寧体を使う間柄でも，電話や手紙などにメッセージを残すときは丁寧体を使っている。**つまり，日本語において媒体の介入は敬語使用の大きな要因になるのだが，**韓国語の場合，親しい間柄では，媒体の介入によって相手への対話の丁寧度が変わることはないほど，媒体の介入は敬語行動の重要な要因にならない。**日本語におけるこのような丁寧体の使用は格式と見なされる。これは私的な親近感よりは注目される自分の品位への配慮で丁寧体が使われるのであろう。

　こういう言葉づかいの違いは文化の違いでもあるが，日本人と韓国人は外見が似ており，文の構成も似ているので，文化の違いに気づきがたい面がある。筆者が2006年に日本の大学の大学院で講義をしたことがある。そのときの講義はこの本の内容である日韓両国語の対照研究で，両国語の相違点の一つとして間接対話を例にあげていた。講義を聞いた韓国の留学生(女性)があとでその講義が自分にとても役に立ったと言ってくれた。

　彼女には日本でつき合った男性がいるが，彼が地方に赴任したので，メールのやり取りをしていたという。二人で会って話すときはいつも親しく非丁寧体で話を交わしていた彼がメールを書くときは丁重に丁寧体を使っていてよそよそしさが感じられ，彼の自分への気持ちがわからない。反面，自分は韓国風に親しさを込めて普段会って対話をするように非丁寧体でメールを送っていたという。相手の男性はそれが気に入らないらしくそれについて指摘していたが，自分はその意味がよくわからなかったという。私の講義を聞いて彼に抱いていた疑問が文化の違いからくるものだとわかって喜んでいた。

　文化の違いというのは意識してないあらゆるところに表れ，異文化受

容の難しさが感じられると同時に，些細なところにまで影響を与える文化の違いは興味深いものである。

6
心理的距離感

　心理的距離感とは相手に対してその場で感じるごく主観的な親近感あるいは距離感をいう。相手に対する話し手の心理的遠近は敬語行動の重要な要因になる。

日本語の場合

　日本語においては相手に対する話し手の心理的距離の遠近は敬語行動の絶対的な要因になる。日本語の敬語行動は非常に主観的であり，話し手が親しみを感じるときは隔てのない言葉づかいをするが，相手に心理的距離を感じるときあるいは意識的に距離をおきたいときには同じ相手でも丁寧な敬語行動をするのである。この際，心理的距離が遠いほど敬意度は高くなる傾向を見せる。

　例①では中年の奥さんが夫に対する距離感の現れとして意識的に敬意度が高い尊敬語を使っている。一方，例②は普段非丁寧体で話していた妻が夫に正式に離婚を要求する際，敬語を用いる例である。このように日本語の場合夫婦の間をはじめ家族関係，結婚で結ばれた両家の関係においても心理的距離感によって敬語行動は左右される。

①　妻：あら？　まだいらしたんですか？　もうお帰りになったもんだと思ってたのに。
　　夫：いるよ，さっきからずっとここに。
　　妻：早く戻らないと遅くなりますよ。

〈『元カレ』第8話:妻→夫,二人は中年の夫婦〉

② 妻:<u>お願いです</u>。<u>お願いですから</u>,私と<u>離婚して下さい</u>。
   夫:なに,丁寧語でしゃべってんだよ。朝から冗談やめてくれよ。
   妻:本気だけど。
   〈『僕と彼女と彼女の生きる道』第1話:妻→夫,二人は30代の夫婦〉

　次の例は母親が舅と姑と同居している娘を訪ねて姑と対話を交わす例である。二人ははじめは最上の敬語形と丁寧体を使って話すが(例③),数日娘のうちに泊まるうちに親しくなって,同年輩として互いに格式をはずして親近な対話をしている(例④)。

③ 実家の母親:まあ,ほんとに立派なお宅に<u>住まわせていただいて</u>,ちゃんと<u>ごあいさつにうかがおう</u>と思いながら<u>遅くなりまして</u>,ほんとうに<u>申し訳ございません</u>。
   姑:いいえ,わたくしどもも,七海さん<u>に同居していただいて</u>こんなうれしいことはないと,主人ともども<u>感謝してるんですよ</u>。
   〈『ママの遺伝子』第8話:姑←→実家の母親,久しぶりの対面〉

④ 姑:どうだか。もう,ねえ,そばにいたらそんな素振りも見せないんですからね。
   実家の母親:あ,うちもそうです。あ,でも,指輪なんかもらっちゃったりして。<u>これなんですけどね</u>。
   姑:あら,<u>いいじゃない</u>?
   〈『ママの遺伝子』第8話:姑←→実家の母親,3日後〉

　また,結婚適齢期を過ぎた娘のことを心配していた母親が,娘の見合いの相手が娘に好意的な態度を見せると,その男性について意識的に敬語形を使って言及している例(⑤)がある。これは心理的距離感というより「くださる」を使うことで恩恵的心理を表す場合であるが,母のこのような心理に対して娘が反発している。

⑤　母親：ナオちゃん，ちゃんとやってちょうだいよ。
　　奈央子（娘）：なに？　ちゃんとって。
　　母親：ああいうきちんとした方が，ナオちゃんでもおつき合いして
　　　　　もいいって<u>おっしゃってくださってる</u>のよ。
　　奈央子：そうやって，おっしゃってくださってるのよって，どんな
　　　　　　敬語なの。
　　母親：ほら，すぐそうやって斜めに構えたりちゃかしたりする。
　　　　　もうね，斉藤さんの前じゃさ，くれぐれも気をつけてちょう
　　　　　だいよ。
　　奈央子：ちょっと待ってよ。向こうが勝手にいいと<u>おっしゃってく
　　　　　　ださってる</u>だけでしょう。私は一言もいいなんて言ってな
　　　　　　いもん。
　　　　　　　　〈『アネゴ』第4話：母→娘，話題の人物：娘のお見合いの相手〉

　そして例⑥，⑦は11歳の子どもが里親と養子縁組をするが，敬語を使うなど心理的緊張感をゆるめずに暮らしているので再び保育園に送られる場面である。この場合子どもである周平は敬語を使うことで周囲の大人たちとの距離を縮めようとしない（例⑥）。このような敬語使用は子どもの閉じられた心理を反映したもので大人を戸惑わせる要因になっている（例⑦）。

⑥　周平（子ども・男）：あの，僕は<u>外しましょうか</u>。……　みなさんで
　　　　　　　　　　　　大事なお話が<u>あるんじゃないんでしょうか</u>。
　　鳥居（保父）：お，気がきくじゃないか。
　　周平：いえ，<u>慣れてるだけです</u>。
　　　　　　　　　　〈『エンジン』第1話：子ども（男）→保父〉

⑦　里親：でも，半年たっても全然なついてくれなくて，もう限界かと
　　　　　…。
　　鳥居（保父）：ま，そんなに簡単になつくもんじゃないですけどね。

里親：それはわかってるんですが，…ずっと敬語で，甘えることもなく，じっと観察するように私たちを見てるものですから。
〈『エンジン』第1話：里親→保父〉

　⑧の例は，以前のカーレーサーのときのマネージャーであり同時に恋人関係にあった女性が，外国から久しぶりに帰ったカーレーサーに距離をおいて話す場面である。男性はまだ親しい関係が維持されていると思い軽く非丁寧体で話しているが，女性はもう親しい関係ではないという気持ちを丁寧体を使うことで表している。これを受けて男性も丁寧体を使うことでもう昔の親しい関係ではないというのを認めることになるのだが，これは親疎関係と心理的距離感が重複される例でもある。

⑧　次郎（男）：いや，監督におれの走りを見てもらうだけでいいからさ。
　　たまき（女）：うちには優秀なドライバーがおりますので。
　　次郎：待ってよ，たまき。おまえ，ちょっと冷たすぎない？
　　たまき：そっちこそ，すっごくなれなれしくないですか？
　　次郎：すみません。あいつそんなに速いんですか？
〈『エンジン』第2話：カーレーサー（男）⟵⟶以前のマネジャー（恋人でもあった）〉

韓国語の場合

　韓国語は家族関係においては心理的距離感によって言語行動が大きく変わることがないが，夫婦関係においては心理的距離によって敬語行動が変わる例が見られる。
　例①，②，③は離婚した夫婦の話である。例①は離婚前の夫婦としての会話であるが，二人は誤解を重ねてひねくれた話しぶりである。夫は怒ってはいるが，非丁寧体を使って普通の夫の話し方になっている。例②は別れた前夫が再婚した後，偶然前妻に会って話す場面であるが，夫は丁寧体を使うことで自分の許せない気持ちを表し，非常に冷たい会話を交わしている。例③は前妻と会って互いに心を打ち明けて過去の過ちを謝る場面である。夫は非丁寧体を使って前妻に対する気遣いを表して

おり，相手に対する配慮が感じられる対話になっている。この二人の対話で心理的に一番離れているのは②の例で，もっとも近く感じているのは③の例といえよう。

① 승혜 : 웬 일이에요?
　　　　　ウェン ニ リ エ ヨ
　　　スンヘ（妻）：どうしたの？（どうしたんです？）
　　동주 : 내 방에 오지두 못하나. 옷만 갈아입
　　　　　ネ パン エ オ ジ ドゥ モッタ ナ　オンマン カ ライブ
　　　　　구 나갈 거야. 늦을 테니까 기다리
　　　　　ク ナ ガル ッコ ヤ　ヌ ジュル ッテニッカ キ ダ リ
　　　　　지 말구 자.
　　　　　ジ マルグ チャ
　　　トンジュ（夫）：自分の部屋に来ちゃいけないのか。
　　　　　　　　　　着替えだけして出かけるよ。遅く
　　　　　　　　　　なるから待たないで寝てろよ。

　　　　　　　　　〈『愛しのおバカちゃん』第1話：夫→妻，離婚前〉

『愛しのおバカちゃん』

② 동주 : 이런 데서 다시 만납니다.
　　　　　イ ロン デ ソ タ シ マンナム ニ ダ
　　　トンジュ（前夫）：こんなところでまた会いましたね。
　　승혜 : 신혼재미는 좋으시죠?
　　　　　シ ノンチェ ミ ヌン チョウ シ ジョ
　　　スンヘ（前妻）：新婚生活いいでしょう。
　　동주 : 전 부인께서 현재 저의 신혼재미까지 챙겨주시니 참 이거
　　　　　チョン ブインッケソ ヒョンジェ チョエ シノンチェミッカ ジ チェンギョジュシニ チャム イ ゴ
　　　　　송구스러워서 근데 여긴 무슨 일루?
　　　　　ソング ス ロ ウォシ クンデ ヨ ギン ム スン ニルル
　　　トンジュ：前の夫人から今の僕の新婚生活までお気づかいいただき，ほんと
　　　　　　　　申しわけないな。ところで，ここにはどういった用で。
　　승혜 : 언제부터 저의 사생활에 그렇게 관심이 많으셨죠?
　　　　　オンジェ ブット チョエ サセンファレ クロッケ クヮンシ ミ マー ヌ ショッチョ
　　　スンヘ：いつからわたしの私生活にそんなに関心をもっていらっしゃったのか
　　　　　　　しら。
　　동주 : 관심이라기 보단 예의상 물어봤던 겁니다.
　　　　　クヮンシ ミ ラ ギ ボ ダン イェイ サン ム ロ バットン ゴム ニ ダ
　　　トンジュ：関心というより礼儀として聞いたんです。

　　　　　　　〈『愛しのおバカちゃん』第5話：前夫→前妻，離婚直後〉

③ 승혜 : 웬 일이세요?
　　　　　ウェン ニ リ セ ヨ

スンヘ（前妻）：どうしたの（どうなさったんです）？

동주：무슨 말을 해야 할지 모르겠군.
　　　ムスン　マルル　ヘヤ　ハルチ　モルゲックン
トンジュ（前夫）：何を言ったらいいかわからないな。

승혜：그냥 일이 좀 잘못됐던 거뿐이에요. 제일 큰 잘못은 내
　　　クニャン　イリ ジョム　チャルモッテットン　ゴップ ニ エ ヨ　チェイル クン チャルモスン　ネ
게 있었구요.
ゲ イッソック ヨ
スンヘ：ただちょっと行き違いがあっただけなの（あっただけなんです）。一
　　　　番の過ちは私にあったのよ（あったんです）。

동주：용서해. 내가 승혜 많이 힘들게 했다는 거 알아.
　　　ヨンソヘ　ネガ スンヘ マニ ヒムドゥルゲ ヘッタヌン ゴ　アラ
トンジュ：許してくれ。俺がスンヘを苦しませたってわかってる。

승혜：미안해요. …… 이제 우리 친구가 될 수 있겠군요.
　　　ミアネヨ　　　　　イジェ ウリ チングガ デル ス イッケックンニョ
スンヘ：ごめんなさい。…… これからは私たち，友だちになれるのね（な
　　　　れるんですね）。

〈『愛しのおバカちゃん』第19話：前夫→前妻，理解し合う〉

例④は結婚したばかりの新婚夫婦の対話であるが，丁寧体で話していた夫が非丁寧体を使って妻にやさしさを表そうとすると，妻が急激な距離感消失とまだ慣れてないそのなれなれしさに戸惑ってしまう。妻は徐々に距離感を縮めたほうがいいと思い，夫に当分の間丁寧体を使ってほしいと要求する例である。

④　승우：나 먼저 가야겠다.
　　　　　ナ モンジョ カヤゲッタ
　　スンウ（夫）：俺，先に行かなきゃ。
　　세나：저기요. 승우씨, 저기, 다시 존 댓말 써주면 안될까요?
　　　　　チョギヨ　スンウ シ　チョギ　タシ チョンデンマル ッソジュミョン アンデルッカヨ
승우씨한테는 존 댓말이 어울리는 거 같아서요.
スンウ シハンテヌン チョンデンマ リ オウルリヌン ゴ ガッタ ソ ヨ
　　セナ（妻）：あのう。スンウさん，あの，また敬語使っていただけないですか。
　　　　　　　スンウさんには敬語が似合っているような感じがしまして。

　　승우：거리감 느껴진다고 하지 않았어?
　　　　　コリガム ヌッキョジンダ ゴ　ハジ アナッソ
　　スンウ：距離感が感じられるって言わなかった？
　　세나：괜찮아요. 저, 아직은, 아무래도, 그 좀 거리감이 느껴지는
　　　　　ケンチャナヨ　チョ　アジグン　アムレド　クチョム コリガミ ヌッキョジヌン
게 좋을 거 같아서요.
ゲ チョウル ッコ ガッタ ソ ヨ

セナ：平気よ。私は，まだ，どうもその少しの距離感が感じられるのがよさ
そうで（よさそうです）。

（中略）

세나：<u>고마워</u>.
セナ：ありがとう。

승우：<u>고마워</u>？
スンウ：ありがとうって？

세나：반말하면 나도 같이 반말 해야겠다고 생각했거든.
セナ：ため口したらわたしも一緒にため口しなきゃって思ったの。

승우：뭐 반말하는 건 괜찮은데 내 페이스에 맞춰서 좀 천천히 해줘. 응！ 이제부터 정말 잘 지내자. 제대로 부부답게.
スンウ：なあに，ため口は大丈夫だけど，俺のペースに合わせて少しゆっくり<u>言ってくれ</u>。うん！これからは本当に仲よく<u>過ごそう</u>。きちんと夫婦らしく。

〈『ウェディング』第8話：新婚夫婦〉

　夫婦関係でなくても，男女関係で丁寧体を使うというのは相手に対する心理的距離感の尺度になる。例⑤は愛人関係の男女間の対話で，普段は非丁寧体を使って話していた女性が自分を裏切った男性に丁寧体を使うことによって心理的に突き放している例である。この場合，使われる丁寧体「-어요（オヨ）」は日本語の「〜です」「〜ます」のように相手との距離を保つための用法であろう。

⑤　정도：나한테 화났지？바로 연락했어야 하는데. 미안해.
　　チョンド（男）：怒ってるんだろ。すぐに連絡しなきゃいけなかったのに。悪かったな。

　　맹영：화 안 났으니까 미안해 하지 마요.
　　メンヨン（女）：怒ってないから，謝らないでよ（<u>謝らないでください</u>）。

『バラ色の人生』

정도 : 화난 거 맞네. 화날 때만 존대말 쓰잖아. 미안해. 우리
　　　ファナン　ゴ　マンネ　ファナル　ッテマン　チョンデマル　ッスジャナ　　ミアネ　　ウリ
　　　만나서 얘기하자.
　　　マンナソ　イェギ　ハジャ
チョンド：怒ってるじゃん。怒るときだけ敬語使ってるじゃん。ごめん。俺
　　　　　たち会って話そう。

〈『バラ色の人生』第10話：二人は愛人関係〉

まとめ

　現代日本語の敬語行動は絶対的基準を定めがたく，話し手の聞き手に対する心理的判断と配慮によって敬語行動が行われるといった相対敬語的側面を見せている。つまり，話し手の聞き手に対する言葉づかいは相互尊重の意識と聞き手に対する配慮以外に心理的距離感により決められる傾向がある。**日本語では，聞き手に心理的隔てを感じる時は言葉づかいを丁寧にし，心理的距離を感じないときは非丁寧体を使うなど言葉の丁寧さは話し手の聞き手に対する心理的距離感の尺度にもなりうるのである。**また，日本語における心理的要因によるこういう言葉づかいの変化は他人との対話と夫婦関係を含む家族間の対話とにあまり差がない。
　それに対して韓国語は，上下関係や親疎関係などの要因が優先し，対話に際しての話し手の心理的距離感によって言葉づかいが変わることはあまりないようだ。夫婦関係やこれに準ずる関係は例外だが，韓国では親子関係や親戚，友人，その他，一般関係に至るまで話し手と聞き手との関係設定は既にされていて関係設定の上で行われる定型化した言葉づかいが心理的距離感に優先され，心理的要因が介入する余地は大きくない。
　心理的要因が作用する場合もある。たとえば，親子関係でいつも非丁寧体を使って両親に甘えていた子どもが両親に怒られたとき，甘えられなくなって丁寧体を使うことなどがそれである。しかし，反対に丁寧体で話していた関係で親近感を感じるといってその場で急に非丁寧体に言葉づかいを変えることはほとんどない。
　しかし，**韓国でも夫婦関係においては心理的要因が言葉づかいを決め**

る要因になっており，心理的距離が遠くなるほど言葉づかいは丁寧になるようだ。夫婦関係は一見確定された関係のようだが，実際は相互の関心や相手への心づかいが支えている主観的で絶対性を持たない（？）関係であり，感情の状態は心理的要因になって言葉づかいに反映される。夫婦や恋人というのは言葉づかいによって相手の細かい心理状態まで読み取れる関係でもあるが，一方，心理状態で左右されるもろい関係とも言えるのではないだろうか。

●○● 結婚と女性の敬語行動 ●○●

　韓国の女性は，結婚と同時に敬語行動において大きな変化を経験することになる。女性は結婚後，程度の差はあるが夫側の家族や親戚の上下関係による，夫の地位を基準にした形式的な敬語行動を行うようになる。
　嫁が舅や姑に話す場合，嫁は舅，姑のことを「아버지／어머니」より敬意の高い「아버님（お父様）／어머님（お母様）」と呼び，用言や助詞も敬語形「께（与格助詞）／께서（主格助詞）」を使って最高の敬意を払い，待遇法も「-어요」を用いる。一人称代名詞は謙譲語「저」を使う。また，嫁が舅姑の前で夫を話題にする際は，夫を低めて言及しなければならず，子どもが生まれた後は「애비（아버지（父親）の卑語）」というが，子どもが生まれるまでは「그이（彼）」という。

① <u>어머님</u>, <u>애비／그이</u> 아직 안 <u>왔는데요</u>.
　　<u>お母様</u>，[<u>自分の夫</u>]はまだ<u>帰ってきていませんが</u>。

　一方，舅や姑が嫁に話す場合，嫁を呼ぶ呼称は子どもが生まれるまでは「아가（「子ども」の呼格形）」と呼び（例②），子どもが生まれると「에미야（「母親」の卑語に呼格助詞「야」をつけた形）」と呼ぶ（例③）。二人称代名詞は「너」を用い，待遇法は非丁寧体「-다」「-어」を使って子ども扱いをする。

② <u>아가</u>, 저녁 준비 다 <u>됐니</u>?
　　[<u>自分の嫁</u>]，夕飯の仕度<u>できたかしら</u>?

③ <u>에미야</u>, 애비 오늘 <u>늦니</u>?
　　[<u>自分の嫁</u>]，[<u>自分の息子</u>]は今日<u>遅れるのかしら</u>?

　また，嫁は夫の両親だけでなく，夫の兄弟や親戚に対しても，夫の年齢を基準にした，格式ばった敬語行動をする。
　嫁は夫の兄のことは「아주버님（おじさま）」，姉のことは「형님（兄様）」と呼ぶ。夫の結婚前の弟のことは「도련님（お坊ちゃん）」，妹のことは「아가씨（お嬢さん）」と呼ぶ。
　しかし，このような呼称は嫁に子どもが生まれると子どもの立場から

の呼称に変わることが多い。つまり，「도련님」から「삼촌 (三寸)」，「아가씨」から「고모 (姑母)」のように呼び方を変える。また，夫の弟が結婚すると弟のことを「서방님 (旦那様：夫を呼ぶ呼称だったが，現在は使わず，義弟を呼ぶときの呼称として使われている)」と呼ぶ。

また，夫の目下の兄弟に対してもぞんざいな言葉づかいはできない。韓国では普通子どもには敬語を使わないが，夫の弟妹に限っては待遇法を丁寧体にするのが礼儀である。

嫁の立場で一番難しいのは夫の兄弟との関係における自分の位置である。目上の兄姉に対してはもっぱら崇めて言えばよいが，弟妹には待遇法を丁寧体にして礼儀を保ちながらも，目上の立場である夫の妻としての地位も確保しなければならない。それゆえ，夫の弟や妹に対し待遇法は「-어요」を使っても，用言を敬語形にすることはない。また，一人称代名詞は自分を低める「저」を使わないで対等以下の人と話す時に使う「나」を用いて話すのである（例④）。

④ 아가씨, 나도 같이 가요.
　　お嬢さん，私も一緒に行きます。

これに対し，夫の兄弟が嫁に話す場合，夫の弟は兄嫁のことを「형수님 (兄嫂様)／아주머니 (おばさん)」と呼び，妹は兄嫁を「언니 (お姉さん)」と呼ぶ。弟妹は兄嫁に対して用言を敬語形にし，待遇法は「-어요」を使う。兄は弟嫁のことを「계수씨 (季嫂氏)」と呼び，用言を敬語形にし待遇法「-어요」で話す。しかし，姉は，「올케 (兄弟の嫁)」と呼び，用言を敬語形にすることはなく，待遇法も「-어」を使う。

一方，兄弟がそれぞれ結婚し，兄嫁が弟嫁より年下の場合，日本語では相互尊重の立場をとるようだが，韓国の女性は家庭内の兄弟の上下関係に基づいた言葉づかいをするのが普通である。この際，妻たちの年齢は無視されるので互いにぎこちないと感じながらも，年下の兄嫁は年上の弟嫁に非丁寧体で話し，弟嫁は兄嫁を崇めていう。

最近，韓国も少子化時代を迎え，親族という概念が弱まっているので，このような敬語行動は今後相互尊重の方へ進むだろうと予想される。しかし，相互尊重の敬語行動が二人の女性の間で行われても，親戚の前では，年上の弟嫁が年下の兄嫁に対し，気が進まなくても敬意を払わなければならないだろう。

7
話題の人物に対する判断

　ここでは話題の人物が自分側か相手側かというのが，言葉づかいにどのように関係してくるかをみることにする。自分側，相手側というのは社会的要因による親子とか兄弟など最初から与えられた条件内にあるものと，話し手の話題の人物に対するその場での心理的判断によるものとがある。ここでは社会的要因による話題の人物の領域と対話時の話し手の心理的判断による話題の人物の領域，この二つの場合をいっしょに扱うことにする。

日本語の場合

　日本語では話題の人物について言及するときに話し手はその話題の人物が自分側の人物なのか，聞き手側の人物なのかによって敬語行動が変わってくる。つまり，自分側の人物であれば謙虚に低めて表現するが（例①），聞き手側の人物であればその事実だけで，その話題の人物の年齢にかまわず崇めて表現する（例②）。このような場合，社会的要因としての家族は他人に対して常に話し手側に属するものである。

① 島男（男）：鈴木島男と申します。
　香織（女）：島男さん？
　島男：アイランドの"島"に"男"です。（自分の母親を指して）<u>母</u>です。
　島男の母親：島男の母です。

香織：白川香織です。
島男：どうぞ，こちらに。お座りください。
香織：ありがとうございます。ご一緒させていただきます。
　　〈『恋に落ちたら』第1話：若い男性→若い女性，話題の人物：話者の母親〉

② 智志の母親：こういうことっていうのは本当のことをね，言いづら
　　　　　　　いもんじゃないですか。まして14歳ですよ。お嬢さ
　　　　　　　んはたまたま塾で知ってる智志の名前を口にされただ
　　　　　　　けじゃないんですか。
　　未希の父親：娘がね，でまかせを言ってるっておっしゃるんですか。
　　智志の母親：いやいや，悪く取らないでくださいよ。なんか事情が
　　　　　　　あるんじゃないですかと申し上げてるんです。
　　　　　　　　　　　　　　　　　　　　　〈『14才の母』第3話：
　　　　　　　男子生徒の母親→女子生徒の両親，話題の人物：相手の娘（14歳）〉

　このように他人との関係では絶対的に自分の領域に属する家族も，結婚などによって既存の家庭内の秩序に新たに加わって構成された人間関係において話し手の判断によってどちらの領域に属するかを決めて言及する場合が生じる。つまり，家庭内でも対話の場面で感じる話し手の心理的判断によって話題の人物の領域を自分側にするか聞き手側にするかが決められることがある。夫婦間の対話でも妻が姑のことを夫の前で「お母さん」（例③），実家の母親のことは「母」と言及するなど（例④），実家の両親を自分側のものとみなし夫婦の間でも他人意識を持つ心理的距離感の現われと見られる例がある。

③ 妻：あなた，あなたのお母さんをほんとうの親だと思えといった
　　　のはお父さんですよ。忘れました？……
　　夫：その話は今いい。
　　　　　　　　　　　　〈『熟年離婚』第2話：妻→夫，話題の人物：姑〉

④　妻：でも，あなた，わたしの母が死んだとき，どうしてもはずせない海外出張があるからってお葬式にもでてくれなかったんですよ。
〈『熟年離婚』第2話：妻→夫，話題の人物：実家の母〉

　また，夫婦の仲がいいときは夫の前で実家の母親のことを「お母さん」といっていたのに（例⑤），夫婦間の緊張感を表したときは父親のことを「父」といっている例も見られる（例⑥）。

⑤　妻：実はね。お母さん，離婚するつもりらしいの。
〈『熟年離婚』第1話：妻→夫，話題の人物：実家の母親〉

⑥　夫：やっぱりお金のことお父さんにたのめないかな。
　　妻：善三！　……　いくらわたしの父だって離婚だってたいへんなときにそんなこと言えないでしょう。
〈『熟年離婚』第2話：妻→夫，話題の人物：妻の父親〉

　また，話題の人物の領域によって言葉づかいが変わる例の一つとして妻が姑の前で夫のことを話題にする例がある。日本の家庭で嫁が夫のことを舅や姑に話すときにどう表現するかが，敬語の用法の一つのテーマになっているのは非常に興味深いことである。妻が夫の名に「さん」をつけるか，呼び捨てにするかは，妻としては夫が妻の夫の立場なのか，両親の息子の立場なのかを意識して使うものだという。ドラマでは姑の前で夫のことを「渡さん」と言っている例が見られるが（例⑦），これは夫を両親の領域に属するものとみなして話す例と思われる。

⑦　姑：あのね，七海さん，……　最近，変わったことない。その渡にね。
　　嫁：渡さんに，いえ，別に。
　　姑：帰りが遅くなったとか，携帯にかけてもつながりにくくなったとか。
　　嫁：いえ，そんなことないですよ。

姑：よく考えてみて。……
嫁：ちょっとお義母さん，びっくりさせないでくださいよ。偶然会ったかなんかなんじゃないですか。渡さんに限ってそんなこと。
姑：あら，わからないわよ，渡だって男だもん。
嫁：わたしは渡さん信じていますから。

〈『ママの遺伝子』第 7 話：嫁→姑，話題の人物：夫（渡）〉

　職場の場合は取引先など他の会社または他の部署に対して自分の会社あるいは自分の部署の人物は話し手側に属するものである。しかし，同じ部署内のほかの上司の前ではどうすべきかなど，話し手の判断に依存しなければならない場合がある。それで，何らかの係わりをもっている外部の人に自分の上司のことを話すときは低めて話す敬語行動をするが（例⑧），取引先でない一般の外部の人には自分の会社の社長について話すときは必ずしも低めて話すわけではないようである（例⑨）。つまり，自分側の人物を低めていうのはある程度取引関係を結んでいる外部の人との間で行われているようである。言い換えれば主に恩恵・役割関係における恩恵を与えてくれている側に対してなされているといえよう。例⑩は派遣に来ている社員が派遣先の者と話すとき，派遣先の部長のことは崇めて話し，自分の会社の上司のことは低めて話す例である。

⑧　島男（男）：あの，すみません。……　あの，高柳社長にお会いしたいんですが。
　　神谷（重役）：きみ，先日も訪ねてきたね。……　社長は忙しくてお会いできないようです。
　　島男：そんなはずありません。いつでも会いに来いって言ったんですから。僕，名刺も持ってます。

〈『恋に落ちたら』第 1 話：
会社重役→部外者，話題の人物：話者の会社の社長〉

⑨ 島男（男）：あ，フロンティアの鈴木島男という者です。アイランドの島に男と書きます。今日は突然うかがって申し訳ございません。吉川社長はご在宅でしょうか？
男（インターフォン）：お約束のない方と社長はお会いになりません。お引き取りください。
島男：そこを何とかお願いします！
〈『恋に落ちたら』第5話：男性→訪問客，話題の人物：話者側の社長〉

⑩ 重森（派遣社員・男）：吉井部長にもお褒めの言葉をいただきました。うちの上司も喜んでおります。
東次（デパートの社員）：そうですか。あの，このあとって会社，戻られたりします？
重森：ううん，戻りますよ。
〈『元カレ』第8話：派遣社員→デパートの社員，話題の人物：派遣先の部長／自分の上司〉

一方，外国人に対する日本語教育では，聞き手の前で話す場合，話題の人物が話し手側の人物であれば低めて話し，聞き手側の人物であれば崇めて話さなければならないと強調して教える。特に両親のことを崇めて話してはならないと強調するが，実際のドラマの例では「父／母」のように話すのは格式ばった対話の場面で丁寧に話すときのみで，若い世代は親しい相手には自分の両親のことを「お父さん／お母さん」と称している（例⑪）。

⑪ 菜央（女）：あのさ，今度，あたしの実家へ行かない？ 新潟。お父さんから電話があって，一度ぐらい，遊びにつれてこいって。
東次（男）：うんー。
〈『元カレ』第8話：二人は恋人，話題の人物：話者の父〉

日本語では敬語行動の多くの部分を話し手の心理的判断と場面に対す

る考慮に依存するのだが，これは話題の人物に対する敬語行動にまで影響を及ぼしている。つまり，聞き手の前で格式ばる必要がない場合は，話題の人物に対して敬語を使わない傾向を見せているのである。このような事実について国立国語研究所の調査（『学校の中の敬語2』2003）によると中・高校生が教師や先輩のことを他人に話すとき，「共通語においては目上の人を相手として話す際には話題の第三者に尊敬語を使う一方で，友達を相手として話す際には話題の第三者に尊敬語を使わないという現象が普通に見られる。つまり，話題の第三者への尊敬語使用に，相手との関係も関与しているのである。」と指摘している。つまり，日本語では第三者に対する敬語使用においては対話の相手が丁寧に待遇する必要がある対象であること，品位を保つべき場面など対話の相手と場面の考慮がなされているといえよう。

韓国語の場合

　韓国語の現代語では第三者である話題の人物に対する話し手の敬語行動はその人物に対してどう待遇すべきかの問題であるだけで，話題の人物が自分側であるか相手側であるというのは問題にならない。日本語では夫婦の間でも自分の母親は「母」で，姑は「お母さん」と呼ぶほど，自分側，相手側という観念を持っているが，韓国では自分の母親と夫の母親という区別はしているものの，語形の上ではその差は現れない。例①の夫はふだん妻の母親を「장모님（お義母さん）」と呼んでいるが，夫婦喧嘩では「니네 엄마（おまえのお母さん）」，「우리 엄마（私のお母さん）」のように両方とも「엄마」といっている。妻も「자기 엄마（あなたのお母さん）」，「우리 엄마（私のお母さん）」のように呼び方に差はない（例②）。このように韓国語では自分側，相手側という意識が言葉づかいの上にあまり現れない。

① 아내：어머니한테 왜 내려가라는 말씀 안드려.
　　　　オモニハンテ ウェ ネリョガラヌン マルスム アンドゥリョ
　　妻：お義母さんにどうして帰ってって言わないの。

남편：할 거야, 할께, 아, 할 거라구. 제발 숨 좀 돌리자.
　　　ハルッコヤ　ハルッケ　ア　ハルッコラグ　チェバル スーム ジョム トルリジャ
　夫：言うよ。言う。ああ，言うって。お願いだから，一息つかせろよ。

아내：맨날 말만 한다한다, 이럴거면 나 왜 데리고 왔어. 어ー.
　　　メンナル マルマン ハンダハンダ　イロンゴミョン ナ ウェ テリゴ ワッソ　オ
　妻：いつも言う言うって言うだけ，こんなことならどうして嫁にしたのよ。
　　　ねえ。

남편：야, 니가 니네 엄마 중요한 것 만큼 나도 우리 엄마 중요해.
　　　ヤ　ニガ　ニネ オンマ チュンヨハン ゴン マンクム ナド ウリ オンマ チュンヨヘ
　夫：おい，お前がお義母さんが大事なように，俺もおふくろが大事だ。

〈『夫婦クリニック・愛と戦争』第294話：夫→妻，話題の人物；両家の両親〉

② 남편：손바닥도 마주 쳐야지 소리가 나는 거야. 이거 왜 이러셔.
　　　　ソンパダクト マジュチョヤジ ソリガ ナヌン ゴヤ イゴ ウェ イロショ
　　　항상 장 모님께서 사단을 먼저 내시잖아.
　　　ハンサン チャンモニムケソ サダヌル モンジョ ネーシジャナ
　　夫：手のひらも叩かなきゃ音が出ないよ。なに言ってんだよ。いつもおまえ
　　　の義母さんがまず問題を起こすんじゃないか。（※手のひらも叩かなきゃ
　　　音が出ない：なにごとも相手が応じるからこそ起きるものだ，という意
　　　味の慣用句。けんかの場合は，両方に責任があるという意味合いで使わ
　　　れる。）

　아내：자기 엄마 일이라면 한손으로 감지. 어쩜 그렇게 맨날 우리
　　　　チャギ オンマ イリラミョン ハンソヌロ カムチ オッチョム クロッケ メンナル ウリ
　　　엄마 탓만 해.
　　　オンマ タンマン ヘ
　　妻：お母さんのことはかばって。どうしてそんなにいつも私の母だけのせい
　　　にするのよ。

〈『夫婦クリニック・愛と戦争』第294話：妻→夫，話題の人物；両家の両親〉

　それゆえ，韓国語の敬語の使い方では，話題の人物が自分側の者であっ
ても自分より目上の人の場合は聞き手の前で崇めて話すのである。それ
で，子どもが両親のことを人前で崇めて話すし，職場でも平社員が取引
先の人に自分の上司のことを話すとき尊敬語を使って話す（例③）。

③ 거래처사람：안녕 하십니까 ?
　　　　　　　アンニョン ハ シムニッ カ
　　取引先の人：こんにちは。

　강호：아, 예 안녕 하세요 ?
　　　　ア　イェ アンニョン ハ セ ヨ

第Ⅱ部 〈7〉話題の人物に対する判断 —— 139

　　　カンホ（平社員）：あ，はい，こんにちは。
　　거래처사람：아, 그, 과장님은 안 보이시네요.
　　　　　　　　　ア　ク　クァジャンニムン アン ボイ シ ネ ヨ
　　　取引先の人：あ，その，課長は見えませんね。
　　강호：잠깐 자리 비우셨나 본데요.
　　　　　チャムカン チャリ ビウションナ ボンデヨ
　　　カンホ：ちょっと席を外している（外していらっしゃる）みたいですね。
　　거래처사람：그럼 나대리님은?
　　　　　　　　クロム ナ デ リ ニ ムン
　　　取引先の人：それじゃ，ナ代理は？
　　강호：유럽 출장가셨는데요.
　　　　　ユーロプ チュルチャンガションヌンデヨ
　　　カンホ：ヨーロッパに出張しておりますが（出張していらっしゃいますが）。

〈『新入社員』第10話：
社員→取引先の人，話題の人物：社員の上司（課長，代理）〉

　この場合，話題の人物に対する敬語使用の要因になるのは一般的に年齢であるが，社会的上位者もその要因のひとつである。しかし，年齢が高いといって無条件に敬語で待遇されるのではない。まず，話題の人物が話し手より目上であること，また，その年齢が普遍的に人からそう待遇されていいような年齢に達しているという条件を満たさなければならない。それゆえ，大人の前で若い大学生が先輩の大学生を崇めて話すのは不自然に聞こえる。このように自分側の上位者である話題の人物が崇めていい条件を満たしていれば，話し手は聞き手の前で自分側の人物を崇めて言及する絶対敬語としての用法を見せる。なお，話し手の年齢や品位も敬語を使う要因になるが，その一つとして韓国の中年の女性の夫に対する敬語の用法が例としてあげられる。例④はインターフォンではあるが，妻と思われる声が夫のことに敬語を使っている。

④　여자：누구세요?
　　　　　ヌ グ セ ヨ
　　　女（インターフォン）：どちら様でしょうか。
　　백호：예, 여기가 김형석 연구원님 댁 맞습니까?
　　　　　イェ　ヨ ギ ガ　キムヒョンソク ヨングウォンニムッテク マッスムニッカ
　　　ペッコ（訪問客・男）：はい。こちらはキム・ヒョンソクさん（研究員さん）
　　　のお宅で間違いありませんか。

여자 : 지금 공원에 운동하러 가셨는데요.
　　　　チグム　コンウォネ　ウンドンハロ　カションヌンデヨ
女 : 今公園へ運動に出かけましたが（お出かけになりましたが）。

백호 : 운동이요？
　　　　ウンドンイヨ
ペッコ : 運動ですか。

〈『憎くても可愛くても』第30話：
女の声（妻または家族だと推定）→ペッコ（訪問客）〉

　また，格式ばった場面であるほど話題の人物が自分側か相手側にかまわず敬意度の高い敬語形で話すようになる。そういう例として入社試験の面接官の質問に対して応募者が自分の父親のことに触れながら，父親のことには尊敬語を使い，父親に対する自分の行動には謙譲語を使って父親を崇めている場面がある（例⑤）。

⑤　전무 : 만약에 첫월급을 타게 되면 제일 먼저 어디에 쓸 생각인가？
　　　　　マーニャゲ　チョドウォルグブルタゲ　デミョン　チェイル　モンジョ　オディエ　スル　センガギンガ
　　　専務（面接官・男）：もし初任給をもらったら一番先にどこに使うつもりですか。

　　　강호 : 아버님 구두를 사 드릴 생각입니다.
　　　　　　アボニム　クドゥルル　サ　ドゥリル　センガギムニダ
　　　カンホ（応募者・男）：父（お父様）の靴を買ってあげよう（買ってさしあげよう）と思っております。

　　　전무 : 구두, 아니, 왜？
　　　　　　クドゥ　アニ　ウェ
　　　専務：靴，ええ，どうして？

　　　（中略）

　　　강호 : 아버님은 오늘도 뒷 축이 다 닳고 옆구리가 터진 구두를 신고 나가셨습니다.
　　　　　　アボニムン　オヌルド　トゥイッチュギ　タ　タルコ　ヨプクリガ　トジン　クドゥルル　シンコ　ナガショッスムニダ
　　　カンホ：父（お父様）は今日もかかとが擦り減って横が裂けている靴を履いて出かけて行きました（お出かけになりました）。

〈『新入社員』第3話：応募者→面接官（専務），話題の人物：応募者の父親〉

　一方，話し手は聞き手の品位と場面に対する考慮により敬語を使うべき話題の人物のことに敬語を省くこともある。つまり，聞き手と心理的

距離感を感じない隔てのない場面では話題の人物が上位であるにもかかわらず，非敬語形を使って話したりする（例⑥）。こういう点について梅田博之（『岩波講座 日本語4 敬語』1977）は「発話する場面の状況によって敬語の使用が条件づけられているという点では，朝鮮語の敬語も絶対的ではない。」と指摘している。このように自分側の話題の人物を崇めるというのは話題の人物に対する礼儀でもあり，かつ聞き手への待遇に適う配慮でもある。

⑥　이준：여기서 기도하면 소원이 이루어진대. 우리 아버지도
　　　　　　ヨギソ　キド　ハミョン　ソウォニ　イル　オジンデ　ウリ　アボジド
　　　　　여기서 기도했는데 소원이 이루어졌대.
　　　　　ヨギソ　キド　ヘッヌンデ　ソウォニ　イル　オジョッテ
　　イジュン（高校生・男）：ここでお祈りをすると願いが叶うんだって。うちの
　　　　　　　　　　　　　　父さんもここでお祈りしたら願いが叶ったんだって。

　　시은：정말, 그럼 나도 기도해야겠다. 어서 너도 같이 기도해.
　　　　　チョンマル　クロム　ナド　キド　ヘヤゲッタ　オソ　ノド　カッチ　キド　ヘ
　　シウン（高校性・女）：本当，それじゃ私もお祈りしなきゃ。早くあなたも一
　　　　　　　　　　　　緒に祈って。

　　이준：어, 그래.
　　　　　オ　クレ
　　イジュン：ああ，そうだな。

〈『成長ドラマ四捨五入3』第10話：
イジュン（高校生・男）→シウン（同級生・女），話題の人物：話者の父親〉

まとめ

　日本語の場合，第三者である話題の人物について話すとき，その話題の人物が自分側の人物なのか，聞き手側の人物なのかは敬語行動を決める要因になる。自分側の人物であれば低めて表現するが，聞き手側の人物であれば崇めて表現する。反面，韓国語では話題の人物に対する話し手の敬語行動はその人物に対してどう待遇すべきかの判断があるだけで，話題の人物が自分側の者あるいは相手側であるということは問題にならない。それで，日本語は聞き手中心の相対敬語，韓国語は崇める条

件を満たしていれば，話題の人物がどちら側に属しているかにかかわらず崇める絶対敬語と特徴づけられている。

　しかし，日本語も韓国語も以上の条件で敬語行動が行われるかというとそうでもない。まず，対話の場面の丁寧さが必要である。日韓両国語とも聞き手の前で格式ばる必要がない場合は，話題の人物に対して敬語を省く傾向を見せている。なお，韓国語の場合，話題の人物に対する敬語使用の絶対的要因になるのは年齢であるが，年齢が高いといって無条件に敬語で待遇されるのではない。その年齢が普遍的に人から崇められてよいような年齢に達しているという条件を満たさなければならないなど，それなりの制限もある。

●○● **結婚と男性の敬語行動** ●○●

　女性が結婚によって格式ばった敬語生活を営むのに対して，男性は結婚しても自分の家庭内では言葉の変化が起こらない。しかし，妻側の親戚に対してはやはり妻側の家庭内の上下関係により敬語行動を行う。

　夫は義父母のことは「장인어른（丈人～：어른は大人という意味であるが，高齢者を立てる言葉としても使われる）」，義母は「장모님（丈母様）」と呼ぶのだが，最近は「아버님」「어머님」と呼ぶ人が多いようだ。また，最高の敬語形を用いて話し，待遇法は「-어요」を用いる。

　義父母は婿に待遇法「-다」は使わず，「-네，-ㄹ세」を使ったものだが，最近は「-어」で話すようだ。義父は婿に対して二人称代名詞の「자네」を用いるが，義母は二人称代名詞は使わず，「이서방（イ旦那）」のように呼ぶ。

　夫が妻の兄弟に話す場合，夫は妻の兄のことを「처남（妻男）」と呼ぶのだが，最近は「형님（お兄様）」と呼んでいるようだ。姉のことは「처형（妻兄）」と呼ぶ。夫は妻の兄や姉に対して用言を敬語形にし，待遇法「-어요」を用いて話す。

　妻の弟は「처남（妻男）」，妹のことは「처제（妻弟）」と呼び，弟妹には用言を敬語形にすることはなく，待遇法「-어」で話す。ただし，上下関係を決めるのは夫の年齢ではなく，妻の年齢が基準になる。

　これに対して，妻の兄弟の立場から夫への言葉づかいは，兄のほうでは「매제（妹弟）」と呼び，敬語形は使わず待遇法「-어」を用いる。姉は姓に「서방（旦那）」を付けて「김서방（キム旦那）」のように呼び，用言を敬語形にし，待遇法は「-어요」を使う。弟は姉の夫のことを「자형（姉兄）」または「매형（妹兄）」と呼び，妹は「형부（兄夫）」と呼ぶ。弟妹とも義理の兄への言葉づかいは用言を敬語形にし，待遇法は「-어요」を使って話す。

　このように，男性は結婚すると妻の両親を崇めて話すが，兄弟に対しては妻を基準として上下関係を考慮し，目上だったら崇め，目下だったら非丁寧体で話すような敬語行動を行う。これは妻が夫の兄弟に礼儀を保つのとは差がつく敬語の使い方である。韓国の敬語行動における性差別の典型といえるようだ。

8
日本語でより顕著な敬語行動

　ここまで，日本語と韓国語の敬語行動とその敬語行動を決める要因について比較し，両言語の特徴やその違いを見い出すことができた。
　しかし，それ以外に日本語では重要視されている言葉づかいが韓国語ではあまり目立たない場合もある。日本語では，話し手が話を切り出す前に，前置きとして定型化したあいさつ言葉などを使うことが多い。これは相手に対する配慮によるもので，相手の気持ちを和らげ丁寧に聞こえる。また，話し手が相手に対する敬意を表すためでなく，自分の品格の表現として多様な敬語形式を用いて言葉づかいを丁寧にすることがある。他にも日本語では，敬語の範囲に入れるべきかどうか論議を呼ぶ問題でもあるが，あらたまり語により言葉づかいの品位が変わることもある。これらの敬語行動は韓国語にも見られる現象ではあるが，韓国語では言葉の表現上多様に現れることはなく，日本語との差を見せるところである。

1. 定型表現による相手への配慮

日本語の場合

　現代日本語の敬語は聞き手への配慮が優先するが，聞き手に対する配慮は尊敬語や謙譲語などの敬語形式だけで表されるのではない。そういう点を強調したのが日本の国語審議会の答申「現代社会における敬意表現」(2000)である。それによると，「敬意表現とは，コミュニケーショ

ンにおいて，相互尊重の精神に基づき，相手や場面に配慮して使い分けている言葉づかいを意味する。それらは話し手が相手の人格や立場を尊重し，敬語や敬語以外の様々な表現からその時々にふさわしいものを自己表現として選択するものである。」という。

このように円滑なコミュニケーションを行うために，他の人に質問，依頼，または断りなどを表そうとするときに相手の気持ちを傷つけないように婉曲な表現を選択するようになるが，この場合，日本語では定型化した表現が多く用いられる。このような相手への配慮が加わった婉曲な表現は大きく二つに分けることができるが，第一は話し手の意図を表す前に婉曲表現を前もって述べることで相手の感情を和らげるものであり，第二は話し手の言いたいことをまず話し，後で婉曲な表現でまとめることである。

ところでこのような定型化した表現は格式ばった対話では必要であるが，緊急なことを話したり，簡単な内容だけを伝えようとする場合には要らないという意見もある。以下，相手の気持ちに対して配慮する定型化した表現を取り上げてみる。

① 龍太（訪問客）：谷崎部長を呼んでください。
　　受付（女）：はあ？　失礼ですが，お客さまのお名前は？
　　龍太：安藤龍太，ドラゴンの龍にぶっといです。
　　　　　　　　　　〈『恋に落ちたら』第6話：受付（女）→訪問客（男）〉

② 中年婦人：すみません！　あの，どうぞ，これを着替えに，ね。
　　香織（若い女性）：本当にお気になさらないで。ここに泊まってますから。
　　中年婦人：あの，よろしければ，あの，お詫びにといっては何ですけど，今晩ポリネシアン・ディナーショーがあるんです。
　　　　　　　　　　〈『恋に落ちたら』第1話：中年婦人→若い女性〉

③ 沙知子（女）：<u>失礼ですが。</u>
　奈央子（女）：あ，すみません。私こういう者です。
　　　　　　　〈『アネゴ』第9話：沙知子（社員）→奈央子（社員）〉

④ 黒沢（男）：<u>すみませんけど</u>，俺，振り回されるのゴメンですから。
　奈央子（女）：だよね。私のほうこそすみませんでした。意味不明のプロポーズなんかしちゃって。
　　　　　　　〈『アネゴ』第8話：黒沢（後輩社員）→奈央子（先輩社員）〉

⑤ 龍太（男）：おまえ，妹の頼みだろう？
　島男（男）：<u>悪いんだけど</u>，ビジネスに私情ははさまないことにしてるんだ。
　　　　　　　〈『恋に落ちたら』第8話：島男→龍太，二人は友人関係〉

　その他にも「恐れ入りますが」「せっかくですが」「申し訳ありませんが」「たいへん恐縮ですが」「差し支えなければ」「たいへん残念なのですが」など，多くの定型表現がある。
　また，依頼，断りなどの場面以外にも，「おかげさまで」や「いつもお世話になっております」などは儀礼的なあいさつで，相手の恩恵であるように話す。
　さらに，「急におじゃましてすみません」と言うときの「すみません」や，「すこしお願いしたいことがあるんですがよろしいでしょうか」の「よろしいでしょうか」などは，婉曲なまとめを，言いたいことの後にもってきた定型表現だと言える。

韓国語の場合

　現代韓国語においても聞き手への配慮は尊敬語や謙譲語だけで行われるのではない。韓国語の場合も対話において，質問，依頼，断りなどを表す際に，話し手の意図を言う前に相手の感情に配慮し婉曲さを示す表現が使われる。

第Ⅱ部 〈8〉日本語でより顕著な敬語行動 —— 147

しかしそれは「미안합니다／미안해요 (すみません)」「죄송합니다／죄송해요 (申し訳ありません)」などのような簡単なあいさつであり（例①，②），日本語のように定型化した表現はほとんどないといえよう。また，「미안합니다／죄송합니다」のような簡単なあいさつも謝るときや許可を得なければならないときなど，この言葉が持っている本意に近い範囲で使われ，使用頻度も高くない。日本人が韓国語で韓国人と対話をするとき，頻繁にこういう表現を使うと相手は煩わしく感じるに違いない。また，前置きが長いのを見ると後に来る内容は重要な用件かなと思うかも知れない。

韓国では特に親しい関係（家族，親友など）では前置きの言葉など使うことは滅多にないし，言われるとよそよそしさが感じられる。つまり，日本語より意思表現が直接的であるということができるが，例③，④のように儀礼的なあいさつが品位維持のため用いられることもある。

① 강호：좀 있다 같이 퇴근하자.
　　　カンホ（男）：もう少ししてから一緒に帰ろう。

　　미옥：미안해요. 제가 오늘 좀 바쁜데요.
　　　ミオッ（女）：ごめんなさい。わたし今日ちょっと忙しいの（忙しいんです）。

　　　　　　　　　　　〈『新入社員』 第16話：若い女性→若い男性〉

② 지은：아우, 죄송한데요, 며칠만 더 신세를 져야 될 것 같애요. 아우, 정말 많이 아파요.
　　　チウン（女）：まあ，申し訳ないわ（申し訳ありません）。もう何日かお世話にならなきゃならなそうだもの（お世話にならなきゃならなそうです）。本当に体調が悪いの（悪いんです）。

　　영재：생 쇼를 해라, 아주. 어, 너 빨리 가서 주방 다 치워 놔라. 좋은 말로 할 때.
　　　ヨンジェ（男）：ふざけるなよ。おまえ早く行って台所全部片付けろよ。おとなしく言っているうちに…。

　　지은：저기, 정말 많이 아파요.

チウン：本当に体調が悪いんですよ。

〈『フルハウス』第2話：若い女性→若い男性〉

③　박사장：이거 소식 듣고 연락을 드린다는게 좀 늦었습니다. 용서해 주십시오.
　　パク社長：連絡をさしあげるべきだったのにご無沙汰してしまってすみません。お許しください。

　　장사장：원 별 말씀을. 인생만사 다 새옹지마 아니겠습니까?
　　チャン社長：まあ，何をおっしゃいますか。人間（人生）万事塞翁が馬じゃございませんか。

　　박사장：옳으신 말씀입니다. 장사장님이 어떤 분이신데요. 제 도움이 필요하시다면 언제든지 연락을 주십시오.
　　パク社長：まったくそのとおりです。チャン社長ほどの方が。わたしの手助けが必要ならばいつでも連絡をください。

　　장사장：말씀만 들어도 든든합니다.
　　チャン社長：お言葉だけでも心強いです。

〈『悲しみよ，さようなら』 第40話：二人とも中年の男性〉

『悲しみよ，さようなら』

④　강호：이런말 씀드리면 실망하실까봐 되도록이면 말씀 안 드리려고 했는데….
　　カンホ：こんなこと申し上げるとがっかりされるのではと，できたら申し上げまいと思っておりましたが…。

　　부장：아이, 무슨 소리야. 실망이라니 편하게 얘기해 봐.
　　部長：おい，どういうことだ。がっかりとは，気軽に話してみろ。

　　강호：저는 사실 부장님이나 전무님께서 생각하시는 그런 인재가 아닙니다.
　　カンホ：私は実は部長や専務が考えていらっしゃるそんな人材ではありません。

〈『新入社員』第6話：社員→上司〉

2．自分の品格を維持するための敬語

日本語の場合

　敬語行動は，相手に礼儀を払ったり距離感を表したりする以外に，話し手の教養の表れとして行われることがある。こうした自分の品位表示の敬語行動は女性に多く見られるが，必ず女性だけが使っているわけではない。こうした品位表示の敬語行動はある程度の年齢になれば，自然に行われ，それが言語表現上に現れたりする。次の文は，インターネットに見えるある女性の文章である。

　「わたくしは高校を卒業して今年でちょうど30年になりますが，ふとしたきっかけで数年前から同級生のメーリングリストができております。わたくしが非常に違和感を感じるのは，そこでみなが敬語でやりとりしていることです。若き日の記憶を共有する者たち同士がコミュニケートするのに敬語はふさわしくないと思うのですが……これは，みながこの言葉しかしゃべれなくなっているからだと思います。」

　ところがこのような自己品位の表れとして使われる敬語行動は過剰敬語に見られる恐れもあり，また飾り気があるように捉えられがちなので過度な敬語使用は避けられているようだ。以下の例はドラマ『白い巨塔』の医師の妻たちの集まりにおける会話であるが，過度に品位を表す敬語が用いられている。

① 女性1：お誕生日おめでとうございます。鵜飼会長。
　 会長（鵜飼教授夫人）：ほんとうに感激でございますわ。この年になってこんなにたくさんの方々にお祝いしていただけるなんて，さあさあ，どうぞ，みなさん，お座りになって。
　 女性2：くれない会は鵜飼会長なしには存在しませんもの。
　 女性3：ますます，お美しくなられて，うらやましいわ。

副会長：娘にもいつも鵜飼会長のお人柄については言って聞かせておりますのよ。

三知代（里見助教授夫人）：お邪魔いたします。

女性4：他にもお若い方をお呼びしてございますのよ。さ，どうぞお入りになって。

三知代：あ，おめでとうございます。

会長：あ，里見さんじゃございませんの。お珍しいわね。

三知代：いつも不作法ですみません。

会長：いいえ，よく来てくださったわ。どうぞ。教授夫人と助教授夫人はもっと仲よくいたしませんとねえ。

〈『白い巨塔』第2話：医学部教授夫人会〉

『白い巨塔』

韓国語の場合

　韓国語は日本語と違って女性語，男性語の性差も明確ではなく，相手を配慮した定型化した表現も著しくない。また美化語のように自分の品位のために使用される敬語の用法もない。それゆえ，韓国語で話し手が自分の品位を表すためには対話の場面を考慮し，話題の人物と聞き手への配慮などを適切に行って敬語行動をすることによって表現するといえるだろう。さらにこの際に用いられる敬語形は特別な形態があるのではなく，語彙の選択とイントネーションなどに違いが見られるだけである。

　このように言語形式上，言葉の品位の区別がつかないところが，日本語の敬語とは違う韓国語の敬語表現の特徴といえる。下記の例は社会的に地位の高い女社長が息子のお見合いを仲介してくれた仲人の女性に品位を保ち電話で話している場面である。「김 여사님（金女史）」と呼び，自分自身を「저（わたくし）」という一人称代名詞を使って低めており，また最上の丁寧体「－습니다」を使っているが，一般的な敬語行動とそれほど違いが見られない。

① 나 사장：김 여사님？　아，저예요，나 사장，네，네ー 네？　전
　　　　　キム ヨ サニム　　ア チョエヨ　　ナ サジャン　　ネ　　ネ　　　チョン
　　　　처음 듣는 이름인데요？ 아！ 잠깐만요，김 여사님….
　　　　チョウム トゥンヌン イルミンデヨ　ア　チャムカンマニョ　キム ヨ サニム
　　　　김 여사님，전 처음 듣는 이름이거든요．그리고 여자가
　　　　キム ヨ サニム チョン チョウム トゥンヌン イル ミ ゴドゥニョ　　クリゴ ヨジャガ
　　　　있는데 제가 그런 자리에 내보내다니요？ 저는 연애 따
　　　　インヌンデ チェガ クロン チャリエ ネボネダニヨ　チョヌン ヨネ ッタ
　　　　로，결혼 따로，그렇게 생각하고 싶진 않습니다．
　　　　ロ　キョロン ッタロ　クロッケ センガクハゴ シプチン アンスムニダ

　　ナ社長（女）：キム（女史）様？　あ，私です。ナ（社長）…はい，はい…は
　　　　　　　　い？　私は初めてうかがう名前ですが。あ！　少々お待ちくだ
　　　　　　　　さい。キム（女史）様…。キム（女史）様，私は初めてうかが
　　　　　　　　う名前なんですよ。それから恋人（女の人）がいるのに，私が
　　　　　　　　（息子を）その場所へ行かせるなんて。私は，恋愛は恋愛，結
　　　　　　　　婚は結婚というふうに考えたくありません。

　　　　　　　　〈『私の名前はキム・サムスン』第2話：社長（女）→仲人（女）〉

3．あらたまり語による場面に対する配慮

日本語の場合

　上では相手の気持ちに対する配慮について触れたが，それ以外に場面によって言葉づかいが変わるものがある。「きょう」は「本日」，「ちょっと」は「少々」，「こんど」は「この度」のように語彙の選択により言語表現の格調が異なる。

　こういう言葉を「あらたまり語」というが，これはある物事について表現する際に格式を保つべき場面で，その場面への配慮として使われるものである。これらは聞き手に対する配慮も入っているといえるが，敬語形式という認識は弱い。行事の式辞や演説などに多く用いられ，公文書や案内文などの文章体でよく使われている。菊地康人『敬語』(1994)は，このようなあらたまり語を美化語とともに準敬語に分類した。こういう部類は敬語形と普通形という対立よりは格式を必要とする場面に合わせた語彙の選択とみなされている。あらたまり語といえる多くの例は歴史的に日本固有語と漢語の対立などが挙げられる。

日本語の主なあらたまり語

こっち	→ こちら		そっち	→ そちら
あっち	→ あちら		どこ，どっち，どれ	→どちら
もう一度	→ あらためて		だんだん	→ 次第に，徐々に
または	→ もしくは		ちょっと	→ 少々
とても	→ 実に，まことに		すごく	→ 非常に，たいへん
たった	→ わずか		もう	→ すでに
作る	→ 作成する		配る	→ 配布する
頼む	→ 依頼する		書く	→ 記入する
座る	→ 着席する		買う	→ 購入する
送る	→ 送付する		直す	→ 訂正する

① 提出書類に<u>不備</u>がある場合は，本校から連絡いたします。
② 午前8時30分までに本校試験場に<u>着席して</u>ください。
③ 答案には受験番号と座席番号の両方を<u>記入して</u>ください。
④ 訂正は二重線を引いて<u>訂正し</u>，印を押してください。
⑤ 受験票・筆記用具を<u>持参して</u>ください。

韓国語の場合

　韓国語は日本語ほどたくさんの例が見られないが，場面に対して考慮する言語行動が行われる。日本語と同様に漢語を使用して，より丁寧な気持ちを表す。日常生活の中で使われる「밥 먹다（ご飯を食べる）」は「식사하다（食事する）」，「집에 가다（家に帰る）」は「귀가하다（帰宅する）」のように漢語で表すと丁寧になるが，こういう言葉はさらに尊敬を表す「시」を付けて「식사하시다（お食事をなさる）」「귀가하시다（ご帰宅なさる）」のように用いられている。また韓国固有語と対立する漢語は対話体で使用するよりは文章語という意識が強い。こうした漢語は普段はそれほど用いられないが，結婚式とか会議などの格式ばった行事で司会者用などの式辞語彙として使われたりする。

韓国語の主なあらたまり語

오늘 (今日) → 금일 (本日)	
내일 (明日) → 익일 (翌日)	
밥 먹다 (ご飯を食べる) → 식사하다 (食事する)	
집에 가다 (家に帰る) → 귀가하다 (帰宅する)	
앉다 (座る) → 착석하다 (着席する)	
고치다 (直す) → 정정하다 (訂正する)	
들어가다 (入る) → 입장하다 (入場する)	
적다 (記す) → 기입하다 (記入する)	
뽑다 (選ぶ) → 선출하다 (選出する)	
끝내다 (終える) → 완료하다 (完了する)	

① 나선재 기획본부장이 대표이사로 선출되었음을 선포합니다.
　　ナ ソンジェ　キ フェクポンブジャンイ　テ ピョイ サ ロ　ソンチュルデオッス ムル　ソンポハム ニ ダ
　　ナ・ソンゼ企画本部長が取締役として選出されたことを宣布します。

　　　　　　　　　　　　　　　　　　〈『憎くても可愛くても』第160話：会社の理事会で〉

② 이제 곧 식이 거행되겠사오니 뒤에 서 계신 분들은 자리에 착석하여
　 イジェ　コッ　シ ギ　コヘンデゲッサオ ニ　トゥイエ　ソ　ケーシン ブンドゥルン　チャリエ　チャクソッカ ヨ
주시기 바랍니다.
ジュ シ ギ　パラムニダ
　　もうすぐ式が始まりますので後ろにお立ちの方々はご着席くださるようお願

　　いします。

　　　　　　　　　　　　　　　　　　　　　　　　　　〈▲結婚式の司会〉

③ 대한항공 0 2 6 편으로 뉴욕으로 출국하시는 승객 여러분께서는
　 テ ハンハンゴン　コンイリュクピョ ヌ ロ　ニュ ヨ グ ロ　チュルグッカ シ ヌン　スンゲク　ヨロブンッケソヌン
지금 곧 출국수속을 완료해 주시기 바랍니다.
チ グム コッ チュルグクス ソグル　ワルリョヘ　ジュシギ　パラムニダ
　　大韓航空026便でニューヨークに出国なさるご乗客の皆様は今すぐ出国手続

　　きを完了なさいますようお願いいたします。

　　　　　　　　　　　　　　　　　　〈『冬のソナタ』第14話：空港のアナウンス〉

④ 이번 작업은 금일 밤12：00시부터 익일 06：00시까지 진행되며,
　 イ ボン チャゴブン クミル　パムヨルトゥ　シブット　イギル ヨソッ　シッカジ　チネンデミョ
이 시간 동안에는 서버별 2～3시간정도 서비스 장애가 예상
イ　シガン トンア ネ ヌン　ソーボビョル　トゥーネージ セ シガンチョンド　ソービス　チャンエガ　イェサン

됩니다.
ㄷㅔㅁㄴㅣㄷㅏ

　この度の作業は本日晩 12：00 時から翌日 06：00 時まで行われ，その間，サーバー別に 2～3 時間程度サービス障害が予想されます。

〈▲インターネット点検案内〉

まとめ

　現代日本語においては敬語というものは人への配慮の上に成り立つものといえる。 それゆえ，**日本語では尊敬語や謙譲語などの敬語形式を使って敬意や心理的距離感を表したりする他にも，婉曲な表現方法をとったり，話を切り出す前に定型的な表現を加えたりして相手に配慮する。**しかし，**韓国語では敬語というものは基本的に礼節の表現として使うものであり，目の前の相手の気持ちを察して用件を切り出す前に前置きなどの表現を加えたり，自分の言いたいことを婉曲な表現で表すことにはあまり馴染まない。**また，自分の品格を言語行動の上でも保持したいのは両国語に共通しているだろうが，日本語の方は敬語形式が多様で，表現のレベルアップが行われるが，韓国語の敬語表現のほうは簡単で言語表現だけではそういう多様性を表せない。敬語の周辺的表現としてはあまり顕著なものがない韓国語の敬語行動に比べて，相手に配慮する表現，または自分の品格を十分すぎるほど表すことができる，このような側面は日本語の敬語行動の際立つところである。

●●○● 自己誇示の敬語 ●○●

　韓国語では自分の行動に敬語を使うことがある。目上の人の言うことに若者が口答えをしたときなど，老年層はほぼ慣習的と思われるほど，例①，②のように「어른이 말씀하시는데 말대꾸야（目上の人がお話しになっているのに）」と言うことがある。この場合，「내가 말씀하시는데…（私が話しているのに…）」のように一人称代名詞を主語とすることはなく，自分のことを「어른（大人）」のように客観化して話すのが普通である（例③）。こういう言い方は老人が自分のことを崇める意識というよりは，子どもや若い人をたしなめるために使うことが普通である。家庭では孫に使い，息子，娘や嫁にも使うことがあるが，場所や相手に関係なく老人は子どもや，若い人に言葉づかいの礼儀を教えるつもりで話すことがある。

① 어른이 말씀하시는데　버릇없이　꼬박꼬박 말대꾸하는 거 아니다.
　　目上の人が話しているのに（お話しになっているのに）礼儀をわきまえずにいちいち口答えするもんじゃない。

② 어른이 말씀하시는데 어디다 대구 말대꾸야?
　　目上の人が話しているのに（お話しになっているのに），だれに向かって口答えしてるんだ？

③ 노부인 : 아니, 이 집 주인은 어디 갔나?
　　老婦人：いや，この店のおかみさんはどこに行ったの？
　　종남 : 아, 잠깐 어디 좀 나가셨는데요.
　　チョンナム（従業員・女）：あ，ちょっと外に出てるんですが（出ておられるんですが）。
　　노부인 : 어디?
　　老婦人：どこへ？
　　종남 : 저어-기요. 근데, 누구세요?
　　チョンナム：ちょっとそこまで。ところでどちら様でしょうか。
　　노부인 : 저어기요라니?　아이, 어른이 물으실 것 같으면 똑바로 말을 해야지?

老婦人：そこまでって？　まったく，目上の人が聞いている（お聞きになってる）んだから，はっきり答えてくれなきゃ。
〈『変わった女，変わった男』第6話：老婦人→若い女性〉

　一方，こういう言い方を自分の存在を誇示するために使う場合もある。ドラマでも若い女性が新入社員に自分のことに敬語形を使いながら怒る場面がある。若い人の場合は自分より下位者をいじめる方法として使われていると言えよう（例④）。

④　나라：저 저런 거 잘 못하는데.
　　ナラ：わたし，そういうのダメなんですけど。
　　춘애：우리도 할 줄 모르거든.
　　チュネ：わたしたちもダメなのよ。
　　나라：그럼 아저씨 올 때까지 조금만 더 기다려보죠.
　　ナラ：それじゃ，修理屋さんが来るまでもう少し待ってましょうか。
　　춘애：어머, 애 말하는 것 좀 봐. 선배님이 시키시면 일단 하는 시늉이라도 해 봐야지. 곧 손님 들이닥치니까 자기한테 해 보라는 거 아냐.
　　チュネ：あら，この子の言い方，なによ。先輩が言ったら（先輩様がお命じになったら）とりあえずする振りだけでも見せてくれなきゃ。すぐお客さんがどっと入ってくるから，あんたにしてみろって言ってるんじゃない。
　　나라：그럼 저 보고 어쩌라구요. …… 할 줄 모른다구요. 죄송해요. 무능해서.
　　ナラ：それじゃ，わたしにどうしろと言うんですか。……ダメなんです。すみません。役立たずで。
　　춘애：야! 이게 이게 요즘 말이야. 완전히 하극상이야. 어쭈, 선배님이 말씀하시는데 딴데 보는 거 봐라. 이거. 눈 봐라. 눈. 눈에 힘 빡 줬다. 이거지?
　　チュネ：ちょっと！　あんた，最近ね。ほんと下克上なのね。ちょっと先輩が話している（先輩様がお話しになっている）のによそ見をするなんて。あら，この目，なに，この目，なに，この目。にらみつけてるのね。でしょう。
〈『恋の花火』第6話：チュネ（社員・女）→ナラ（新入社員）〉

第Ⅲ部
現代韓国における世代別の敬語用法

第Ⅲ部について

　第Ⅱ部では日本人と韓国人の待遇意識と敬語行動について，テレビドラマの例をもって述べたが，ドラマではすべての人間関係が具体的に出てくるわけではなく，限られた人物が中心になって起こった出来事のエピソードなので，敬語使用の実態を網羅的に捉えるには物足りないといえるだろう。それで，第Ⅲ部では私自身の経験や，まわりの人の敬語使用の経験と実態を通じて韓国語の敬語について紹介したいと思う。

　具体的には，韓国語では子どものころから成人に成長していく過程や，大人になって社会人，中年になった場合において，どういう敬語意識をもって言葉を選び，それがどう変わっていくかという世代別敬語使用に焦点を当て述べることにする。なお，その対話の相手がどういう言葉づかいをするかについても同時に見ることにする。

　ここでは，世代を幼児期から児童期（幼児から小学生），青少年期（中・高校生），青年期（大学生），社会人，中年以降の5段階にわけて，それぞれ家庭，学校，職場，一般の場合における敬語行動について述べることにする。本文の中で「以前」「昔」というのは，私とまわりの知人などの経験を基にしているので，時期的には1970～1990年ごろのことをいう。

　第Ⅲ部の例文は，韓国語は特に男女の別を念頭においていないが，日本語は表現上，男女の区別があるので，女性語を基本表現として訳した。

1
幼児期から児童期

　子どもがものを言えるようになってからもっとも早く覚えるのは単純な言葉である。このときはまだ敬語意識をもっていないし，もちろん敬語も使うことができない。しかし，言語能力が発達し使う語彙数が多くなり，動詞が使えるようになると，語尾をつけて覚えるようになる。
　日本語とは違って待遇法（聞き手敬語）上いろいろな形の語尾が使われている中で，子どもが自然に覚えるのは待遇法「-어」体（以下,「-어」で示す）である。そして，単純な言葉から覚え「빨리 먹어（早く食べて）」「이리 와（こっちにおいで）」のように使う。
　この待遇法「-어」は，大人になっても形式ばらない場合には甘えて誰にでも使える言葉づかいであるが，最初子どもが覚える時はなにか特別な意識があるわけではないと思われる。実際私たちが相手を意識しないで独り言を言う時に使うのも「-어」である。
　最初は単純な言葉づかいしかできない子どもが，3～4歳にもなると敬語意識が芽生え，相手によって言葉づかいを選べるようになる。つまり敬語行動の開始は 3～4歳と言えるが，このような言葉づかいは家庭教育の一つであるしつけによるものである。幼児期には最初から用言に敬語接辞「-으시-」をつけて話すのは無理なので，一つの敬語形式になっている文を「진지 잡수세요（ご飯召しあがってください）」「안녕히 주무세요（お休みなさい）」のように覚えていく。そして，小学校に入るころにもなると，用言に敬語接辞「-으시-」をつけて尊敬語にすることを覚え，敬語を使って話せるようになる。

小学生になると両親のしつけはさらに厳しくなり，子どもたちは目上の人にはちゃんと「-어요」で話すようになる。韓国では人に気を使うなどのしつけはそれほど厳しくないが，言葉づかいには気を配り大人には丁寧に話すように家庭で教える。幼児期から小学校の低学年までは対人意識よりは無理に覚えさせられた敬語を使うという感じだが，小学生になると敬語意識をもって敬語を使い，同時に親疎関係も影響してくるようだ。
　ではここから，実際の例を見ていこう。

1. 家庭

子どもと両親の対話

(1) 子どもが両親に話す場合

　韓国語の母は「어머니（お母さん）」，父は「아버지（お父さん）」であるが，子どもが親に甘えて呼ぶ場合は母は「엄마（ママ）」，父は「아빠（パパ）」である（例①）。両親に対する言葉づかいは一般的に非敬語形と非丁寧体である。非丁寧体といっても韓国語では「-어」と「-다」があるが，「-다」は目上の人には使えないもので，子どもが両親に甘えて使うのは「-어」である（例①）。しかし，家庭によっては両親に敬語を使うようにしつけ，用言を敬語形にし，待遇法は丁寧体の「-어요」を使う子どももいるようだ（例②）。この場合も呼称だけは「어머니」「아버지」と言わないで「엄마」「아빠」という。

① 엄마／아빠, 우리 놀러 안 가?
　　ママ／パパ，（わたしたち）遊びに行かないの？

② 엄마／아빠, 빨리 오세요.
　　ママ／パパ，はやく帰ってきて（お帰りになってください）。

(2) 両親が子どもに話す場合

　一般的に両親が子どもを呼ぶときは，名前に呼格助詞「아（名前が母音で終わるときは야）」をつけて呼ぶ。また，待遇法は「-다」と「-어」を用いる（例③）。

　しかし，最近若い夫婦の間では子どもに意識的に「-어요」を使うことがあるようだ（例④）。この場合は呼格助詞をつけないようだ。これは両親の言葉づかいに影響を受けやすい子どもが丁寧な言葉づかいができるように一時的に「-어요」体を使う教育的な側面があるという。一方，子どもを人格的に待遇するという意味もあるようだが，若い母親が自分の教養の表れとして使っているのではないかとも思われる。このような言葉づかいは韓国の敬語の使い方に合わないものであり，私個人としてはあまり賛成できない。

③　영민아, 신발 다 신었니？
　　　ヨンミン，靴はいた？

④　민수, 신발 다 신었어요？
　　　ミンス，靴はきましたか？

弟妹と兄姉の対話

(1) 弟妹が兄姉に話す場合

　今度は子ども同士の話し方を見ると，目下の弟や妹は兄や姉に対して必ずといっていいくらい待遇法「-어」を用いて話す。二人称代名詞は使うことがなく，一人称代名詞は「나」を使う。また，兄弟間の呼称は，男の子は兄のことを「형아（お兄ちゃん：형（兄）に呼格助詞아をつけたもので，子どものときに限って형が子音で終って発音しにくいためか，아をつけて言う）」，姉は「누나（お姉ちゃん）」と呼び，女の子は兄のことを「오빠（お兄ちゃん）」，姉は「언니（お姉ちゃん）」と呼ぶ。この子ども同士の上下関係による待遇法の使い方は，親の教育によるというより，むしろ子ども同士の力による秩序感覚で覚えていくようだ。

⑤　형・오빠／누나・언니, 게임 해도 돼?
　　　兄ちゃん／姉ちゃん, ゲームしてもいい?

(2) 兄姉が弟妹に話す場合
　一方, 兄や姉は弟や妹に対していつも待遇法「-다」で話し, 二人称代名詞は「너」を使い, 妹や弟を呼ぶ時は名前に呼格助詞「아／야」をつけて呼ぶ。また, こういう子どもたちの言葉づかいは, 兄弟でない他人の間でも同様に年齢の上下によって行われる。

⑥　소영아, 너 손 씻었니?
　　　ソヨン, おまえ, 手洗ったの?

子どもと祖父母・親戚の対話
(1) 子どもが祖父母や親戚に話す場合
　韓国の家庭における子どもの敬語教育は, 祖父と祖母に対する敬語の使い方から始まる。祖父や祖母には「할아버지(おじいさん)」「할머니(おばあさん)」と呼び, 助詞の敬語形までは使わないが, 用言に敬語接辞「-으시-」をつけて尊敬語にし, 待遇法は「-어요」を使う(例⑦)。しかし, 三世代が同居したり, 両親の代わりにおばあさんが養育を受け持ったりして, 子どもが心理的に親密に感じられる場合は, おばあさんには甘えて敬語を使わないこともあるようだ(例⑧)。

⑦　할아버지／할머니, 아빠 차 타고 오셨어요?
　　　おじいちゃん／おばあちゃん, パパの車に乗って来たの(いらっしゃったのですか)?

⑧　할머니, 어디 갔었어?
　　　おばあちゃん, どこへ行ってたの?

　親戚に対する言葉づかいは, 両親と親戚との上下関係によって決められる。

父方の兄弟のことは，父の兄を「큰아버지（伯父）」（例⑨），弟を「작은아버지（叔父）」（例⑩）と呼び，その配偶者はそれぞれ「큰어머니（伯母）」「작은어머니（叔母）」と呼ぶ。この場合，用言は敬語形に，待遇法は「-어요」を用いるが，会う機会が多い家庭では呼称だけは甘えて「큰아빠（おじさん）」「큰엄마（おばさん）」「작은아빠（おじさん）」「작은엄마（おばさん）」と呼ぶこともある。

しかし，父の弟が結婚していない場合は「삼촌（三寸）」と呼ぶ。父の姉や妹は結婚しているかどうかにかかわらず「고모（姨母）」と呼ぶ。

母方の男の兄弟は「외삼촌（外三寸）」，姉妹は「이모（姨母）」と呼ぶ。

このように親戚に対する呼び方は親戚名称を使い（例⑪），用言は敬語形にし，待遇法は「-어요」で話す。しかし，父や母より若く，一緒に暮らしていたり会うチャンスが多い親戚には甘えて敬語形は使わないで，待遇法も「-어」で話すことも多い（例⑫）。

⑨　큰아버지（큰아빠），식사하세요.
　　おじちゃん，ご飯食べて（ご飯召し上がってください）。

⑩　작은아버지（작은아빠），식사하세요.
　　おじちゃん，ご飯食べて（ご飯召し上がってください）。

⑪　삼촌／고모，언제 오셨어요？
　　おじちゃん／おばちゃん，いつ来たの（いつ来られたんですか）？

⑫　삼촌／이모，언제 왔어？
　　おじちゃん／おばちゃん，いつ来たの？

(2)　祖父母や親戚が子どもに話す場合

祖父や祖母は子どもを呼ぶとき，一般的に名前に呼格助詞「아／야」をつけて呼び，待遇法は「-다」を使って話す（例⑬）。祖父の場合よく子どもを「내 새끼（새끼は子どもに当たる「애」の卑語）」のように愛称で呼ぶこともあるが（例⑭），この場合は普通待遇法「-어」を使う。この

「-어」は子どもに非常に親近感を感じさせる言い方になる。また，目上の親戚が子どもを呼ぶときは名前に呼格助詞「아／야」をつけて呼び，待遇法は「-다」で話す（例⑮）。こういう言葉づかいは子どもより年上の親戚にはみんな該当する。

⑬　영민아, 밥 먹었니?
　　　ヨンミン，ご飯食べた？

⑭　어유 내 새끼, 밥 먹었어?
　　　まあ，かわいい子。ご飯食べた？

⑮　영민아, 세수 했니?
　　　ヨンミン，顔洗った？

2．幼稚園・小学校

子ども（園児）と教師の対話

(1) 子ども（園児）が教師に話す場合

　幼稚園で子どもは幼稚園の先生に対し，「선생님（先生様）」と呼び，あいさつ言葉や日常よく使う言葉は用言を敬語形（例：주세요（ください））にしているが（例①），普通の会話では用言を敬語形にはできず，待遇法だけ「-어요」で話す（例②）。小学生になっても低学年は大きく変わらないが，上の学年になると学校では先生に対し，「선생님」と呼び，用言を敬語形にして待遇法は「-어요」を使って話すようになる（例③）。

①　선생님 이거 보여주세요.
　　　先生，これ見せて（見せてください）。

②　선생님 다 했어요?
　　　先生，終わった（終わりましたか）？

③ 선생님 그거 보셨어요?
　　　先生，それ見た（見られましたか）？

(2) 教師が子ども（園児）に話す場合
　幼稚園の先生があらたまった場面で大勢の子どもに話すときは，待遇法「-어요」を使って話す（敬語形で言う人もいる）（例④）。子どもを呼ぶときは名前に呼格助詞「아/야」をつけて呼ぶし，あらたまった場面でない場合は待遇法として「-어」を使うこともある（例⑤）。小学校の教師も授業中は待遇法「-어요」を使っているが，個人的な対話は子どもにふさわしい「-다」や「-어」を使って話すという。

④ 자, 여기들 봐요／보세요.
　　　じゃ，みんなこっち見てください。

⑤ 소영아, 어디 갔다 왔어？
　　　ソヨン，どこに行って来たの？

子ども同士の対話

　同じ年ごろの子どもは友達を呼ぶ時，名前に呼格助詞「아/야」をつけて呼び，待遇法は「-다」を使う。

⑥ 소영아, 너 왜 늦었니？
　　　ソヨン，（おまえ）どうして遅れたの？

3. 一般関係

子どもと大人の対話

(1) 子どもが大人に話す場合
　親戚関係でない近所の人（例えば美容室の人のような）などに話すときは，見かけによって大人（だいたい30代以上）に見えると「아줌마（お

ばちゃん)」「아저씨（おじちゃん)」と呼び，用言を敬語形にして待遇法は「-어요」を使う（例①）。中・高校生や大学生に見える相手は「형・오빠（お兄ちゃん）」「누나・언니（お姉ちゃん）」と呼ぶ。用言を敬語形にすることはあまりなく待遇法は「-어요」を使う（例②）。

① 아저씨／아줌마, 이거 좀 내려 주세요.
　　おじちゃん／おばちゃん，これちょっと下ろして（下ろしてください)。

② 형・오빠／누나・언니, 저거 집어줘요.
　　兄ちゃん／姉ちゃん，あれとって（とってください)。

　また，以前は母親の友人を「名＋아줌마（おばちゃん）」(例：미경 아줌마）のように呼んだが，最近は「이모（姨母：母の姉妹を称す）」と呼ぶことが多い（例③）。父親の友人には普通「아저씨（おじちゃん）」と呼ぶが，親しみを持っている場合は「삼촌（三寸：父の弟を称す）」も使う（例④）。「이모」と「삼촌」は「아저씨」「아줌마」より親しみが感じられる。

③ 이모도 파마했어요？
　　おばちゃんもパーマしたの（パーマしたんですか）？

④ 아저씨／삼촌, 이거 주세요.
　　おじちゃん，これちょうだい（ください)。

　一方，子どもは公の場で自己紹介をする際，一人称「저」を用い，「-습니다」体で話す（例⑤）。

⑤ 저는 서울 미동초등학교 1학년 4반 이민수입니다.
　　僕（私）はソウル・ミドン小学校の1年4組のイ・ミンスです。

(2) 大人が子どもに話す場合
　以前見知らぬ子どもは「꼬마야（「꼬마」は日本語の「ぼうや」のように子どもを呼ぶときに使うが，男女の子どもに使える。「야」は呼格助詞）のように呼

びかけたりしたが，最近は子どもであっても人格を無視するようであまり使わない。3〜4歳程度の子どもには「아가（この子）」と呼び，低学年の小学生には主に女性は「얘（「이 애（この子）」の縮約形で呼びかけの言葉・目下の者や友達同士で使う）」と呼ぶ。男性は「야（おい！：目下の者を呼ぶときに使うが，親友の間では老年層も使う）」と呼ぶが，最近の若い人はいくら相手が子どもだといっても見知らぬ子には使いにくいという。それで，高学年には「얘／야」と呼ばないで，「학생」と呼ぶこともある。「얘／야」と呼ぶときは待遇法「-다」を使うが，「학생」と呼ぶときは「-어」を用いる。

⑥　얘, 너 이 학교 다니니？
　　ねえ，あなた（おまえ），この学校に通ってるの？

⑦　학생 이 학교 다녀？
　　（学生,）この学校に通ってるの？

　他に，テレビやラジオの子ども向けの番組のように公開された場面では，女の子には「지민양」のように「名＋양（嬢）」（例⑧），男の子には「진수군」のように「名＋군（君）」と呼ぶが（例⑨），「지민어린이」「진수 어린이」のように男女の子どもに「어린이（「児童」という意味で小学生まで使える）」をつけて呼ぶこともある（例⑩）（91頁も参照）。待遇法は「-어요」を使う。ただし，こういう場合も用言は敬語形にしないのが普通である（例えば，「잘했어요（よくできました）」）。

⑧　지민양 한번 해 봐요.
　　チミンちゃん，一度やってみてくれる（ください）。

⑨　진수군은 지금 몇 학년이죠？
　　チンス君は今何年生（ですか）？

⑩　상빈어린이 일본 가 봤어요？
　　サンビンは日本にいったことある（ありますか）？

最近，子どもが登場するテレビ番組などの司会者は子どもに「마음에 드세요？（お気に入っていらっしゃいますか）」のように用言を敬語形にすることがある。これは広く使われるようになるかどうかまだ断言できないが，私には丁寧すぎて聞きづらい。また，個人差があって人によっては多数の子どもを対象に話す場面でも「-다」を用いて話すこともある。これは子どもへの親しみを表すためと思われるが，場面への配慮がほしいところである。

子ども同士で話す場合

　見知らぬ子どもに会ったとき，子どもはまず相手の年齢や学年を確かめ自分より年上の子どもには二人称で呼ぶことはなく親戚名称「형・오빠／누나・언니（兄ちゃん／姉ちゃん）」のように呼び（例⑪），待遇法は「-어」で話す。しかし，同じ年あるいは年下の子どもには二人称は「너」を使い，待遇法は「-다」で話す（例⑫）。

⑪　형・오빠／누나・언니, 내일도 와？
　　　兄ちゃん／姉ちゃん，あしたも来る？

⑫　너 내일도 오니？
　　　（おまえ）あしたも来る？

　以上，韓国の幼年期から小学生までの敬語の使い方について述べた。**韓国では子どものときから家庭のしつけとして大人には敬語を使うように教育されるので，両親には甘えて敬語を使わないこともあるが，あらゆる場面で，大人に敬語を使う**。子ども同士の言葉づかいも年上と年下で異なって，上下の意識をもって呼称を区別して使い，待遇法を年上には「-어」，年下には「-다」のように使い分けるが，年上だといって子どもが子どもに丁寧体を使うことはない。大人は母親が子どもに敬語を使うわずかな例外を除いては，公の場以外の場面で子どもに敬語を使うことはない。

●○● 兄弟間の呼称と言葉づかい ●○●

　韓国語で兄や姉のことは，男性の立場からは兄のことは「형」，姉は「누나」と呼ぶ。女性の立場からは兄のことを「오빠」，姉を「언니」と言う。この4つの呼称は，兄弟ではない他人に対しても使える。目下の弟妹は普通区別せずに「동생（同生）」というが，特別に性を区別する必要のある時は「남동생（男同生）」，「여동생（女同生）」という。この「동생」という親戚名称は弟や妹に対する呼称としては使われず，弟妹のことは名前で呼ぶのが普通である。しかし，「동생」は兄弟を呼ぶ呼称にはならないが，他人を呼ぶときに使うことがある。若い層では使わないが，中年以上の人は年下の相手の名前は知っていても呼び捨てにしにくい場合，「동생」と呼ぶことがある。
　兄弟間の言葉づかいは，年齢の差がどのくらいあるかによって違う。あまり年齢の差がない兄や姉には特に敬語形で話すことはない。待遇法は「-어」を使う。しかし，年齢の差がある場合は用言にも敬語形接辞「-으시-」をつけて話したりするし，待遇法は「-어요」を使う。また，礼儀を保ちながらも甘えるような言い方で待遇法「-우」を使うこともある。人称代名詞は二人称代名詞は使えず，一人称代名詞は年齢の差が大きい場合は「저」を使うこともあるが，普通は「나」を使う。これに対して，兄や姉は目下の兄弟に待遇法「-다」だけを使い，二人称代名詞は「너」，一人称代名詞は「나」を使って話す。兄弟間の言葉づかいにはまた，話し手の年齢もかかわってくる。話し手が中年になると，目上の兄弟との年齢の差とは関係なく用言を敬語形にしたり，文末を丁寧体にすることが多い。

2
青少年期(中学生・高校生)

　中学生，高校生になると，小学生とは違って言葉づかいが多様になり，上下関係や親疎関係などによる対人意識をもって言葉を選択するようになる。小学生は自分より年上の子どもに対して呼称の区別をし，待遇法は非丁寧体のうち，「-다」にするか「-어」にするかの区別をするくらいで丁寧体「-어요」は使わなかったが，中学生になると下級生が最初に上級生に話しかけるとき，待遇法として丁寧体「-어요」を用いる。また，子どものときは自分を指す一人称は「나」を使うが，中高生は目上の人の前で自分を低める「저」を用いるようになる。

　また，家庭においても，小学生の年齢までのほうがむしろ敬語をよく使うほどで，中学生になると自分なりの対人意識によって言葉を選んでいるようだ。それは家庭教育によってしつけられた言葉づかいをしていた子どものときと違って，言葉づかいを自分の判断により左右できるようになるからだと思われる。そのためか，小学校までは両親にも敬語を使っていた子どもが，むしろ中学生になって敬語を使わなくなることも多い。覚えさせられた言葉づかいから逃れて，いい方向とはいえないが，自分なりの言葉づかいを確立させていく面を見せているのであろう。

1. 家庭

　家庭における言葉づかいは，中高生が両親や親戚などを相手にして使う言葉に焦点を当てて述べる。両親や親戚などが青少年を相手に話す言

葉づかいは幼年期の子どもを相手に話す場合と差がないので，ここでは扱わないことにする。

中学・高校生が両親に話す場合

　家庭では両親を「엄마（ママ）」「아빠（パパ）」と呼び，待遇法は「-어」で甘えて話すが（例①），家庭によっては両親，特に父親に対しては「-어요」を使う場合もある（例②）。呼称はやはり「엄마」「아빠」と呼ぶのが普通だが，父親に対しては「아버지（父さん）」という人もまれにいるようだ。韓国語の敬語の用法は目上の人には敬語を使わなければならないが，両親に対しては特別であるといえる。これは子どもが親に対して敬語を使うと子どもよりは親のほうが距離感が感じられ，敬語は要らないと思うから生じたことのようだ。

① 아빠／엄마, 오늘 일찍 와？
　　パパ／ママ，今日はやく帰ってくる？

② 아빠／엄마, 오늘 일찍 오세요？
　　パパ／ママ，今日はやく帰ってくる（帰ってきますか）？

中学・高校生が兄や姉に話す場合

　兄弟間の言葉づかいは下から上へは「형・오빠（兄ちゃん）」「누나・언니（姉ちゃん）」のような親戚名称を使い，待遇法は「-어」を使う。

③ 형・오빠／누나・언니, 오늘 학원 안 가？
　　兄ちゃん／姉ちゃん，今日塾に行かないの？

中学・高校生が祖父母や親戚に話す場合

　祖父母に対しては子どものときと同じように用言の敬語形に待遇法は「-어요」で話すが（例④），一緒に生活している場合などは祖母に甘えて敬語を使わない人もいるようだ。父方や母方の親戚には「큰아버지（伯

父)」「작은아버지（叔父）」「삼촌（未婚の叔父）」「고모（伯母，叔母）」「외삼촌（母方のおじ）」「이모（母方のおば）」のような親戚名で呼ぶ（例⑤）。待遇法は「-어요」を使うが，普段親しく感じている若い親戚には用言を非敬語形にし，待遇法も非丁寧体である「-어」で話す（例⑥）。

④　할아버지／할머니, 약 드셨어요?
　　　じいちゃん／ばあちゃん，薬飲んだの（お飲みになりましたか）？

⑤　큰아버지／고모, 가방 이리 주세요.
　　　おじちゃん／おばちゃん，かばんこっちにちょうだい（ください）。

⑥　삼촌／고모・이모, 준비 다 했어?
　　　おじちゃん／おばちゃん，準備終わった？

2．学校

生徒と教師の対話

(1)　生徒が教師に話す場合

　学校での生徒の言葉づかいを見ると，先生のことは「선생님（先生様）」と呼び，用言は敬語形を使い，待遇法は「-어요」で話す。

①　선생님도 그 영화 보셨어요?
　　　先生もあの映画見た（ご覧になりましたか）？

(2)　教師が生徒に話す場合

　教師の場合，授業での言葉づかいは人によって「-다」体で話す教師もいるようだが（例②），女性の教師はだいたい「-어요」体で授業をするようである（例③）。最近は「-다」体で授業をすることは少なくなってきているという。教師が「-어요」体を使うのは授業中だけで，授業が終わるとすぐ学生に「-다」体を使う。そして，担任のクラスの朝会や特別活動のように正式の授業と性格が異なり，担任としてクラスの学

生に親しみを表している場合にも「-다」体で話すことが多いようだ(例④)。

② 자, 오늘은 여기까지 하겠다.
　　じゃ, 今日はここまでにしましょう(ここまでにする)。

③ 자, 여러분 오늘은 여기까지예요.
　　じゃ, みなさん, 今日はここまで(ここまでです)。

④ 너희들 숙제 다 해 왔니?
　　おまえたち宿題やってきたね。

生徒同士の対話

(1) 同級生同士で話す場合

　学校で同じ学年の生徒同士の言葉づかいは小学校のときと同じで、呼称は「名+아/야」で待遇法は「-다」である(例⑤)。また、中高生はクラス会のような公的場面では「-습니다」体を使って話すが(例⑥)、公的場面が終わるとすぐ普段の言い方に戻る(例⑦)。

⑤ 민수야, 같이 가자.
　　ミンス, 一緒に帰ろう。

⑥ 제가 이번에 학생회장에 입후보했습니다. 잘 부탁합니다.
　　私がこの度生徒会長に立候補いたしました。よろしくお願いします。

⑦ 내가 피자 한판 쏠게.
　　私がピザおごるよ。

(2) 後輩が先輩に話す場合

　小学生と違って下級生が最初に上級生に話しかける際、待遇法は「-어요」を使う(例⑧)。中高生は上級生にこのように待遇法「-어요」を使って丁寧に話しても、用言の敬語形を用いて話すことはない。また、

小学生のときは上級生の前では一人称代名詞はもっぱら「나」を使っていたのが，中学校からは「저」を使うようになる。このような言葉づかいに男女の差は見られない。

⑧　정아언니, 저랑 같이 가요.
　　　チョンア先輩（姉さん），私と一緒に行きましょう。

(3)　先輩が後輩に話す場合

上級生は下級生（男・女）に待遇法「-다」を用い，「名+아／야」と呼び，二人称代名詞は「너」を使って話す。

⑨　민수야, 너 나랑 같이 가자.
　　　ミンス，あなた（おまえ）私と一緒に帰ろう。

3．一般関係

中学・高校生と大人の対話

(1)　中学・高校生が大人に話す場合

近所の人とか店の人などに話しかけるときは，見かけによって，その人が大人に見えると「아줌마／아저씨（おばちゃん／おじさん）」と呼ぶ。男性の場合は結婚の有無とは関係なく「아저씨」と呼ぶが，女性の場合はなんらかの外見上（一番特徴的なのはパーマをかけたヘアスタイルで，少し前まで，女性は結婚すると髪にパーマをかけて手入れを簡単にするのが一般的であった）で結婚した者と判断されると「아줌마」と呼ぶようだ。大人には用言を敬語形にし，待遇法は「-어요」で話す（例①）。

①　아저씨／아줌마, 좀 짧게 잘라 주세요.
　　　おじさん／おばさん，少し短く切ってください。

大学生に見える相手は「오빠・형／언니・누나（お兄さん／お姉さん）」のように呼ぶ。用言を敬語形にすることはなく，待遇法は「-어요」で

話す（例②）。しかし，この年齢の中高生は子どもとは違って，見知らぬ人に話しかけたりすることは，できる限り避ける傾向を見せるという。

② 형・오빠／누나・언니, 여기 자리 있어요?
　　（お兄さん／お姉さん,）ここ空いていますか？

(2) 大人が中学・高校生に話す場合

今度は中高生に対する大人の言葉づかいである。中高生になると社会での彼らへの意識も変わってくる。小学生には見知らぬ子にも「야／애（子どもへの呼びかけ）」と呼び，二人称代名詞「너」を使って話していた大人も，見知らぬ中学生には「야／애」とは呼ばない。「학생（学生）」と呼び，待遇法は「-어」を用いて話す（例③）。高校生には二人称代名詞「너」も使いにくくなる。待遇法は男性は等称「-네」を使うことが多く，女性は「-어」を使うこともあるが，多くは丁寧体「-어요」を使う。しかし，顔見知りになるとすぐ「名＋아／야」と呼び，二人称代名詞「너」を使い，待遇法「-다」で話す。

③ 학생, 이 동네 살아?
　　あなた（学生），この町に住んでるの？

④ 학생, 이 동네 사나?／살아요?
　　（学生,）この町に住んでるの？／住んでるんですか？

テレビなどのマスコミでの司会者は中高生に「姓＋名＋학생（学生）」と呼び，用言を敬語形にしないのが普通である（例⑤）。しかし，司会者が「아시겠어요（ご存じですか）」のように敬語形にすることがあるが（例⑥），このように子どもや青少年に尊敬の「-시」をつけるようになるのは使用頻度数が多い言葉に限るようだ。(「잘 보세요（よく見てください）」，「나오세요（出てきてください）」等）。いずれも待遇法は「-어요」を使う。

⑤ 김민수 학생, 휴일에는 뭐 해요?

キム・ミンス君（学生），休みは何していますか？

⑥　김민수 학생, 이 문제 아시겠어요？
　　　キム・ミンス君（学生），この問題わかりますか（おわかりですか）？

● 中学・高校生同士の対話

　塾などで会う中高生は同じ学年だということがわかるから，話しかけるとき男の学生は「야（おい）」，女の学生は「얘（ねえ）」のように呼びかけ，二人称は「너」を使い，待遇法は「-다」を使って学校の同級生に話すのと同じ話し方をする（例⑦）。なお，この年齢の中高生は知らない同年代の青少年には話しかけることが多くないようだ。年上か年下の人に話す機会が与えられた場合は，学校の上級生・下級生に使う言葉づかいに準じて話しているようだ（例⑧）。

⑦　너 여기 언제부터 다녔니？
　　　あなた（おまえ）ここいつから通ってるの？

⑧　언니 여기 유명해요？
　　　（お姉ちゃん，）ここ有名ですか？

　以上のように中高生になると家庭教育によってしつけられた言葉づかいをしていた子どものときと違って，自分の判断により自分なりの言葉づかいが確立していく。子どもの言葉づかいと違うのは，子どもは大人に見える人にだけ敬語を使っていたが，**中高生は後輩が先輩に対して待遇法を丁寧体にするなど，大人だから敬語を使うというよりは上下関係や親疎関係などの対人意識による言葉づかいができるようになること**である。

●○● 촌(寸)の概念と親戚名称 ●○●

　韓国の親戚という概念は日本よりも幅が広く，親戚関係の上下は年齢で決められるというよりは世代によるものである。つまり，祖父母，両親，子どものように世代別に分けられ，まずどの世代に属するかが上下関係の基準になるのであり，同じ世代に属する場合は年齢が基準になる。

　このような親戚関係は「촌(寸)」で表す。「촌」とは親戚間の距離を表すもので日本の「親等」または「等親」にあたり，普通「팔촌(八寸)」までの関係を親戚という。

　夫婦の間は「무촌(無寸)」である。そのくらい近いという意味だろう。親子関係が「일촌(一寸)」で，兄弟同士は「이촌(二寸)」である。また，「二寸」という意識はないが，祖父母は「二寸」の関係である。名称は，祖父母を父方と母方に区別して，父方は「할아버지／할머니(祖父／祖母)」といい，母方は「외할아버지／외할머니(外祖父／外祖母)」という。しかし，呼称として使うときは両方とも「할아버지／할머니(おじいさん／おばあさん)」と呼ぶ。

　子どもと親の兄弟，つまりおじやおばとの関係は「삼촌(三寸)」になる。「삼촌(三寸)」(「삼촌」と書くが，「삼춘」と発音する場合が多い)という言葉は子どもが父親の弟を呼ぶ呼称としても使われている。「삼촌(三寸)」にあたる関係は両親の兄弟であるが，父親の結婚した兄弟は「큰아버지(伯父)」「작은아버지(叔父)」，姉妹は「고모(姑母)」という。母親の男の兄弟は「외삼촌(外三寸)」，姉妹は「이모(姨母)」という。

　いとこ同士は「사촌(四寸)」であるが，この言葉も親戚名称として使われる。年上のいとこは「사촌형・사촌오빠／사촌누나・사촌언니」，年下のいとこは「사촌동생」というが，呼称としては使わない。年上のいとこを呼ぶときは兄弟に対する呼称である「형・오빠／누나・언니」を用いる。

3
大学生

　今度は大学生の言葉づかいについて考えてみる。一律的な高校時代の人間関係とは違って，大学生になると人間関係による言葉づかいの悩みが始まる。家庭では両親の保護から離れ，社会からは一人前の成人と扱われる。学校内では先輩・後輩・年齢の上下といろいろな条件のもとでのつきあいを始めるのだから，言葉づかいには特に気を使うようになる。

1．家庭

大学生が両親に話す場合

　大学生になると両親に対する言葉づかいを変える人がいる。これは家庭によって異なるが，両親に言われて，あるいは自ら父親のことを「아빠（パパ）」から「아버지（お父さん）」に，母親のことは「엄마（ママ）」から「어머니（お母さん）」に呼び方を変え，用言を敬語形にし，待遇法は「-어요」で話す人もいる（例①）。この場合，母親に対する言葉づかいは変えないで（例②），父親に対する言葉づかいだけを変える場合が多い。このように子どものころからの両親に対する言葉づかいを変えるにはきっかけが必要だが，そのきっかけになるのは高校を卒業して成人になったとき，あるいは結婚したときであろう。

① 아버지／어머니, 오늘 일찍 오세요？
　　お父さん／お母さん，今日はやく帰ってくる（お帰りになりますか）？

② 엄마, 오늘 나가?
　　お母さん，今日出かける？

大学生が兄弟や親戚に話す場合

　祖父・祖母をはじめとする親戚や兄弟に対する言葉づかいは高校までとあまり変わらないが（例③，④，⑤），父親の兄弟やその配偶者に対する呼称は「큰아빠／큰엄마，작은아빠／작은엄마（おじちゃん／おばちゃん）」と呼んでいた人も「큰아버지／큰어머니，작은아버지／작은어머니（おじさん／おばさん）」のように変えるようだ（例⑥）。

③ 할머니, 제 편지 받으셨어요?
　　おばあさん，私の手紙受け取った（お受け取りになりましたか）？

④ 오빠／언니, 오늘 학교 안 가?
　　兄ちゃん／姉ちゃん，今日学校行かないの？

⑤ 영주야, 너 왜 이렇게 늦었니?
　　ヨンジュ，あなた（おまえ）どうしてこんなに遅れたの？（→妹）

⑥ 큰아버지・작은아버지, 식사하세요.
　　おじさん，ご飯食べて（ご飯召し上がってください）。

2．学校

　言葉というのは変わっていくものであるが，特に韓国の大学生の使う言葉には大きな変化が見られる。呼称などもだいぶ変わっているが，言葉づかいの決め手になる要因も変わっているようだ。
　言葉づかいが以前と変わったと感じることは，昔は（1990年ごろの学生まで）大学に入学して同級生に最初に話しかけるとき，相手の年齢がわからない場合はまず待遇法「-어요」を用い，親しくなると「-어」

を使ったものだ。しかし，最近の大学生は相手の年齢は気にしないでまず「-어」で対話を始める。これは年齢より同じ学年だという条件が言葉づかいを決める要因として優先しているのである。まず，同級生だという条件で対等な関係で話し始め，相手の年齢が上だとわかると言葉づかいを「-어요」に変えるようにしているからだと思われる。

　日本も同じようだが，大学生といってもみんな同じ年齢に入るのではなく，高校卒業後すぐ入ってくる学生もいれば，浪人して入ってくる学生も多い。それに韓国では国の事情により男性は満19歳になると軍隊に行くのが義務となっている。その年齢が大学在学中に当たるので（卒業するまで延期もできるが，多くの学生が在学中に入隊する），クラスの中には軍隊から戻った学生もいてクラスは多様な構成員になる。この多様な学生らが用いる言葉づかいは，学生同士の微妙な上下関係（力関係ではない）を表すものだ。

同級生同士で話す場合

　同級生の場合，男女ともに初対面では「-어」か「-다」で話しかけるが，相手の年齢や出身高（高校の先輩ではないか）などを確かめてからは新たに言葉づかいを変えることがある。男の学生は同級生が同じ年度に高校を卒業したのを確認した後，親しくなった同級生には男女ともに待遇法「-다」で，二人称代名詞は「너」を用いて話し続ける（例①）。しかし，親しくならない異性の同級生には待遇法「-어」を使うこともある（例②）。一方，同級生が高校の先輩に当たるとか，兵役を終えてから入学したなどのなんらかの条件で自分より年上だということがわかると男の学生は言葉づかいを変える。この場合，呼称は目上の兄弟に使う「형」を使うが，待遇法は丁寧体にしないで非丁寧体のうち親しみを感じるとき目上の人にも使う「-어」を使って話すようである（例③）。

①　상준아, 너, 발표 준비 다 했니?
　　サンジュン，（おまえ）発表の準備終わった？

② 민지야, 발표 준비 다 했어?
　　ミンジ, 発表の準備終わった？

③ 형, 리포트 다 썼어?
　　(お兄さん,) レポート書き終わりましたか (書き終わった)？

　一方, 女子学生は兵役の義務はないが, 浪人などの理由で入学の年齢を超えた学生がおり, 男子学生ほどではないが, やはり問題はある。女子学生は, 同級生には特別に年齢の差が大きいという条件がない限り, 大体は最初から待遇法「-다」で互いに話を始める (例④) が, 親しくならない相手には「-어」で話すこともある (例⑤)。年上の同級生の場合, 女子学生は年上の学生が年下の学生と対等な立場でつき合うのを望むことが多い。こういう場合は, 互いに「名 + 아／야」のように名前に呼格助詞をつけて呼び, 待遇法も「-다」か「-어」を使う。しかし, 年齢の差が大きい場合, 年下の学生は呼称は使わないで待遇法だけ「-어요」を用いるという (例⑥)。これは年上の男の同級生にも適用される。

④ 현정아, 시험 잘 봤니?
　　ヒョンジョン, テストできた？

⑤ 은미야, 시험 잘 봤어?
　　ウンミ, テストできた？

⑥ 발표 준비 다 했어요?
　　発表の準備は終わりましたか？

　以前の大学生は男女の差によって話し方も違っており, 異性の相手には呼び捨てをためらって「姓 + 名 + 씨 (氏)」と呼んだりしたのだが, 最近の大学生は男女による言葉づかいの差はほとんどなくなっている。

上級生に話す場合

　大学生の間の呼び方は時代とともに変わってきている。男の後輩が上の学年の先輩を呼ぶ時，男の先輩は「형（兄）」（例⑦），女の先輩は「누나（姉）」と呼ぶ（例⑧）。待遇法は「-어」を使うが，年齢の差があるときは「-어요」を用いることもある。年齢の差が大きい場合は用言を敬語形にし，待遇法「-어요」を使って話すこともある（例⑨）。しかし，先輩が年下の場合は目上の兄弟に使う「형」とか「누나」は使わず「선배（先輩）」と呼び，待遇法は「-어요」を使う（例⑩）。1～2歳年下の先輩には親しくなると待遇法「-어」で話したりするが，めったに親しくなることはなく，普通交際を避けることが多い。

⑦　형, MT 장소 정했어？／정했어요？
　　先輩（お兄さん），合宿の場所決めましたか（決めた）？
　　（※ MT：Membership Training の略で，学生が合宿等の意味で使う。）

⑧　누나, MT 장소 정했어？／정했어요？
　　先輩（お姉さん），合宿の場所決めましたか（決めた）？

⑨　형, 그 책 번역 다 하셨어요？
　　先輩（お兄さん），あの本翻訳終わりましたか？

⑩　선배, 그 책 번역 다 했어요？
　　先輩，あの本翻訳終わりましたか？

　女子学生は親しい女の先輩のことは「언니（姉）」と呼び，親しい男の先輩は「오빠（兄）」と呼ぶ（例⑪）。しかし，親しくない先輩には男女を区別しないで「선배（先輩）」と呼ぶ（例⑫）。待遇法はいずれも「-어요」を使うようだ。

⑪　언니／오빠, 그 책 번역 다 했어요？
　　先輩（お姉さん／お兄さん），あの本翻訳終わりましたか？

⑫　선배, 그 책 번역 다 했어요?
　　　先輩, あの本翻訳終わりましたか?

　80年代までは女子学生はよく男の先輩を「형(兄)」と呼んでいた。この「형」はもとは男性が兄を呼ぶ呼称であるが, 大学生は男女ともに男の先輩を呼ぶときに使っていた。女性は高校までは目上の男性を「名＋오빠(例：민수오빠)」と呼んだが, 大学生になると異性という意識をなくした「형」という言葉を使うようになり, それが一時期はやったものだと思われる。なお, この女性が男性に使う「형」は実際兄に使う「오빠」と区別され, 女性の社会性を意味するものでもあった。

下級生に話す場合

　今度は先輩が後輩に使う言葉づかいであるが, 男女ともに先輩は後輩と親しくなると「名＋아／야」と呼び, 待遇法は「-다」で話す。これは同性の後輩にも異性の後輩にも同じである（例⑬）。しかし, 親しくない後輩には呼称は使わず, 後輩でも待遇法「-어요」を用いて話す（例⑭）。これは年上の後輩に対しても同じである。ただし, 男の学生は後輩が年上の場合, 言葉を濁らせる傾向を見せる。なお, 大学生は同級生同士は初対面で非丁寧体で話し始めるが, そのほかの場合は初対面の先輩はもちろん後輩に対しても「-어요」で話しかける。

⑬　문수야／주리야, 지금 어디 가니?
　　　ムンス／チュリ, 今どこに行くの?

⑭　오늘 휴강 연락 받았어요?
　　　今日休講の連絡受けましたか?

　以前（70年～90年代）の大学生は親しい後輩には名前に呼格助詞をつけて呼び, 親しくない後輩には呼格助詞をつけず,「姓＋名（例：김현수）」で呼んでいたが, 最近の大学生は親しい間柄では名前に呼格助詞をつけて呼ぶが, 親しくない相手には呼称は使わないで, 一般人に話

すように言うのである。

　つまり，以前は大学生になると高校生と違って社会人の言葉づかいにならった言葉づかいをしていたが，最近の大学生の言葉づかいは高校のときの延長線上にあるといえる。昔の大学生は学校という範囲内で勉強はしていても，その中に成人としての一つの社会教育も行われていたのではないかと思われる。それで，昔は男女の大学生の言葉づかいに差が見られたし，相手に対する呼び方も同級生でないと接尾辞「씨（氏）」をつけて話したり，初対面で相手にどういう言葉づかいをすればいいか迷ったりして学生とは違った話し方をしたのである。しかし，最近の大学生は大学という範囲内で，ただ学生の立場だけで生活しているのかもしれない。それゆえ，以前年上の同級生に対する配慮などが大きな問題であったが，今の大学生は学生として同じ同級生だという対人意識の下で言葉づかいを決めているのだから，あまり迷わないで済むのであろう。

大学生と大学の教員の対話
(1)　大学生が教員に話す場合

　大学生が教授を呼ぶときは，「교수님」と「선생님」の両方を使う（例⑮）。以前は「선생님」と呼ぶのが普通だったが，1990年代からは「교수님」と呼ぶほうが多くなっている。「선생님」は大学院生などもっと身近に指導を受けている場合に使われ，一般の講義を聞く学生はやや公的な感じがする「교수님」のほうが敬意度が高いと思って好んで使うようだ。大学生は教授に用言を敬語形にして待遇法は「-어요」で話すが，助詞を敬語形にして話す学生は多くない。私の学生のころは必ず先生には敬語形の助詞を使ったのだが（例⑯），最近は助詞の敬語形はあらたまった場面でしか使わなくなり，普段の対話ではめったに使わなくなってきている（例⑰）。

⑮　교수님／선생님, 말씀드릴게 있는데요.
　　先生，お話ししたいことがあるんですけど。

⑯　선생님께서 말씀하신 대로 정리했습니다.
　　先生がおっしゃった通りに整理しました。

⑰　선생님이 말씀하신 대로 정리했습니다.
　　先生がおっしゃった通りに整理しました。

(2) 教員が大学生に話す場合

　大学の講義は丁寧体「-어요」で行われる（例⑱）。以前は男の教員は待遇法「-습니다」を用いることもあったが、最近は「-어요」を使っているようだ。現代のソウル言葉において「-습니다」は自己紹介やニュース、役所、学会の発表などの公の場で使われる言葉で、普通は「-어요」を使う。出席を取るときは男女の学生の区別をしないで「姓＋名」で呼ぶ。教員は授業中「-어요」を使っても、休みの時間に学生と話すときは非丁寧体「-어」で話す。学部の学生の場合、「姓＋名」で呼ぶし、二人称は「너」を使う（例⑲）。大学院生の場合、よく知っている学生（例えば、指導学生）は「名＋아／야」と呼び（例⑳）、授業中にしか会わない学生には「姓＋名」と呼ぶ（例㉑）。名前に呼格助詞「아／야」をつけて呼ぶより、「姓＋名」で呼ぶのはやや硬く距離感が感じられる。

⑱　자, 오늘은 일본어의 역사의 개관을 공부하겠어요.
　　じゃ、今日は日本語の歴史の概観について勉強しましょう。

⑲　김지수, 너 왜 리포트 안 냈어?
　　チス君（キム・チス），（おまえ）どうしてレポート出さないんですか（出さないの）？

⑳　주리야, 논문 다 썼니?
　　チュリさん（チュリ），論文は全部仕上がった？

㉑　김수진, 논문 다 썼어?
　　キムさん（キム・スジン），論文は全部仕上がったんですか（仕上がった）？

3. 一般関係

大学生が一般の人に話す場合

　大学生になると人に甘えることができなくなり，自分の行動に責任を取らなければならなくなるから，言葉づかいにも気をつけるようになる。店などでは中年の人に対し「아저씨（おじさん）」「아주머니（おばさん）」と呼ぶ。子どものときから高校生までは，おばさんらしく見える女性に「아줌마（おばちゃん）」と呼んだが，大学生になると丁寧に「아주머니（おばさん）」と呼ぶ（大人が親しくない女性に「아줌마（おばちゃん）」と呼ぶと見下しているように受け取られる恐れがある）。また，用言を敬語形にし待遇法は「-어요」で話す（例①）。しかし，若い人には相手が男性か女性かにかまわず呼称は使わず，「저기요（あの，すみません）」と呼びかけるのが普通である（例②）。店では「물 좀 주세요（お水ください）」というくらいであまり会話を交わすこともない。

　このように見知らぬ人との会話はできるだけ避けるようだが，言葉を交わす場合は用言を敬語形にすることはなく，待遇法だけを「-어요」で話すようだ。これは男女ともに見られる現象である。中・高校生には「학생（学生）」と呼び，待遇法は「-어요」を使う（例③）が，「-어」で話すこともある。しかし，小学生には「야／얘（おい／ねえ）」と呼びかけ，待遇法は「-다」を使う（例④）。

① 아저씨, 물 좀 주세요.
　　（おじさん，）お水お願いします。

② 저기요, 물 좀 주세요.
　　すみません，お水お願いします。

③ 학생, 지갑 떨어뜨렸어요. ／지갑 떨어뜨렸어.
　　お兄さん（学生），財布落としましたよ。／財布落としたよ。

④　얘, 너 이 학교 다니니?
　　　ねえ，あなた（おまえ）はこの学校に通っているの？

●一般の人が大学生に話す場合

　一般の人が大学生に使う言葉は社会の構成員としての成人に対する言葉を用いる。子どもには「형／누나（お兄さん／お姉さん）」あるいは「삼촌／언니（お兄さん・おじさん／お姉さん）」と呼ばれる。「아저씨／아줌마（おじさん／おばさん）」と呼ばれるにはまだ若く，老人には「젊은이／아가씨（若者／お嬢さん）」と呼ばれる以外は，多分呼称で呼ばれることはなく，用言は敬語形にされたり，非敬語形にされたりする。待遇法は「-어요」で待遇される。

　以上，大学生の言葉づかいを述べたが，**大学生は一人前の成人としていろんな人間関係をわきまえて敬語が使えるようになる。**最近の大学生の言葉づかいが以前の大学生と異なるのは，以前の大学生は社会の構成員の一人としての言葉づかいをしていたが，最近の大学生は高校の延長線上にある大学の学生としての言葉づかいをするということである。つまり，以前は対話時の年齢の上下という条件は同級生という学年の概念に優先したものであったが，最近は年齢の上下は学年という対話者の所属の条件以外の，配慮を必要とする要因の１つになっているのである。これは年齢の上下が敬語の最も重要な決め手になる韓国語の敬語においては非常に大きな変化といえるものである。

4．軍隊

　韓国の男性は19歳になると国民の義務として軍隊へ行く。軍隊は徹底した階級社会で一般社会とは違った生活と言葉づかいをする。軍隊での言葉づかいについては実際軍隊の経験をしているまわりの若い男性から聞いた話に基づいて述べることにする。ここでは将校ではない一般兵

の立場について述べる。

　軍隊は「小隊，中隊，大隊，連隊，師団」のように小規模なものから大規模なものまでがあり，階級は，将校でない一般兵は，二兵，一兵，上兵，兵長のように分けられている。

　普通，上の階級の軍人は下位の階級の部下に「姓＋階級名（例：박상병（パク上兵））」で呼び，待遇法は「-다」を使う（例①）。部下は上位者に「姓＋階級名＋님（例：이병장님（イ兵長殿））」と呼び，待遇法は「-습니다」を用いる（例②）。軍隊では年齢よりは階級が優先するので，年齢は問題にならないが，年齢の差がだいぶある年上の部下には呼称は「姓＋階級名（例：김일병（キム一兵））」と呼ぶが，待遇法は「-다」を使わず「-어」を使うこともあるし（例③），対話を避けることもある。また，人によっては用言の敬語形を使うこともあるが，この場合も，軍隊では自分より下位の階級には待遇法を丁寧体にすることはないという（例④）。

① 박상병, 창고 청소 다 했냐?
　　パク上兵，倉庫の掃除終わったか。

② 이병장님, 서류 다 만드셨습니까?
　　イ兵長殿，書類作成されましたか。

③ 김일병, 창고 청소 빨리 해.
　　キム一兵，倉庫の掃除はやくやれ。

④ 최일병, 창고 청소 빨리 좀 하셔.
　　チェ一兵，倉庫の掃除はやくお願いします（なさって）。

　軍隊での言葉づかいには「圧尊法」が生かされている。「圧尊法」とは韓国の敬語の用法の一つで，話し手が第三者のことを話題にするとき，聞き手が話題の人物より上位者の場合は話題の人物が自分より上位者であっても，崇めて言及してはいけないという敬語の使い方である。

つまり，軍隊で一兵が兵長の前で上兵のことを話題にするとき，上兵のことに敬語を使ってはいけないのである。直接上兵を呼ぶときは「김재용 상병님（キム・ジェヨン上兵殿）」のように尊敬の接尾辞「님（様／殿）」をつけていうが，兵長の前では「김재용 상병（キム・ジェヨン上兵）」のように言及しなければならない（例⑤）。

⑤　○김재용상병 지금 나갔습니다.
　　　キム・ジェヨン上兵は今出かけています。
　　×김재용상병님 지금 나가셨습니다.
　　　キム・ジェヨン上兵殿は今お出かけになっています。
　　　　　　　　　〈一兵→兵長，話題の人物：キム・ジェヨン上兵〉

しかし，所属が違う他の部隊の軍人と一緒に団体になって行動するときは階級の上下を無視して，「아저씨（おじさん）」のように一般社会で使う呼び方をしており，待遇法は「-어요」を使う（例⑥）というのはおもしろい現象である。

⑥　아저씨 먼저 하세요.
　　　（おじさん）お先にどうぞ。

軍隊では階級が年齢より優先するが，兵隊から社会に復帰すると一般社会の言語生活にふさわしい言葉づかいをする。これは非常に難しい立場になるのだが，社会のルールに合わせて話し方を変える。つまり，軍隊では上位者だったが年下の人が，軍隊では下位者だったが年上の人に軍隊での階級と関係なく「名＋형（兄）」と呼ぶ（例⑦）。この場合，待遇法は「-어」を使う。これに対して軍隊では下位者だった年上の人も相手の名前を呼び，社会の常識に従った言葉づかいをする（例⑧）。軍隊で上位者として威張っていた人が軍隊での自分の無礼を謝って関係を新たにすることもあるという。

⑦　면호형, 오래간만이지.

(軍隊での上級者→軍隊での下級者) ミョンホさん (兄貴), 久しぶり。

⑧ 그래 연락해 줘서 고맙다. 영진아.
(軍隊での下級者→軍隊での上級者) うん, 連絡してくれてありがとう, ヨンジン。

韓国における軍隊は一般社会から切り離された特殊な階級社会である。軍隊の組織の中では徹底した上下関係による言葉づかいがなされている。軍隊から除隊して社会に戻ると軍隊での言葉づかいとは違った社会常識に従って年齢の上下を重んじる言葉づかいを行うようになるという点は興味深い。

●○● 年齢と言葉づかい ●○●

　韓国人が知らない人に会って一番気になるのはたぶん相手の年齢だろうと思う。中年になるとそれほど気にならないが，若いころはみんな気にしているようだ。それは，韓国では年齢の上下が言葉づかいを決めるのに重要な基準になるからである。これは社会人になってからの問題ではなく，子どものころから必要性を感じているようだ。

　親子が一緒に視聴するにふさわしい子ども番組『ビッグママ』に，子どもがアドバイザーとして登場し，出演した子どもの悩みを聞いて解決してあげるコーナーがあった（こういう番組は視聴率が上がらずまもなく終了したが）。アドバイザーとして登場する子どもは10歳，8歳，6歳の子どもであるが，最初一番年上の子どもはほかの二人に「몇살이야？（何歳？）」と聞いて，自分が一番年上だと確認すると「내가 형이다（僕がお兄さんだ）」と言い，代表司会者になる。

　10歳の子どもは，相談にきた子どもが登場すると最初の質問として自然に「몇살이야？（何歳？）」と聞き，年がわかると（相談に来る子どもはだいたい8歳以下である），次に「이름이 뭐야？（なんて名前？）」と名前を聞く。そのあと「고민이 뭐야？（悩みはどんなことなの？）」と悩みを聞く。

　ある日，体が自分より大きい外国人の子どもが相談にきて，その子どもが「I'm eleven.」と年を言うと10歳のアドバイザーはどうしようという顔で「형이다（兄貴だ／年上だ）」と独り言を言って緊張した様子を見せた。このように子どものころから相手の年齢は話し手としては重要な情報になる。

　小・中・高校までは同じ年齢に入学して毎年1学年ずつ進むものだから学年によって上下が決まり，それに従って言葉づかいも決まる。しかし，大学生になると年齢と学年がずれる場合が生じ，言葉づかいに戸惑うことが生じる。一般の人も言葉づかいで気を悪くして喧嘩になることもしばしば起こる。

　なお，このように韓国人は相手の年齢が知りたいばかりに外国人に会っても年齢を聞いたりする。こういう韓国人の文化の背景を知らない外国人はなんて失礼なやつだろうと思うだろう。

4
社会人

　大学を卒業すると社会に出てそれぞれの職場で働くようになる。また，職場といってもいろいろな種類があり，それぞれ職場の種類によって言葉づかいが少しずつ異なると思う。ここでは代表的なものとして会社に勤めている場合と，学校に勤めている教師の場合，そして私の経験を基にして，師弟関係が存在する大学内での教員の言語生活について述べることにする。

1．会社

　まず，会社での言葉づかいから述べることにする。人間関係に基づく言葉づかいは時代とともに変わるものであるが，韓国で家庭，学校における言葉づかいよりも最も大きな変化を見せているのが会社における言葉づかいである。私が「「敬語」の用法について」(『スタンダードハングル講座2文法・語彙』[付録] 1991) に書いた会社での敬語の使い方と，ここで述べる会社での敬語の使い方を比較してみれば，韓国語の敬語をめぐる状況がだいぶ変わったことが分かる。
　日本では会社に入社した新入社員を対象に敬語教育が行われたり，就職する人のためのマニュアルが出版されたりしている。韓国の場合，以前は会社に入ったといって敬語教育をあらためて受けることはあまりなかった。それは家庭や学校における言葉づかいと同じように，会社では社会一般の人に対する敬語の使い方がそのまま通じたからである。しか

し，最近は新入社員を対象に言語教育を行っている会社が増えているようだ。会社も大手企業から中小企業まで多様だが，企業によって社内で使う言葉づかいも異なっているようだ。特にサムスングループ，SKグループなどの大企業ではその企業なりの言葉づかいがあって，そういう言葉づかいは社員教育の一つになっているという。大手企業の場合，会社を一つの組織としてその組織内の地位に合わせて決まった言葉を使うようにしているようだ。つまり親しいかどうかなどの私的感情を挟まない公的な場面における社員の各段階に合わせた言葉づかいは，従来会社で行われていた敬語の使い方とは違う様子を見せている。

　最近の企業の社員の職位は会社によって異なるが，大体は平社員，代理（主任），課長，次長，部長，理事，常務，専務，副社長，社長，会長のように構成されているようだ。まず，大企業の場合を話してから，中小企業の場合を述べることにする。

平社員

(1) 一緒に入社した同僚に話す場合

　入社して最初は平社員で，3〜4年経つと代理になる。韓国では職名を呼び名として使うのだが，平社員の場合は該当しないので，同じ年に入社した平社員同士の言葉づかいは男女の区別がなく互いに「姓＋名＋씨」のように呼ぶ（例①）。また，人によっては「名＋씨」のように姓をつけないで呼ぶ人もいるようだが，その差は個人の好みによる程度のものだという。用言を敬語形にすることはないが，待遇法は「-어요」を使う。この場合社員同士の年齢の差は問題にならない。

① 박진홍씨／진홍씨, 그쪽에 연락했어요？
　　（パク・）チンホンさん，あちらに連絡しましたか。

　また，公の場である会社では公私の区別をはっきりして「(김) 영숙씨, 어서 해요 (キム・ヨンスクさん，はやくしてください)」のように話していた会社員が会社の仕事が終わった後は，親しくなった同僚と名前で呼び

合ったりして個人の親疎関係による言葉づかいをしている（例②）。

② 연희야, 커피 마시자.
　　ヨンヒ、コーヒー飲もう。

(2) 先に入社した社員に話す場合
　先輩の社員には「姓＋선배（先輩）」または「선배」と呼び、用言を敬語形にすることはあまりなく、待遇法は「-어요」を使う（例③）。この場合も男女の差はない。

③ 김선배／선배, 아까 전화 받았어요？
　　キム先輩、さっき、電話受けましたか。

　この場合も私的な場面では女子社員は年上の男子社員に「오빠（お兄さん）」、女子社員には「언니（お姉さん）」と呼んだりする（例④）。男子社員は年上の男子社員に「형（兄貴）」と呼ぶこともある（例⑤）。

④ 오빠／언니, 쉬는 날은 뭐 해요？
　　（お兄さん／お姉さん）休みは何してるんですか。

⑤ 형, 한잔 더 해요.
　　（兄貴）もう一杯どうぞ。

(3) 先輩が後輩に話す場合
　自分より後に入社した社員に話しかけるときは、「姓＋名＋씨」または「名＋씨」と呼ぶ。用言を敬語形にすることはなく、待遇法は「-어요」を使う（例⑥）。

⑥ 이미지씨／미지씨, 아까 전화 받았어요？
　　イ（・ミジ）さん／ミジさん、さっき、電話受けましたか。

　この場合も私的な場面では親しい後輩には名に呼格助詞「아／야」を

つけて呼び，待遇法は「-다」で話す場合もある（例⑦）。

⑦　선영아, 이번 일요일에 뭐 할꺼니?
　　ソンヨン，今度の日曜日なにする？

下位者が上位者に話す場合

平社員が代理，課長，部長などの上位者のことを呼ぶときは「職名＋님（様）」という。用言を敬語形にし，待遇法は主に「-습니다」を使うが（例⑧），「-어요」を使うこともある（例⑨）。

⑧　김부장님, 서류 보셨습니까?
　　キム部長，書類ご覧になりましたか。

⑨　김대리님, 서류 보셨어요?
　　キム代理，書類ご覧になりましたか。

上位者が下位者に話す場合

部長が課長に対して，また課長が代理に対して，のように上位者が下位者に話すときは，「姓＋대리（代理）」のように「姓＋職名」と呼ぶ（例⑩）。用言は敬語形にせず，待遇法は「-어요」を使う。平社員に話しかけるときは「(姓)＋名＋씨（さん）」と呼び，待遇法は「-어요」を使う（例⑪）。

⑩　김대리, 그쪽에 연락했어요?
　　キム代理，あちらに連絡しましたか。

⑪　김태희씨, 그쪽에 연락했어요?
　　キム（・テヒ）さん，あちらに連絡しましたか。

　会社における言葉づかいの最も大きな変化は呼称と待遇法にある。70年代は職名が付かない平社員をどう呼ぶかを気にしていた。平社員同士も女性は年上の男の平社員のことを「姓＋선생님（先生様）」と呼び，同

年代には「姓＋名＋씨」と呼んでいた。一方，男性は女性社員に「미쓰（ミス）＋姓」と呼んだりしていたが，最近は「名＋씨」のように呼称が統一されていてどう呼んだらいいか悩むこともなく，問題も生じないようだ。

　もう一つ大きな変化は，以前は会社で同じ部署の上位者は下位者に文末に待遇法「-어」を使っていたのだが，最近は会社の中では非丁寧体の待遇法「-어」「-다」はあまり使われないで，丁寧体の「-어요」が多く使われている。これは相手への待遇を高くしている面もあるが，職場というのは私的な感情ははさまない公的な場面での言葉づかいしか用いないということを表していることでもあろう。また，最近は職位が高いほど下位者に「-어요」を使うというが，これは心理的距離感を含む公的緊張感を保つ面もあるし，自分の品格のためにも使われているようだ。

　こういう企業における言葉づかいについて，軍隊の経験をした男性は会社の敬語の使い方は軍隊の言葉づかいに似ていると言っている。つまり，年齢より階級が優先する軍隊のように，会社では職位が年齢に優先するようになったのである。軍隊と会社の違う点は，軍隊では聞き手に対する待遇法にはっきりと上下関係が現れるが，会社では下位者である相手にも待遇法「-어요」を使って配慮している点である。

　このように，大手企業を中心に会社は一つの組織をなしており，上下関係がはっきりしているので，あくまでも公の場として決められた言葉づかいをしているのである。企業の組織化，それに伴う言葉づかいの規制は年齢の上下が敬語使用に影響を及ぼす韓国の従来の敬語の使い方とは違う面を見せているが，これが社会全般に広がるかはもうすこし見守る必要があるようだ。

上司のことを話題にして話す場合

　社員が自分の上司のことを社内の人に話す場合について述べてみる。社内では部署に関係なく職位を基準にして，自分の上司より低い職位の社員には自分の上司のことを崇めて話す（例⑫）。しかし，自分の上司

よりも上位者の前で言及する場合は，従来の韓国の敬語の用法と異なる面を見せている。最近サムスングループなどの企業で，社員が自分の上司である課長のことを課長より上位者である部長などに話すときは崇めて話してはいけないと教育しているという。部長の前で課長のことを接尾辞「님」をつけない職名（例：김과장（キム課長））で言及し，用言を敬語形にしないということである（例⑬）。

⑫　박대리님, 김 과장님이 이미 연락하셨습니다.
　　　パク代理，キム課長がもう連絡されました。
　　　　　　　　　　　　　　　　　　〈社員→代理，話題の人物：キム課長〉

⑬　부장님, 김 과장이 이미 연락했습니다.
　　　部長，キム課長がもう連絡しました。
　　　　　　　　　　　　　　　　　　〈社員→部長，話題の人物：キム課長〉

　前述したように，韓国の敬語の使い方に「圧尊法」というものがある。話し手が自分より目上の人のことを話題にするとき，話題の人物より上位者である聞き手の前では話題の人物を崇めないということである。しかし，この敬語の使い方が適用されるのは限られた範囲内のことである。この「圧尊法」の例としてあげられるのは孫が父親のことを祖父の前で言及する場合である。従来の韓国語の敬語は孫が父親のことを祖父に話すとき父親のことを崇めて話してはいけないことになっている。しかし，最近では孫が自分の父親のことを祖父の前で崇めて話すのも許容範囲に入るといって認めるほうに傾いている。また，同じ先生の下で勉強した弟子の間で後輩は先輩のことを先生の前で崇めて話すことをしないなどの言い方が師弟関係で行われる。他に，軍隊のように確実に階級でわけられている組織内でこの敬語の使い方が適用されるのである。なお，この使い方は自分の領域の中で行われるもので，外部の人に対しては該当しない。
　一般の関係では自分より目上の人のことは人前でも崇めて話すのが韓

国の敬語の使い方である。会社は普通の社会生活の一つであり，圧尊法が適用される条件を備えていないが，最近の企業は企業ごとに一つの集団としての組織だということを強調しており，その中で職位を階級のように意識するようにして企業なりの規範を設け，言葉づかいもそれにあわせているようである。

しかし，実際の言葉づかいでは若い社員が社長の前で部長のことに言及するとき，用言を敬語形にして部長を崇めて話すようになるという。このように企業が人為的に社員の言葉づかいを決めつけてしまうことはいいこととは思えない。企業内の敬語の使い方について，企業が社員の言葉づかいを規制するのはやりすぎだという意見もある。

外部の人に自分の上司のことを話す場合

外部の人に自分の上司について言及する場合は，社内の人に話すのと同じ条件で敬語が使われるという。つまり，外部の人が自分の上役である課長より高い職位の人だったら課長のことを崇めないで話すが（例⑭），課長より低い職位の人だったら自分の上司である課長のことを崇めて話す（例⑮）という。

⑭　과장님 외출했습니다.
　　　　課長は席をはずしております（外出しました）。
　　　　　　　　　　〈社員→取引先の部長，話題の人物：自分の会社の課長〉

⑮　과장님 외출하셨습니다.
　　　　課長は席をはずしております（外出されました）。
　　　　　　　　　　〈社員→取引先の社員，話題の人物：自分の会社の課長〉

中小企業の場合

一方，大手企業ではない小規模の会社での社員同士の言葉づかいは少し違う様相を見せており，従来の敬語の使い方がある程度維持されているように思われる。社内の言葉づかいは以前と変わっているが，大手会

社と違うのは平社員同士の先輩,後輩といった意識が弱く,互いに「씨(さん)」と呼び合い,用言を敬語形にしないで,待遇法は「-어요」を使って話すことが多い（例⑯）。年齢の差があまりない場合は親しくなると名前で呼び合い,待遇法も「-어」を使う場合もあるそうだ（例⑰）。また,社員が少ない会社では,女性は親しい先輩に「언니（お姉さん）」と呼び（例⑱），先輩は後輩に「名＋아／야（呼格助詞）」と呼ぶこともあるという。この場合,待遇法は「-어」を使う（例⑲）。大企業では私的な感情は挟まないようにしているのに対して,小規模の会社では親しみが感じられるところがある。

⑯　미연씨, 서류정리 다 했어요?
　　ミヨンさん,書類の整理終わりましたか？

⑰　미연아, 서류정리 다 했어?
　　ミヨン,書類の整理終わった？

⑱　언니, 서류정리 다 했어요?
　　先輩（お姉さん）,書類の整理終わりましたか？

⑲　소라야, 서류정리 다 했어?
　　ソラ,書類の整理終わった？

　また,自分の上司である課長をその上位者である部長の前で言及するとき,部長の前で課長のことを低めて話すことはなく,崇めて話しているとのことである（例⑳）。また,外部の人に対して上司のことを話すときも,その相手の職位を気にしないで上司のことを崇めて話すようだ（例㉑）。この場合,相手に対する敬意は上称の待遇法「-습니다」を使うことで表したりする。

⑳　김과장님 출장 가셨어요.
　　キム課長は出張しています（出張されています）。

〈社員→部長,話題の人物：課長〉

㉑ 김부장님 출장 가셨습니다. ／출장 가셨어요.
キム部長は出張しています（出張されています）。
〈社員→外部の人，話題の人物：自分の会社の部長〉

　実際，私が受け持った大学院のゼミの参加者が発表したところによると，その学生が会社でパートで働いたとき，部長などの上位者の前でそれより低い職位の他の上位者のことに言及するときは敬語を使ってはいけないと，敬語教育を受けたことがあるという。しかし，その学生の話では，そのとき敬語教育を受けた人たちは結局その教育通りにできず，実際は部長の前で課長などの上位者のことを崇めて話したということである。なお，外部の人に対しても自分の上位者のことを崇めて話したという。

　以上，会社における言葉づかいを述べたが，会社における敬語の使い方も大きな変化を見せている。**以前は会社の言葉づかいは社会一般の言葉づかいと相違なかった**。しかし，**最近の会社における言葉づかいは社内教育を必要とするようだ**。まず，会社では社長から平社員まで基本的に丁寧体を使うという。そして，呼称などの言葉づかいに男女の区別がなくなっている。これは男女平等や権威意識の減少などの社会全般の変化に伴ってできた傾向である。一方，大企業をはじめとする企業で人為的に敬語の使い方を決めつけている現象が見られる。これは韓国語の従来の敬語の用法に合わないことで，どれほど広がるか，見守る必要があるようだ。

2．中学・高校の教師

教師同士で話す場合

　次に，もうひとつの職場の例として学校を取り上げる。
　教師同士の呼び方は「姓＋（名＋）선생님（先生様）」である。日本語

の「先生」にあたる語は「선생님（先生様）」であるが，学校では自分より年下または親しい同僚の教員を呼ぶときは尊敬接尾辞「님」をつけないで「선생」という。実際，学校に赴任して親しくなるまでは「윤（나리）선생님（ユン・ナリ先生様）」のように「님」をつけて呼ぶが（例①），親しくなると年上の教師は若い教師のことを「윤선생（ユン先生）」のように「님」をつけないで呼ぶし，同年代の教師同士も「姓＋선생」と呼び合う（例②）。

しかし，文末は丁寧体の「-어요」を使う。「님」をつけないで呼ぶことは男の教師が女の教師より多いようだ。また，公立中・高校の場合と私立学校の場合とは差がある。公立は4～5年ごとに転勤するが，私立は長い期間同じ職場に勤めているのだから親しくなると「님」をつけないことが多いようだ。ただし，自分より年上の先生に対しては，親しくなっても「님」をつける。また，男の教師は大学の先輩などの関係で親しい年上の教師に「名＋형（兄）」と呼ぶこともあるというが，こういう例は多くない。また，教務部長，研究部長のようにそれぞれ生徒を教える以外の職務を持っている教師のことは「선생님」というよりは「연구부장님（研究部長様）」と呼ぶ（例③）。人によってはこのように「선생님」という職業名より職名で呼ぶほうがもっと相手を高く待遇しているように受け取っているようだ。これは大学の教員の場合も同じ現象を見せている。

① 윤나리선생님／윤선생님, 수업 끝나셨어요？
　　ユン（・ナリ）先生，授業は終わりましたか（終わられましたか）。

② 윤선생, 수업 끝났어요？
　　ユン先生，授業は終わりましたか。

③ 연구부장님, 수업 끝나셨어요？
　　研究部長，授業は終わられましたか。

校長や教頭が教師に話す場合

　校長や教頭先生は教師を呼ぶとき，普通「姓＋선생님（先生様）」か「姓＋名＋선생님」と呼ぶが（例④），若い教師には「님」をつけずに「姓＋선생（先生）」と呼ぶこともある（例⑤）。また，研究部長などの教師以外の職務をもっている教師には「姓＋선생님（先生様）」と呼ぶよりは「연구부장님（研究部長様）」のように姓をつけない職名で呼ぶ（例⑥）。いずれの場合も，文末は丁寧体の「-어요」を使って話す。

④　김선생님, 이따 얘기 좀 해요.
　　キム先生，後でちょっとお話があります（話しましょう）。

⑤　윤선생, 이따 얘기 좀 해요.
　　ユン先生，後でちょっとお話があります（話しましょう）。

⑥　연구부장님, 이따 교장실로 좀 오세요.
　　研究部長，後でちょっと校長室に来てください。

教師が生徒に話す場合

　中学，高校ともに，教師によって異なるが，一般的に授業中は「-어요」体を使う。教師によっては非丁寧体「-다」で授業をすることもあるが，非丁寧体で授業をするのは男性の教師のほうが多いようだ。しかし，授業中に丁寧体「-어요」で授業をした教師も授業以外の普段の対話は非丁寧体「-다」で話す。特に朝会や担任または担当の特別授業には非丁寧体を使っているという（172～173頁参照）。

3．大学の教員

　今度は大学に勤めている教員の言葉づかいについて述べることにする。会社などの新入社員は男女の差はあるが，ほぼ同じ世代に属する。しかし，大学の教員は勉学の期間が長いので大学の教員として採用され

た際，個人それぞれの年齢の差が大きい。大学の教授は「교수님（教授様）」「선생님（先生様）」のように呼びあっている。大学の教員の職業名は「教授」で，専任講師，助教授，副教授，教授の段階になっているが，会社とは違ってこういう職位の差は敬語行動の要因にならない。

大学の教員同士の対話

　　同じ学科の先任の教員は新しく採用された若い教員に最初は「姓＋교수님（教授様）」または「姓＋선생님（先生様）」と呼び敬語形の用言を使い，待遇法「-어요」で話しかける（例①）。しかし，親しくなると高齢の教員は「姓＋교수（教授）」「姓＋선생（先生）」と呼び，用言も敬語形にしないで待遇法「-어요」で話すこともある（例②）。これに対し，若い先生は時間が経っても年上の先生に言葉を崩すことはなく，「姓＋교수님」または「姓＋선생님」と呼び，用言を敬語形にし待遇法は「-어요」を使う（男性は「-습니다」を使うこともある（例③））。

① 　서교수님／서선생님, 바쁘세요？
　　　ソ先生，お忙しいですか。

② 　서교수／서선생, 바빠요？
　　　ソ先生，忙しいですか。

③ 　한교수님／한선생님, 회의 끝난 후 약속 있으세요？／있으십니까？
　　　ハン先生，会議が終わった後約束おありですか。

　　年の差があまりない場合は「姓＋선생님」あるいは「姓＋교수님」と呼び合い，用言を敬語形にし待遇法は「-어요」を互いに使う。人によっては親しくなると「姓＋선생」「姓＋교수」のように呼び，用言も非敬語形にし，待遇法も「-어」を用いて話すこともあるようだが，多くの場合丁寧なつき合いをするようである。女性の場合は主として「姓＋선생」と呼ぶが，男性の場合は「姓＋교수」と呼ぶ人が多い。

　　同じ年代の教員の中には以前から友だちだった間柄の人がいる。教員

の仕事は学生を教えたり研究をしたりすることだから，同じ学科の教授になっても教授会議以外に公的な場面は多くない。そのためか，友人同士は教員になった後も当分の間は名前で呼び合い，二人称代名詞も「너」を使い，待遇法「-다」を用いて話す（例④）。しかし，勤めているうちに二人称代名詞や待遇法はそのまま使っても呼称だけは「姓+선생」と呼び合うようになる（例⑤）。これはやはり大学という職場が与える公的な雰囲気もあり，また大学の教員になる年齢がすでに名前で呼び合うには若くない年齢のためなのかもしれない。人によっては教員になってすぐ「姓+선생」「姓+교수」と呼び合うこともある。こういう言葉づかいの転換は女性より男性の方がはやいが，言葉づかいに格式を持たせることによって自分の社会的品位を保ちたがることからくるようである。

④　현태야, 너도 교수간담회 가니？
　　　ヒョンテ，あなた（おまえ）も教授懇談会に行く？

⑤　최선생, 교수간담회 가？／가니？
　　　チェ先生，教授懇談会に行く？

　大学や大学院の先輩と後輩の関係で同じ大学に就職した場合，男女ともに先輩は後輩の教員を「姓+선생・교수」と呼び，二人称代名詞は使わず（例⑥），待遇法は「-어」を用いる。会議などの格式ばった場面ではあらためて「姓+교수님」と呼び，敬語形の用言に丁寧体の「-어요」を使う（例⑦）。

　これに対して，後輩は先輩である教員に「姓+선생님」と呼び，用言を敬語形にして話す。待遇法は「-어요」を用いる（例⑧）が，男の教員は「-습니다」を使うこともある。男の教員の場合，人によっては学生時代使った呼称である「名+형（兄）」または「姓+선배（先輩）」と呼ぶこともある（例⑨）。

⑥　이선생／이교수, 오늘 수업 끝났어？

　　　　　イ先生，今日の授業終わった？

⑦　이교수님, 의견 말씀해 보시죠.
　　　　　イ先生，ご意見どうぞ（おっしゃってください）。

⑧　김선생님／김교수님, 수업 끝나셨어요？／끝나셨습니까？
　　　　　キム先生，授業終わりましたか（終わられましたか）？

⑨　명재형／문선배도 회의 참석하세요？
　　　　　ミョンジェ兄貴／ムン先輩も会議に出られますか。

　同じ学科に就職した教員同士はこのようにすぐ公的な立場を受け入れ言葉づかいにも適用するのだが，他の学科や大学に勤めている教員との関係においてはすこし異なる様相を見せている。同じ大学に勤めていても学科が異なる場合は，親しい間柄では学生時代の言葉づかいをそのまま保ち，友人や後輩を「名＋아／야（呼格助詞）」と呼び，二人称代名詞「너」と待遇法「‐다」をもって話すこともある（例⑩）。人によってはまわりを気にして「姓＋선생」と呼ぶ人もいるが，この場合も二人称代名詞「너」，待遇法「‐다」を使うようだ（例⑪）。
　これに対し，後輩の教員も学生時代同様先輩に「선배（先輩）」「형（お兄さん）／언니（お姉さん）」と呼び，待遇法「‐어」で甘えて話す（例⑫）。しかし，大学に勤めているうちに友人同士や先輩は後輩に「姓＋선생」と呼び，二人称代名詞も使えなくなり，待遇法も「‐어」を使うようになる（例⑬）。これに対して後輩も先輩を「姓＋선생님」と呼ぶようになり，用言を敬語形にして待遇法も「‐어요」を使う（例⑭）。ただし，友人同士は呼称を「姓＋선생／교수」と呼ぶこともあるが，若いころの「‐어」を用いて親しい関係を維持する（例⑮）。

⑩　창완아, 너 요즘 바쁘냐？
　　　　　チャンワン，あなた（おまえ），最近忙しいの？

⑪　박선생, 너 요즘 바쁘냐？

パク先生，あなた，最近忙しいの？

⑫　선배／형／언니, 요즘 바빠？
　　先輩，最近忙しい？

⑬　최선생, 요즘 바빠？
　　チェ先生，最近忙しい？

⑭　김선생님, 학회 가세요？
　　キム先生，学会行かれますか。

⑮　신선생, 학회 가？
　　シン先生，学会行く？

　以上のようにいろいろな関係の教員たちの言葉づかいについて述べたが，いつもまわりに学生がいる職業柄からなのかくだけた言い方はできず，友人の間でさえいつの間にか本来の言葉づかいから離れ，形式にはまった言い方になってしまう。日本語とは違って韓国語は歳月が経ってもつきあい始めたときの言葉づかいでずっと通すが，学校という職場の制約によってこのように言葉づかいが変わってしまう。

●恩師と同じ大学の教員になった教え子の対話

　大学に勤めていると，教え子が新任教員として採用される場合がある。この場合，先生が教え子である教員に使う呼称は「姓＋선생（先生）」である。教え子の学生時代，「名＋아／야」と呼格助詞をつけて呼び，二人称代名詞は「너（おまえ）」を使っていた先生も教え子が同僚の教員になった後は二人称代名詞は使わない。この場合，待遇法の使い方にも気を使って，教え子が教員になるまでは「-다」を用いていた関係（例⑯）でも「-다」を使わず，「-어」を用いるのが普通である（例⑰）。「-다」は明らかに目下の者に使うもので，同僚になった教え子には使わないのが礼儀であろう。その代わり，「-어」は親しみをこめて誰にでも使える

ものでやわらかい感じを与える。

　つまり，韓国では教え子が教員になると用言を敬語形にするとか待遇法を丁寧体にすることはないが，呼称だけは「姓＋선생」か「姓＋교수」という。日本の大学において大学時代の教員と教え子関係では教え子が大学の教員として同じ大学に勤めても「森田先生」と呼ばないで「森田君」などのように呼ぶのとは大分違う。韓国語の「선생」「교수」は「님」をつけないと敬語にならないが，相手が教員になった以上，呼び捨てとか「姓＋군（くん）」のような呼び方をするのは教え子の人格を無視するような言い方ととられやすい。

⑯　민영아, 이번 학회에서 발표하니?
　　ミンヨン，今度の学会で発表する？

⑰　박선생, 이번 학회에서 발표해?
　　パク先生，今度の学会で発表する？

　恩師の場合，大学で教えた教え子が同じ大学に勤めると，すぐ「姓＋선생」のように呼称を職名にするのだが，他の大学に勤めている教え子には私的な場面では相当の期間「姓＋名」「名＋아／야」のように呼び続ける。学会などの公的な場面を除いては先生と教え子という私的な関係が続くからである。しかし，まわりに学生や知らない第三者がいる場合は，教え子の社会的立場を考慮して「姓＋선생」「姓＋교수」のように呼ぶのが礼儀である。また，教え子の年齢や社会的地位が上がると名前を呼びにくくなるから，自然に「姓＋선생」「姓＋교수」のように呼び待遇法も「-어」を使うのだが，この場合異性の教え子に対する呼び方が早く変わるようだ（例⑱）。同性の場合，勤め先が違って公的な立場にならない関係では，人によっては若いころとまったく変わらない言葉づかいでずっとつきあっていくこともある（例⑲）。

⑱　김선생, 요즘도 바빠?
　　キム先生，最近も忙しい？

⑲　준숙아, 요즘도 바쁘니?
　　　ジュンスク, 最近も忙しい?

　反面, 教え子である教員は恩師に学生時代同様最大級の敬語を使う。「姓＋선생님／교수님」と呼ぶこともあるが, 姓をつけないで「선생님／교수님」と呼び, 用言は敬語形にして話すが, 助詞の敬語形は最近の傾向であまり使わない。待遇法は「-어요」を使う。

⑳　선생님／교수님, 요즘도 바쁘세요?
　　　先生／教授, 最近もお忙しいんですか?

教員のことを第三者に話す場合

　今度は, 教員が第三者の前で他の教員のことをどのように表現するかについて述べることにする。若い教員は恩師をはじめ高齢の先生のことを人前で最高の敬語で言及するが, 助詞の敬語形は省くことが多いようだ (例㉑)。しかし, 先輩の教員のことを恩師やずっと年上の教員の前で言及するときは敬語を控えて言う (例㉒)。ただし, 先輩がかなり年上の場合 (例えば, 中年以降) は恩師の前でも敬語を使って言及する (例㉓)。この場合も助詞を敬語形にすることはない。他に同年代の教員のことを学生の前で言及するときは教員のことを敬語を用いて話すが (例㉔), 他の人の前で敬語を使って話すことはない。恩師や先輩の教員は教え子や後輩が教員になった場合, 公的な場面以外は学生や他の教員の前で敬語を使って言及することはない。

㉑　이윤경교수님／선생님은 미국에 계세요.
　　　イ (・ユンギョン) 先生はアメリカにいらっしゃいます。

㉒　정선생님은 오늘 좀 늦는대요.
　　　チョン先生は今日遅くなるそうです。

　　　　　　〈若い教員→年上の教員, 話題の人物：30〜40代の先輩〉

㉓　최선생님이 그렇게 말씀하셨어요.
　　チェ先生がそうおっしゃいました。
　　　　　　　　〈若い教員→年上の教員，話題の人物：中年以後の先輩〉

㉔　박선생님은 문법을 전공하셨어.
　　パク先生は文法を専攻されていたのよ。
　　　　　　　　　　　〈教員→学生，話題の人物：同年代の教員〉

　次に，学生や助手が教員のことを他の教員の前で言及する場合である。最近の学生や助手は教員同士の上下関係は考慮せず，すべて敬語を使って話す傾向がある。韓国の一般的な敬語の使い方は話題の人物が自分より目上だったら聞き手の前でも崇めて話すが，師弟関係は家族関係とともにタテの人間関係であって，韓国の「圧尊法」という敬語の使い方が影響する範疇なのである。それで，高齢の先生の前ではその教え子に当たるくらいの若い教員のことを崇めて話すのは控えたほうがいい（例㉕）。しかし，最近の大学生は教員のことはいうまでもなく，上級生のことを先生の前で敬語を使って話したりする（例㉖）。現代語においては師弟関係における「圧尊法」の意識は薄れて，学生が教員のことをその教員の恩師の前で崇めて話してもおかしくないと思われるが，大学生が自分の先輩である大学生や大学院生のことを先生の前で崇めて話すのは正しい敬語の使い方ではない。

㉕　교수님, 박선생님이 좀 늦는다고 연락 왔습니다.
　　先生，パク先生が少し遅れるという連絡がありました。
　　　　　　　　　　〈助手→高齢の教員，話題の人物：若い教員〉

㉖　교수님, 오늘 김선배님이 좀 늦으신대요.
　　先生，今日キム先輩が少し遅れるそうです（遅くなられるそうです）。
　　　　　　　　　　　　〈大学生→教員，話題の人物：先輩〉

　私が大学に勤めているということで話が長くなったが，大学の教員の

場合はまわりに学生や第三者を意識することが多く,言葉づかいは全体的に丁寧な方である。教え子が同僚として就職した場合など,「姓＋선생」と呼ぶように,相手の人格や面子を考える配慮がなされる。しかし,公の場を共にしない教え子には学生時代に使っていた言葉づかいを変えないで使うなど,言葉づかいに場面という要因が大きく作用する面を見せる。

5
中年以降

　ここまでいろいろな場面における敬語の使い方を，私の実際の経験とまわりの人たちの言葉づかいを中心に述べてきた。子どものころから大人になるまでどういう言語生活を営んできたか，成人した後，家庭や学校，会社というそれぞれの枠の中で一人の構成員としてどんな言葉づかいをしているかについて述べたが，ここでは中年以降の言語生活について話すことにする。

　中年以降になるとめったに名前で呼ばれることがなく，自分より年下の人と話す機会が多くなる。社会的にも指導的な立場に立つようになるし，家庭でも家の主として落ち着いた生活を営むことになるが，社会からの引退を迎えるときでもある。

1．家庭

両親や親戚に話す場合

　両親に対しては用言を敬語形にして待遇法は「-어요」を使う（例①）（母親に対しては「-어」を使う人もいる）。父親に対する呼称は「아버지（お父さん）」であるが，母親に対する呼称は多くの人が「어머니（お母さん）」と呼ばないで，子どものころから呼び続けていた「엄마（ママ）」と呼んでいる（例②）。そして，「엄마」と呼ばれることで母親はいつまでも息子や娘の存在を確認するようである。

　兄姉に対する言葉づかいは，若いときは「형・오빠／누나・언니」と

いう呼称を使っても用言を敬語形にすることはなく，待遇法も非丁寧体「-어」を使って話していたが，中年になると兄や姉に丁寧体「-어요」を使うようになる（例③）。私の経験からは誰に教えてもらったことはないが，40代後半には50歳を過ぎた兄に，自然に非丁寧体「-어」よりは丁寧体「-어요」を使って話すことが多くなった。用言を敬語形にすることもあるが，その場その場によって違うようだ。他の親戚に対する言葉づかいは上の世代には両親に対する言葉に準ずるし，同じ世代の親戚には兄弟に対する言葉づかいに準じた敬語行動をする。ただし，女性の夫側の親戚に対する言葉づかいは夫の家族間の上下関係に従って行う非常に形式的なものである。

① 아버지, 요즘 약은 잘 챙겨 드시죠？
　　父さん，最近ちゃんと薬飲んでる（飲んでいますか）？

② 어머니／엄마, 많이 좀 움직이세요.
　　母さん，たくさん体動かしてね（動かしてください）。

③ 오빠, 요즘도 바쁘세요？
　　兄さん，最近も忙しい（お忙しいですか）？

夫婦間の対話

　若いころは呼称を「자기（あなた：女性が男性に対してのみ使う）」とか「名＋씨（さん）」と呼んでいた夫婦でも，中年になると子どもという第三者がおり，人の目を意識することが多くなって，互いに言葉づかいに気を使うようになる。呼称は互いに「여보（ねえ）」と呼び合い，二人称は「당신（あなた）」を使って話す（例④）。待遇法は夫か妻かによって少し異なる。夫は若いころは主に「-어」を使い，中年になっても「-어」を使う人が多いが，「-어요」に変える人もいる。妻は若いころは夫に「-어」を使う人が多いが，中年になると「-어요」を使う人が多くなるようだ（例⑤）。また，若いころより対話の場面の第三者の存在を意識して言葉づ

かいを丁寧にするようになるが，この場合，妻のほうが夫への言葉づかいを丁寧にする傾向を見せる。また，中年の女性は第三者の前で夫のことを敬語形を使って崇めて言及したりする（例⑥）。テレビに登場する若い女性が夫のことを人前で崇めて話すと，敬語の誤用だとか軽薄だとか非難される。しかし，中年の女性が夫のことを崇めて話すのは自然なこととして受け取られ，教養のある言葉づかいに聞こえたりする。例として中年の教授の妻が教え子に夫のことを敬語形で言及したりする（例⑦）。

④　여보, 당신 오늘 어디 갔었어?
　　ねえ，あなた今日どこへ行ってたの？

⑤　당신 오늘 일찍 들어와요?
　　あなた今日はやく帰ってくるの（帰ってきますか）？

⑥　남편이 매운 걸 잘 안 드세요.
　　主人が辛いものはあまり食べないんです（召し上がらないんです）。

⑦　교수님 지금 안 계신데요.
　　主人は今出かけておりますが（先生は今いらっしゃらないんですが）。

2．職場

　中年以降になると職場でも相当な地位に達している場合が多い。時代の流れとともに，韓国語の敬語も上下概念から相手への配慮に傾斜しつつあるといえる。この年齢層は韓国語の敬語の使い方からすれば若い相手には待遇法「-어」で話しても誤解されないが，最近は子ども以外の相手には「-어요」で話しているようだ。
　職場に長く勤めていると部下との関係も親しくなる。親しい部下には二人称「당신（あなた）」を使い，待遇法も「-어」で話すこともある（例①）。しかし，親しくない部下には二人称は使わず，公的な立場として

の「-어요」を使う（例②）。

　1990年代初までは中年の上役は同じ会社の若い社員に「-어」で話すことが多かった。それは上下関係による面もあったが，それよりは「-어」を使うことで親しみを表したのである。しかし，社会の民主化運動が起こり，企業内でも下位者に非丁寧体を使うのは人格を無視することだという労働界の指摘があり，企業内での呼称も，待遇法も変わるきっかけになったのである。

　確かに韓国における待遇法「-어요」「-어」などは上下などの要因によって区分される面もあるが，一方では親しみを表す役目も持っているのである。しかし，現在大企業などではごくわずかな周辺の人との対話以外は公的な立場としての言葉づかいを保っているようだ。

　そういうわけで各世代に広く使われている待遇法「-어요」は日本語の「です・ます」のように相手との距離を表すものとしての役割をしているといえよう。

① 　당신 연락 받았어？
　　　君（あなた）連絡もらった？

② 　김이사님도 연락 받으셨어요？
　　　キム理事も連絡受けられましたか。

3．一般関係

　今度はここまでとは違って枠にはまらない，普段街で行われる中年以降の人の言葉づかいについて述べる。まず，いくつかの場面に分けて，見知らぬ人に口をきく場合，タクシーやお店などでお客さんとしての立場で話す場合などをみる。

同等以上の人に話す場合

　まず，知らない人やお店の人に話しかける場合，普通男女ともに相手

が年上に見える場合は用言を敬語形にし，待遇法「-어요」を用いる。相手が老人に見えるときは「할아버지（おじいさん）」「할머니（おばあさん）」と呼ぶが，男性は「어르신」と呼ぶこともあるようだ（例①）。自分と同等か年上に見える相手には男性には「아저씨（おじさん）」，女性には「아주머니（おばさん）」という（例②）。男性は知らない男性に話しかけるときは，相手によって呼称を「아저씨」，または気を使って「선생님（先生様）（韓国語の「선생님」は教師以外に相手の職業が不確かな中年の男性に対する呼称としても使う）」と呼ぶこともあるが（例③），多くの場合呼称は省略したまま，待遇法「-습니다」か「-어요」で話す。

① 할아버지／어르신, 여기 사세요?
　　（おじいさん,）ここに住んでるんですか（住んでいらっしゃるんですか）？

② 아주머니, 여기 사세요?
　　（おばさん,）ここに住んでるんですか（住んでいらっしゃるんですか）？

③ 아저씨／선생님, 이 근처에 사십니까?
　　（おじさん／先生,）この近所に住んでいるんですか（住んでいらっしゃるんですか）？

若い人に話す場合

中年の人は大学生をはじめ見知らぬ若い男性に「젊은이（若者）」「총각（チョンガク：未婚の男性を称す）」のように呼ぶこともあるが（例④），普通相手が20代前半の若い人だったら「학생（学生）」と呼んで，用言を敬語形にすることはなく，待遇法は丁寧体「-어요」を使う（例⑤）。高年齢の人は大学生ほどの若い人には非丁寧体を使ってもおかしくないが，最近の中年以降の多くの人は相手が子どもでない限り初対面の人に非丁寧体を使うことは失礼だと思うようだ。

以前からお店などでは男女ともに若い女性には「아가씨（娘さん，お嬢さん）」と呼び，待遇法は「-어요」を使ったが，最近は「아가씨」以外

に「언니（お姉さん）」とも呼んでいる（例⑥）。この「언니」は姉を呼ぶ親戚名称であるが，最近は女性が若い女性を呼ぶときに「아가씨」の代わりに用いられている。「아가씨」はほんとうに若い女性（20代）にしか使わないが，「언니」はもっと幅広い年齢層に使われる。

　一方，中年の人は男の従業員を呼ぶ適当な呼称がなくて「여보세요（もしもし）」とか「여봐요（すみません）」と話しかけたり，「저，저기，저기요（あのー）」と呼びかけて注文をする（例⑦）。最近は相手に対する呼称はだんだん使われなくなり，「저，저기，저기요（あのー）」のように呼びかけの言葉に変わりつつある。

④　젊은이／총각，여기 살아요？
　　　（若者／チョンガク，）ここに住んでるんですか？

⑤　학생，여기 살아요？
　　　（学生，）ここに住んでるの（住んでいますか）？

⑥　아가씨／언니，여기 반찬 좀 더 줘요．
　　　（お嬢さん）／お姉さん，こっちおかずのおかわりお願いします。

⑦　여보세요（여봐요）／저／저기／저기요，여기 물 좀 줘요．
　　　すみません／あの，こちらにお水お願いします（ください）。

　中年の男性は以上のように自分より年下に見える相手に話しかけるときは呼称を使うこともあるが，多くの場合，呼称を使わず，「말 좀 물읍시다（ちょっとお尋ねしましょう）」という（例⑧）。この「-ㅂ시다」は待遇法「-습니다」の勧誘形であるが，男性専用の非常に独特な言い方のようで自分の希望を表す意図として使われる。目上の人には使ってはいけないが，対等や対等以下の相手にはよく使うもので，日本人が驚く韓国語の用法の一つのようである。例えば，人込みの中を通り抜けるときなど「실례 좀 합시다（ちょっと失礼しましょう）」といい，また電車の座席に座るときなどに「여기 좀 앉읍시다（ここにちょっとすわりましょう

＝ここに座らせてください）」というのである。

　また，男性が若い人に使う待遇法「-어」はニュアンスによっては相手の気持ちを傷つけることがあるので，決して使いやすいものではない。そのため，外国人は相手が子どもでない限りは待遇法「-어요」を使ったほうが誤解を招かないと思う。

⑧　말 좀 물읍시다, 여기 살아요？
　　　ちょっとおたずねしますが，ここに住んでいるんですか。

　他に，タクシーに乗った場合には運転手さんの年齢を見分けられないまま行先を話すことになるので，言葉づかいは丁寧になる。中年の女性は普通用言を敬語形にし，待遇法は「-어요」を使う。呼称は「아저씨」と呼ぶのが普通だが，最近は「기사님（技師様）」と呼ぶことも多いようである。また，呼称を使わないで「저ー」ということも多い（例⑨）。

　中年の男性もタクシーに乗った時，運転手さんに対して決して言葉づかいをくずすことはない。上で述べた男性独特な言い方である勧誘形「-ㅂ시다」を使って「○○까지 갑시다（○○まで行きましょう）」と言うようだ（例⑩）。呼称は「아저씨」か「기사양반（技師両班：両班とは朝鮮時代に官僚を出すことができた支配階層。現代語では主に成人の男性を（中年の人が）指すことばとして使われる）」などと呼ぶ。

⑨　저ー／아저씨, 공항 가는데요.
　　　あの，運動手さん（おじさん）空港までお願いします。

⑩　저ー／아저씨／기사양반, 신촌 갑시다.
　　　あの，（おじさん／）運転手さん，シンチョンお願いします（行きましょう）。

児童や青少年に話す場合

　幼稚園や小学校の低学年の子どもには，「애（ねえ）」と呼ぶが，男性は「야（おい）」と呼ぶことが多い。二人称は「너」で，待遇法は「-다」か「-어」で話す（166～167頁参照）。10代の青少年に声をかけるとき

は「학생 (学生)」と呼び，親しく待遇法「-어」で話しかけることもあるが，女性は丁寧体「-어요」を使うことが多いようだ（175頁参照）。この場合の丁寧体は相手を重んじるというより話し手の品位を表すことでもある。

　以上，中年以降の言葉づかいを述べたが，これにも韓国語の敬語の使い方の変化が見られる。以前は，子どもや若者は大人と高齢者に相手にかまわず敬語を使い，高齢者は若者に知り合いはいうまでもなく，初対面の人にも非丁寧体で話したものである。**現在は高齢者も親しい関係ではない限り，若者に非丁寧体を使うにはためらいを感じるようになっている。**男性は女性よりも自由に話していたが，男性の言葉づかいにも変化が見られる。人を呼ぶ呼称も「꼬마」「학생」「아가씨」「총각」など区別して使ったが，それも最近は呼称で呼ばないで，「저ー, 저기ー, 저기요」のような呼びかけ語を使うように変わってきている。**だんだん敬語の使い方の要因が従来の年齢という要因から聞き手への配慮へ移行する傾向を見せていると言えよう。**

おわりに

　第Ⅰ部において韓国語の敬語体系を概説した上で，第Ⅱ部ではテレビドラマのいろいろな人間関係と場面における具体的な対話を通して日本人と韓国人の敬語行動を比較し，第Ⅲ部では実際現場で行われる韓国語の敬語行動を調べ，述べてみた。
　第Ⅱ部で見たように，日本語の敬語と韓国語の敬語の使い方は，類似しているように見えるが異なる点が多い。まず，なぜ敬語を使うかというごく基本的なことから違うようだ。
　国語審議会が答申した「現代社会における敬意表現」(2000)ではコミュニケーションにおいて相手尊重と相手と場面への配慮が強調されており，文化審議会が出した「敬語の指針（答申）」(2007)では敬語の基本的な認識として，敬語の重要性，「相互尊重」を基盤とする敬語使用，「自己表現」としての敬語使用を取り上げている。前者は現在の対人関係における自然な日本語の言葉づかいを大切だとしており，後者は敬語の重要性を認識させている。
　日本語の敬語は相手に配慮し，場面を重んじる言葉づかいをすることによって相手との円滑なコミュニケーションが維持される面を見せている。媒体を通した間接対話のほうが直接対話より丁寧であるし，聞き手や場面に配慮した婉曲表現や敬語の周辺的な言葉づかい，自分の品位を表す表現などが発達している点などは日本語の敬語の特徴として挙げることができる。しかし，日本語の敬語にはそれ以外に，現代社会における相手尊重の機能があるようだ。ただし，聞き手だからといって誰もが尊重される対象になるのではなく，その内面には力，恩恵，社会的地位などの要因が大きく働いているように思われる。身分社会では，与えられた階級によって待遇の段階が決めつけられていたが，今は話し手個人

が自分の必要によって相手への待遇段階を決めてそれに合致する敬語行動をしているように思われる。だから，家族関係や高校までの教師と生徒との関係のように純粋な人間関係においては敬語の役割はあまりないのではないだろうか。利益関係が最も働く職場において敬語は網羅的に使われ，また商業敬語は大いに発達している。聞き手に対する敬語行動も親子のような純粋な関係から一歩離れると，対話の場面での話し手の聞き手に対する心理上の親疎感が働いて敬語行動を左右するのである。なお，第三者である話題の人物のことを聞き手に話す場合に使われる敬語も，聞き手のために用意されているのである。それゆえ，聞き手に対して敬意を表する必要を感じないときは，話題の人物への敬語の使用は話し手の判断に委ねられるのである。日本語の敬語は相手との距離を保つために使われているという見方もあり，たしかに相手との距離を保つために「です」「ます」が使われる面もあるが，日本語の全般的な敬語の用法は社会人の対人関係を円滑にするために必要なものであり，自分の利益にもかかわることのように思われる。

　韓国の現代の敬語も相手との円滑なコミュニケーションのために使われている面があるし，相手にまだ親しい関係でないことを示すために使われている面もなくはない。しかし，韓国語の敬語は何よりも基本的には礼儀を表すものである。敬語使用の基準になるのは年齢であり，年齢も単に年上だということで崇めるのではなく，崇められて当然という社会的普遍性を持つ年齢でなければならない。それゆえ，職場で職位の上下関係のなかで行われる敬語行動に年齢の上下の要因とか学生時代の先輩，後輩などの要因が介入してくるのである。韓国語の場合，話し手と聞き手は年齢などを基準とした人間関係の設定を相互納得した上に，定型化した敬語行動を行うのである。この場合の人間関係の設定は第三者である話題の人物に対しても適用される。このように，互いに納得した人間関係に基づいて行われる言葉づかいはその場の心理的要因に左右されることなく後々まで続くし，直接会って対話をする場合と媒体を通した間接対話の場合の言葉づかいにもあまり差が見られない。なお，個人

の恩恵関係，職業上の役割関係は敬語使用の決定要因にならない。相手の言葉づかいに何らかの力関係が働いているように感じられるとか，相手がどんなに偉くても自分より若い人に非敬語形や非丁寧体で話しかけられた場合はルール違反のように受け取り，相手の行動を無礼な態度として非難するのである。なお，話し手は第三者である話題の人物に言及するときも聞き手側かどうかを意識しないで崇めるべき基準に達していれば敬語を使うのである。

　しかし，第Ⅲ部で見られるように，最近は韓国語の敬語の使い方にも変化が見られる。礼儀としての敬語の使い方には変わりがないようだが，それに加えて聞き手への配慮と対話の場面への考慮が敬語の使い方を左右する大きな要因になり，また自分の所属している範囲内の地位などが言葉づかいを決める重要な要因になってきているようだ。

　韓国語の敬語の使い方の変化の一つに聞き手への配慮があげられる。以前は世代により言葉づかいが違っており，それを文末の待遇法の多様さによってわきまえていた。それで，高齢者は初対面の若い人に非丁寧体で話したりしたが，最近は聞き手に配慮して丁寧体を使う傾向を見せている。

　第二に，場面への考慮が重要視されるようになったことである。以前から韓国語の敬語においても場面は重要な敬語使用の要因であったが，場面より年齢や世代差が優先した面があった。しかし，現在となっては，場面のわきまえは世代差に優先するようだ。学校における授業中の教師の言葉づかいをはじめ，いろいろなところで子どもや目下の人に丁寧体を使って話している。会社でも，年齢や地位の上下とは関係なく丁寧体で会話が行われている。このように知り合いの関係で使われる丁寧体は公私の場面のわきまえによるもので，公の場と取られると丁寧体を使い，私的な場面では従来の言葉づかいに沿った言い方になるのである。

　第三に，社会的要因，つまり自分が属している環境（家庭，学校，職場，一般関係）でそれぞれ個別的な言葉づかいが行われており，社会全般を貫く敬語使用の要因が弱くなったことである。本来，韓国の敬語は，

家庭や教師と生徒との関係などの一部を除いては，社会全体の敬語の使い方の決め手になるのは年齢によるものであって，それは社会のルールでもあった。それで，家庭以外で行われる敬語行動は社会全般に大差が見られなかったが，最近の韓国語の敬語は家庭，学校（特に大学），職場，一般関係において異なる面が見られるようになったようである。最近の大学生の敬語行動はまず同級生という条件を先立たせ，年齢は配慮の範囲にとどまっている。これは年齢の上下が敬語の絶対的決め手であった韓国語の敬語においては非常に大きな変化といえるものである。職場における言葉づかいは企業によっては，地位に合わせた言葉づかいや画一的な呼称を使うように人為的に言葉づかいを決めつけてしまうなど従来とは違う面も現れている。一般関係においても年齢による世代差よりも相手に対する配慮が優先するようになってきている。

　他に，呼称の変化が目立つ。従来は世代別，性別に，豊富とはいえないまでもさまざまな呼称が使われていたが，最近は呼びかけ語である「저，저기，저기요」に変わりかけているようだ。また，会社などで性差を表す呼称も「선배（先輩）」や職名に変わり，言葉づかいの上で性差による使い分けはなくなる傾向を見せている。

　テレビドラマに映る敬語行動は敬語使用の実態とはやや異なる点も現れるし，変わりつつある韓国の実際の言葉づかいに追いつかない面もあるが，多くのドラマは社会常識に従って書かれており，現在の韓国の敬語行動の特徴を反映しているといえるだろう。
　なお，敬語の使い方の実態は私の周辺で調べたものであって，限定的なものといえる。今後さらに範囲を広げて調べ，韓国語の敬語の変化の推移を見たいと思う。　　　　　　　　　　　　　　　　　（韓美卿）

〈付録 1〉
韓国語の親戚名称一覧表

※（　）内の漢字は日本語での該当する名称，［　］内の漢字はハングルを漢字にした場合の表記。「呼称」は「直系の親族に対する呼称／配偶者に対する呼称」。

(1) 家族の名称

関係	直系の親族	左列の配偶者	呼称
祖父母	（祖父）할아버지 （祖母）할머니		할아버지 할머니
母方の祖父母	（祖父）외할아버지 （祖母）외할머니		할아버지 할머니
両親	（父）아버지 （母）어머니		아버지（아빠） 어머니（엄마）
息子夫婦	（息子）아들	（嫁）며느리 （자부 ［子婦］）	名／아가, 애, 에미야
娘夫婦	（娘）딸	（婿）사위	名／姓 + 서방
孫（男）夫婦	（孫）손자 ［孫子］	（孫の嫁）손자며느리 （손부 ［孫婦］）	名／아가
孫（女）夫婦	（孫）손녀 ［孫女］	（孫の婿）손자사위	名／姓 + 서방
外孫（男）夫婦	（外孫） 외손자 ［外孫子］	（外孫の嫁） （외）손자며느리 （외손부）	名／아가
外孫（女）夫婦	（外孫） 외손녀 ［外孫女］	（外孫の婿） （외）손자사위	名／姓 + 서방

※目下の親族は名に「아／야」をつけて呼ぶ。

(2) 両親の兄弟・姉妹およびその配偶者

関係	直系の親族	左列の配偶者	呼称
父の兄	（伯父） 큰아버지 （백부 ［伯父］）	（伯母） 큰어머니 （백모 ［伯母］）	큰아버지／큰어머니

父の弟	（叔父） 작은아버지 （숙부［叔父］）	（叔母） 작은어머니 （숙모［叔母］）	작은아버지／작은어머니
父の未婚の弟	（叔父） 삼촌［三寸］		삼촌
父の姉妹	（伯母・叔母） 고모［姑母］	（伯父・叔父） 고모부［姑母夫］	고모／고모부
母の兄弟	（伯父・叔父） 외삼촌［外三寸］	（伯母・叔母） 외숙모［外叔母］	외삼촌／외숙모
母の姉妹	（伯母・叔母） 이모［姨母］	（伯父・叔父） 이모부［姨母夫］	이모／이모부

（3）自分の兄弟・姉妹およびその配偶者
※自分が男性の場合と女性の場合とで異なることがあるので注意

年齢	関係	直系の親族		左列の配偶者		呼称
年長	弟→兄	（兄）	형［兄］	（義姉）	형수［兄嫂］	형／형수님
	弟→姉	（姉）	누나	（義兄）	자형［姉兄］ 매형［妹兄］ 매부［妹夫］	누나／자형, 매형
	妹→兄	（兄）	오빠	（義姉）	올케（언니）	오빠／ （새）언니, 올케언니
	妹→姉	（姉）	언니	（義兄）	형부［兄夫］	언니／형부
年少	兄→弟	（弟）	（남）동생	（義妹）	계수［季嫂］ 제수［弟嫂］	名／계수씨, 제수씨
	兄→妹	（妹）	（여）동생	（義弟）	매제［妹弟］	名／姓＋서방
	姉→弟	（弟）	（남）동생	（義妹）	올케	名／올케
	姉→妹	（妹）	（여）동생	（義弟）	제부［弟夫］	名／姓＋서방

※目下の親族に呼称で呼びにくい場合は「（その親族の）子どもの名＋아버지（아빠）／어머니（엄마）」と呼ぶ。

（4）甥・姪およびその配偶者

関係	直系の親族	左列の配偶者	呼称
兄弟の息子	（甥）조카	（甥の妻）조카며느리 （질부［姪夫］）	名／질부

姉妹の息子	（甥）생질	（甥の妻）생질부	名／（生）질부
兄弟の娘	（姪）조카딸 질녀	（姪の夫）질녀남편 조카사위	名／姓＋서방
姉妹の娘	（姪）생질녀	（姪の夫）조카사위 생질녀남편	

（5）従兄弟・従姉妹およびその配偶者

●父の兄弟の子（친사촌［親四寸］），およびその配偶者

年齢	関係	直系の親族	左列の配偶者	呼称
年長	従弟→従兄	（従兄）사촌형	（従兄の妻）사촌형수	従兄弟・従姉妹に対する呼称は兄弟・姉妹を呼ぶときの呼称に準じる
	従弟→従姉	（従姉）사촌누나（누이）	（従姉の夫）사촌자형	
	従妹→従兄	（従兄）사촌오빠	（従兄の妻）사촌올케언니	
	従妹→従姉	（従姉）사촌언니	（従姉の夫）사촌형부	
年少	従兄→従弟	（従弟）사촌동생	（従弟の妻）사촌계수	
	従兄→従妹	（従妹）사촌여동생	（従妹の夫）사촌매부	
	従姉→従弟	（従弟）사촌동생	（従弟の妻）사촌올케	
	従姉→従妹	（従妹）사촌여동생	（従妹の夫）사촌제부	

●父の姉妹の子は고종사촌［姑従四寸］と言い，고종형，고종오빠，고종누이，고종언니，고종동생 などのように言う。고종のかわりに 내종［内従］とも言う。

●母の兄弟の子は외사촌［外四寸］と言い，외사촌형，외사촌오빠，외사촌누나，외사촌언니，외사촌동생などのように言う。

●母の姉妹の子は이종사촌［姨従四寸］のように이종を前につけて이종사촌형，이종사촌누이，이종사촌동생などのように言う。

（6）結婚した相手の親戚

●本人が女性の場合　※夫の実家は시가［媤家］という

関係	夫の直系の親族	左列の配偶者	呼称
夫の両親	（義父）시아버지 （義母）시어머니		아버님 어머님

夫	(夫) 남편		여보, 子どもの名+아빠, 若いころは自己ということもある
夫の兄	(義兄) 시아주버니(시숙)	(義姉) 동서	아주버님／형님
夫の弟	(義弟) 시동생	(義妹) 동서	도련님 (未婚), 서방님 (既婚) ／동서
夫の姉	(義姉) (손위) 시누이	(義兄) 시누(이)남편	형님／아주버님
夫の妹	(義妹) (손아래)시누이	(義弟) 시누(이)남편	아가씨 (未婚), 고모(既婚)／서방님, 고모부
夫の甥	(夫の甥) 조카	(夫の甥の妻) 질부	名／질부
夫の姪	(夫の姪) 조카(딸) 질녀	(夫の姪の夫) 조카사위 질녀남편	名／姓＋서방

● 本人が男性の場合　※妻の実家は 처가 [妻家] という

関係	妻の直系の親族	左列の配偶者	呼称
妻の両親	(義父) 장인　　　　(義母) 장모		장인어른 (아버님ともいう)　장모님 (어머님ともいう)
妻	(妻) 아내, 처		여보, 子どもの名+엄마
妻の兄	(義兄) (손위)처남	(義姉) 처남댁	형님／※처남댁に対する呼称はない
妻の弟	(義弟) (손아래)처남	(義妹) 처남댁	처남／※처남댁に対する呼称はない
妻の姉	(義姉) 처형	(義兄) (손위)동서	처형／형님
妻の妹	(義妹) 처제	(義弟) (손아래)동서	처제／동서
妻の甥	(妻の甥) 처조카	(妻の甥の妻) (처)질부	名／(처)질부
妻の姪	(妻の姪) 처조카 처질녀	(妻の姪の夫) 처조카사위	名／姓＋서방

(7) 結婚した女性の立場から自分の実家
※実家のことは친정［親庭］という。

関係	直系の親族	左列の配偶者	呼称
祖父母	（実祖父）친정할아버지 （実祖母）친정할머니		할아버지 할머니
両親	（実父）친정아버지 （実母）친정어머니		아버지 어머니
兄姉	（兄）오빠, 오라버니	（義姉）올케언니	오빠／（올케）언니, 새언니
	（姉）언니	（義兄）형부	언니／형부
弟妹	（弟）동생	（義妹）올케	名／올케
	（妹）동생	（義弟）제부	名／姓＋서방
兄弟の子	（甥）（친정)조카	（甥の妻）조카며누리 질부	名／질부
	（姪）（친정)조카(딸)	（姪の夫）조카사위	名／姓＋서방
姉妹の子	（甥）이질	（甥の妻）이질부	名／（이)질부
	（姪）이질녀	（姪の夫）이질사위	名／姓＋서방

※친정부모以外にも親族名称の前には［친정］をつけていう。

〈付録 2〉
韓国語の一般呼称一覧表

※空欄は特に呼称がないことを示す。

（1）大学生同士の呼称

呼び手＼相手	同級生		先輩		後輩	
	同じ年齢	年上	年上	年下	年下	年上
男子学生	名＋아／야	형	형／누나	선배	名＋아／야	
女子学生	名＋아／야		오빠／언니	선배	名＋아／야	

※同じ年齢というのは普通同じ年に高校を卒業したことを基準にする。

（2）職場での呼称
●会社

呼び手＼相手	新入社員	平社員（先輩）	代理	課長
新入社員	（姓＋）名＋씨	（姓＋）선배	（姓＋）대리님	（姓＋）과장님
平社員(先輩)	（姓＋）名＋씨	（姓＋）名＋씨	（姓＋）대리님	（姓＋）과장님
代理	（姓＋）名＋씨	（姓＋）名＋씨	姓＋대리	（姓＋）과장님
課長	（姓＋）名＋씨	（姓＋）名＋씨	姓＋대리	姓＋과장(님)

※大企業の社内でのみ使われる呼称を基準にした。
※男女の区別はないという。

●学校

呼び手＼相手	若い教員	教員(先輩)	教員(教務部長)	教頭	校長
若い教員	姓＋(名＋)선생(님)	姓＋선생님	교무부장 선생님	교감선생님	교장선생님
教員(先輩)	姓＋(名＋)선생(님)	姓＋선생(님)	교무부장 선생님	교감선생님	교장선생님
教頭	姓＋(名＋)선생(님)	姓＋(名＋)선생님	교무부장 선생님		교장선생님

	校長		教務部長	教監先生님	
校長	姓+(名+) 선생(님)	姓+(名+) 선생님	교무부장 선생님	교감선생님	
生徒	선생님	선생님	선생님	교감선생님	교장선생님

※同年代の若い教員同士も親しくなるまでは「님（様）」をつけて呼ぶ。
※教頭や校長は若い先生に「님（様）」をつけない場合もある。

● 大学

呼び手 \ 相手	若い教員	教員（先輩）	教員(役職者)	総長
若い教員	姓+교수（님） または 선생（님）	姓+교수님 または 선생님	（姓+）職名+님 または 교수님	총장님
教員(先輩)	姓+교수（님） または 선생（님）	姓+교수（님） または 선생（님）	（姓+）職名+님 または 교수님	총장님
職員	姓+교수님	姓+교수님	（姓+）職名+님	총장님
大学生	교수님 または 선생님	교수님 または 선생님	교수님	총장님

※同年代の若い教員同士も親しくなるまでは「님（様）」をつけて呼ぶ。

(3) 一般関係

呼び手 \ 相手		子ども	青少年		青年	
		男女	男	女	男	女
子ども	男	야, (애)	형	누나	형, 삼촌, 아저씨	누나, 이모
	女	애	오빠	언니	오빠, 삼촌	언니, 이모
青少年	男	야, (애)	저 (呼びかけ語)		형, 아저씨	누나, 이모
	女	애			오빠, 삼촌	언니, 이모
青年	男	야, (애,) 학생	학생		저, 저기, 저기요 (呼びかけ語)	
	女	애, 학생	학생			

中年以降	男	야, (애,) 학생	학생	학생, (젊은이, 총각)	학생, 아가씨
	女	애, 학생	학생		

呼び手＼相手		中年		老年層	
		男	女	男	女
子ども	男	아저씨	아줌마	할아버지 (中年以降は「어르신」ともいう)	할머니
	女				
青少年	男	아저씨	아줌마		
	女				
青年	男	아저씨	아주머니		
	女				
中年以降	男	아저씨 (선생님)	아주머니		
	女				

※青少年期は知らない人にめったに声をかけないという。
※最近は全般的に呼称の代わりに「저」などの呼びかけ語を使う傾向がある。

引用したテレビドラマ等

●日本のテレビドラマ
『あいのうた』(2005) 日本テレビ
『アネゴ』(2005) 日本テレビ
『1リットルの涙』(2005) フジテレビ
『エンジン』(2005) フジテレビ
『おとうさん』(2002) TBS
『オヤジぃ。』(2000) TBS
『家族』(2006) テレビ朝日
『恋に落ちたら』(2005) フジテレビ
『14才の母』(2006) 日本テレビ
『熟年離婚』(2005) テレビ朝日
『白い巨塔』(2003) フジテレビ
『末っ子長男姉三人』(2003) TBS
『世界の中心で, 愛をさけぶ』(2004) TBS
『できちゃった結婚』(2001) フジテレビ
『僕と彼女と彼女の生きる道』(2004) フジテレビ
『僕の生きる道』(2003) フジテレビ
『ママの遺伝子』(2002) TBS
『マンハッタンラブストーリー』(2003) TBS
『元カレ』(2003) TBS
『やまとなでしこ』(2000) フジテレビ
『ヤンキー母校に帰る』(2003) TBS
『ラストクリスマス』(2004) フジテレビ
『ランチの女王』(2002) フジテレビ
『吾輩は主婦である』(2006) TBS

●韓国のテレビドラマ
※『 』内は邦題。《 》内は公式の邦題がないもので, 著者による和訳。
"강남엄마 따라잡기"《江南ママに追いつけ》(2007) SBS
"겨울연가"『冬のソナタ』(2002) KBS
"결혼하고 싶은 여자"『結婚したい女』(2004) MBC
"굳세어라 금순아"『がんばれ！クムスン』(2005) MBC
"내 사랑 못난이"『愛しのおバカちゃん』(2006) SBS
"내 이름은 김삼순"『私の名前はキム・サムスン』(2005) MBC
"며느리 전성시대"《ヨメ全盛時代》(2007) KBS

"못된 사랑"『BAD LOVE』(2007-2008) KBS
"문희"《ムニ》(2007) MBC
"미우나 고우나"《憎くても可愛くても》(2007-2008) KBS
"별난여자 별난남자"《変わった女、変わった男》(2005-2006) KBS
"부부클리닉 사랑과 전쟁"《夫婦クリニック・愛と戦争》(2005) KBS
"불꽃 놀이"『恋の花火』(2006) MBC
"상두야, 학교가자！"『サンドゥ、学校へ行こう！』(2003) KBS
"성장드라마＃반올림"《成長ドラマ四捨五入》(2003) KBS
"성장드라마＃반올림 2"《成長ドラマ四捨五入 2》(2005-2006) KBS
"성장드라마＃반올림 3"《成長ドラマ四捨五入 3》(2006-2007) KBS
"소문난 칠공주"『噂のチル姫』(2006) KBS
"슬픈 연가"『悲しき恋歌』(2005) MBC
"슬픔이여 안녕"『悲しみよ、さようなら』(2005) KBS
"신입사원"『新入社員』(2005) MBC
"엄마가 뿔났다"『ママに角が生えた』(2008) KBS
"열아홉 순정"『19歳の純情』(2006) KBS
"오！필승 봉순영"『オー！必勝』(2004) KBS
"옥탑방 고양이"『屋根部屋のネコ』(2003) MBC
"웨딩"『ウェディング』(2005) KBS
"있을 때 잘해"《そばにいるとき優しくして》(2006) MBC
"장밋빛 인생"『バラ色の人生』(2005) KBS
"칼잡이 오수정"『彼女がラブハンター』(2007) SBS
"커피프린스１호점"『コーヒープリンス１号店』(2007) MBC
"파리의 연인"『パリの恋人』(2004) SBS
"풀하우스"『フルハウス』(2004) KBS
"학교４"《学校４》(2001-2002) KBS
"１％의 어떤 것"『１％の奇跡』(2003) MBC

● 韓国のドラマ以外のテレビ番組

"환상의 짝꿍"《幻想の相棒》(バラエティ番組) (2007-) MBC
"빅마마"《ビッグママ》(バラエティ番組) (2007) KBS
"두뇌왕 아인슈타인"《頭脳王アインシュタイン》(バラエティ番組) (2007) KBS
"도전 골든벨"《ゴールデンベル》400回特集 (クイズ番組) (2007) KBS

● 韓国の映画

"역전의 명수"《逆転の名手》(2005)

引用文献

梅田博之（1977）『岩波講座　日本語 4　敬語』岩波書店
梅田博之（1991）『スタンダードハングル講座 2　文法・語彙』大修館書店
荻野綱男ほか（1991）「日本語と韓国語の第三者に対する敬語用法の比較対照」,『朝鮮学報』第 141 輯, 朝鮮学会
荻野綱男（1995）「21 世紀の敬語表現はどうなるか」.『国文学』第 40 巻 14 号, 学燈社
菊地康人（1994）『敬語』角川書店
金田一春彦（2002）『日本語を反省してみませんか』角川書店
国語審議会（2000）「現代社会における敬意表現」（第 22 期国語審議会答申）文部省
国立国語研究所編（1982）『企業の中の敬語 国立国語研究所報告 73』三省堂
国立国語研究所編（1983）『敬語と敬語意識 国立国語研究所報告 77』三省堂
国立国語研究所編（1990）『場面と場面意識 国立国語研究所報告 102』三省堂
国立国語研究所編（2002）『学校の中の敬語 1　アンケート調査編　国立国語研究所報告　118』三省堂
国立国語研究所編（2003）『学校の中の敬語 2　面接調査編　国立国語研究所報告 120』三省堂
柴田武, 井口豪（2003）『おじいちゃんの日本語教室』朝日新聞社
白石昌則（2005）『生協の白石さん』講談社
辻村敏樹（1991）『敬語の用法』角川書店
文化審議会（2007）「敬語の指針（答申）」（文化審議会第 42 回総会）文化庁

索 引

●日本語索引

〈あ〉
あいさつ　11, 93
愛称　163
相手側　137
相手尊重　219
相手との距離　127, 214, 220
相手に対する配慮　14, 17, 29, 129
相手の気持ち　11, 145, 217
圧尊法　6
甘え　10, 66
謝る　21, 124
あらたまった場面　6, 184
あらたまり語　151
荒っぽい　32
言い切りを避ける　11
意思表現　104, 147
異性　31, 48, 69, 73, 181
いとこ　97, 177
異文化受容　120
嫌み　85
違和感　149
インターネット　14, 149
イントネーション　150
うちとけた　8, 10
内と外　17
婉曲な表現　11, 146
負い目　88
大手企業　193
公の場　69, 92, 105, 166, 193
お客さん扱い　79
幼なじみ　68
教え子　9, 206
追っかけ　73

夫　10, 23, 34, 130, 143
親子　5, 132
恩恵・役割関係　17, 74, 75, 88, 122
恩師　44, 206
音声　104, 105

〈か〉
階級社会　9, 187, 190
階層的　7
外部の人　102, 135, 199
会話のスタイル　70, 111
顔見知り　175
下級生　170
画一的な呼称　222
格式　17, 92, 101, 137, 140, 151
学生　7, 176, 180
格調　151
確定された関係　129
学年の概念　187
飾り気　149
過剰敬語　149
家族　14, 19
かたくるしさ　8
学校　17, 44, 94, 98, 172
家庭　14, 17, 23, 34, 131, 159
軽い敬意　7, 8
軽い待遇　78
彼氏　73
関係設定　128
患者　78, 86, 91
感情の状態　129
緩衝の役割　81
間接対話　17, 104
簡単なあいさつ　147
勧誘　8, 11

索引── 235

聞き手　6, 132, 142
聞き手敬語　4
聞き手への配慮　6, 128
企業の規範　198, 214
気のおけない相手　23
客　76, 85, 110
教員同士　203, 209
教訓的な態度　21
教師　9, 94
教師と生徒との関係　50, 99
教授　9, 203
兄弟　21, 132, 169, 177
教養を表す　52, 115, 149, 161
距離感　10, 126
儀礼的なあいさつ　146
近所の人　165, 174
緊張感　20, 75, 105
口答え　155
クラス会議　94
軍隊　9, 14, 187
敬意ゼロ　9
敬意度　75, 184
敬意表現　144
敬語意識　9
敬語外　11
敬語教育　14, 192
敬語接辞　159
敬語の指針　219
敬語の周辺的表現　154
敬語の範囲　144
敬語の本意　14, 51
敬語の役割　14, 220
形式にはまった言い方　206
形式ばった　8
形式ばらない　159
血縁関係　34
結婚　19, 35, 130
権威　88, 200
言語外の敬意表現　11
言語環境　14

謙譲語尾　118
恋心　112
語彙の選択　150
恋人　34, 104
公／私　17, 193
好意的な態度　122
好印象　79
公開される　104, 107
高校生　49
合コン　52
公的緊張感　196
高年層　60
後輩　45, 182
呼格助詞　91, 161
顧客　7, 110
国際結婚　35
呼称　37, 160
個人の好み　90, 193
言葉じりをにごす語尾　11
言葉づかいの調整　70
言葉づかいの転換　204
子ども　9, 58, 130, 168
子ども扱い　130
誤用　213

〈さ〉
サービス業　76, 79, 110
最高の敬意　77, 130
三世代　162
時間と空間の隔たり　15
式辞　151, 153
自己誇示の敬語　155
自己紹介　166
自己品位　16, 17, 21, 107, 149
親しい間柄　63, 92, 183, 206
親しみ　8, 29
しつけ　14, 159
師弟関係　5, 14
私的感情　101, 193
私的場面　69

自分の利益　220
社員　193, 196
社会一般の人　192
社会教育　184
社会的上下関係　95, 139
社会的普遍性　220
社会的有力者　74
社会的要因　17, 132
社会の常識　56, 189
社会のルール　16
終助詞　109
重層的な体系　7
主格助詞　5
主観的　17, 129
準敬語　151
純粋な人間関係　220
乗客　78
上級生　10, 170
商業敬語　74, 88, 220
状況的要因　63
上下関係　7, 12, 17, 36, 65
上司　36
使用頻度数　175
職位　40, 43, 45, 193, 196, 220
職業柄　206
職業名　201
職場　7, 17, 43, 222
職場の制約　206
職名　40, 195, 201
助詞の敬語形　5, 162, 184
女性語　150
女性の社会性　183
初対面　14, 29, 60
所与の環境　17
知り合い　62, 66, 221
人為的　198
人格　161, 210, 214
親近感　5, 78, 107
親近な対話　122
新婚夫婦　34, 126

親戚　61, 162, 177
親戚名称　34, 61
親疎関係　17, 63, 65
親族　5, 131
新入社員　36, 42, 192
親密さ　8, 10, 11, 23, 35, 63
親友　102
信頼　88, 145
心理的距離感　10, 15, 17, 20, 127, 128
心理的状態　129
心理的親疎　23, 65, 94
心理的判断　60
心理的要因　63, 128, 220
姓＋階級名（＋님）　188
姓＋君　36
姓＋さん　36
姓＋職名　195
姓＋名　90, 183
姓＋名＋親族名称　91
姓＋名＋님　90
姓＋(名＋) 선생님　200
姓＋名＋씨　90, 181, 193
姓＋名＋학생　91
姓＋교수／교수님　203
姓＋군　207
姓＋대리　195
姓＋선배　194, 205
姓＋선생　201
姓＋씨　90
性差　150
性差別　143
青少年　50, 91, 170
成人　9, 51, 184, 187
生徒　7, 48, 49, 94, 173
性別　36, 222
世代　19, 24, 50, 177, 222
絶対敬語　139
絶対的基準　128, 129
接尾辞　91
先語末語尾　4

索　引── *237*

先生　7, 44, 94, 164
先輩　45, 182
相互尊重　23, 128, 131
相対敬語　128, 142
疎遠　7, 63, 71
素材敬語　4
祖父母　20, 24, 162, 171
尊敬の接尾辞　39
ぞんざいな言葉づかい　131

〈た〉
対異性関係　17, 38, 43
大学生　61, 178
待遇　7, 10, 29, 141, 219
待遇表現　9
待遇法　6, 7, 9, 159
第三者　4, 69, 92, 102, 210
対者敬語　4
対人関係　14
対等　131, 217
態度を正す　21
対話者の所属の条件　187
対話対象の多／少　17
対話の雰囲気　21
対話場面　17, 92, 212
多数の学生　94
立場の差　101
タテの人間関係　209
他人　69, 133
ため口　70
男女　36, 127, 174, 194, 200
男性語　150
男性の敬語行動　143
地位の変化　37
力関係　78, 221
知人　113
父親　26, 66, 134
秩序感覚　161
中学生　9, 49, 170
中小企業　193

中年　10, 23, 211
中立的　7
直接対話　104
妻　10, 23, 131, 143
定型化した表現　128, 144, 145, 150
丁重な言葉づかい　22, 64
丁寧形　7
丁寧さ　142
丁寧体　16
丁寧度　7, 11, 23, 119
手紙のやりとり　107
テレビの番組　15
店員　7, 77
問い合わせ　115
同級生　15, 48, 184
動作客体　4
動作主体　4
同性　10, 48
同年輩　63, 122
同僚　40, 193
独特な言い方　216
独白　108
年上　45, 168
年上の部下　41
年下　168
年下の上司　41
閉じられた心理　123
取引関係　74, 135

〈な〉
懐かしさ　71
納得した人間関係　220
生意気　86
なれなれしさ　126
日本語でより顕著な敬語行動　17, 144
ニュアンス　217
人間関係の設定　220
年長　10, 14
年齢　8, 14, 15, 40, 43, 213, 220

〈は〉

配偶者　22, 23, 163
媒体　104
配慮の範囲　222
話し手　6, 11, 16, 135, 145
話し手側の人　16
場の条件　101
母親　25, 133
場面　14, 92, 141
場面に対する配慮　17, 60, 151
場面を重んじる　219
美化語　4
非敬語形　16
非言語行動　16
非丁寧体　16, 119
人目を意識したとき　103
皮肉　31
品位　32, 141, 147, 149
夫婦　23, 32, 127, 133
フォーマル　8
部下　36, 188
普遍的　139
不満を買う　86
無礼　58, 86, 221
文章語　153
文の命題的意味　4
平叙形語尾　6
隔てのない対話　23

〈ま〉

前置き　147
孫　20, 26
未婚の女性　61
見知らぬ　175
身分　14, 91, 219
息子　31, 35
娘　31
名＋군　167
名＋씨　193, 196
名＋양　167

名＋오빠　73, 183
名＋형　189, 201
目上の人　5, 27
目下の人　27
文字言語　104

〈や, ら, わ〉

役割関係　74, 78, 88
やわらかい語感　8
和らげる　21
優位の立場　80
友人　9, 62, 75
幼稚園　14, 165
与格助詞　5
よそおい的　6
よそよそしさ　71
呼びかけの言葉　167, 216
呼び捨て　35, 134
弱い立場　76
利益関係　220
両親と子どもの対話　19, 160
ルール違反　221
礼儀　14, 29, 50, 58, 154
礼儀知らず　58
礼儀正しい　25, 115
老年層　51, 56, 155
若者　52, 155, 218
分け隔て　34
煩わしく感じる　147
話題の敬語　4
話題の人物　4, 15, 17, 132

●韓国語索引

-네/-ㄹ세/하게　6, 107, 143
-다/-냐/-라　6, 27
-습니다/-ㅂ니다/-읍시다/-ㅂ시다
　6, 217
-시-/-으시-　4, 159
-어/-어요　6

索 引—— *239*

-오／-우／하오 6, 107, 118, 169
계수씨 131
고모 62
교수／교수님 184, 207
군 91
그이 130
기사님／기사양반 218
께 5, 130
께서 5, 130
꼬마야 166
나 131
너 9, 27
누나 61
님 39, 90
당신 32, 213
도련님 130
동생 169
말을 놓는다／튼다 70
매제 143
매형 143
미쓰（ミス）+姓 196
분 90
사모님 90
삼촌 61
서방／서방님 131, 143
선배／선배님 39, 164, 182
선생／선생님 45, 164, 184, 207
손님 90
씨 90
아／야 91
아가 130, 167
아가씨 130, 216
아버지／아버님／아빠 73,130
아주머니／아줌마 61, 131, 166
아주버님 130
애비 130
야 167, 176

양 91
애 167, 176
어른 155
어린이 91
어머니／어머님／엄마 130, 137
언니 61, 131
에미야 130
여보 35, 213
여보세요／여봐요 217
오빠 34, 61, 73
올케 131
외삼촌 61, 163
이모 61
자기 213
자네 9, 143
자형 143
작은아버지／작은아빠 163
작은어머니／작은엄마 163
장모님 137, 143
장인어른 143
저 130
저／저기／저기요 186, 217
젊은이 216
집사람 73
처 73
처남 143
촌 177
총각 216
큰아버지／큰아빠 163
큰어머니／큰엄마 163
학생 91, 167
할머니 91
할아버지 91
형／형님 61, 130, 143, 161
형부 143
형수님 131

［著者略歴］

韓美卿（ハン・ミギョン）
1948年ソウル生。韓国外国語大学校教授・日本語大学学長。
韓国外国語大学校日本語科卒業，お茶の水女子大学修士課程修了，早稲田大学大学院博士後期課程修了。文学博士（東北大学）。韓国外国語大学校日本語科学科長・大学院主任・日本研究所長・研究協力処長・教育大学院長を歴任。東京外大アジア・アフリカ言語文化研究所客員研究員（1987.4～88.2），韓国日語日文学会会長，麗澤大学大学院客員研究員・講師（2006.9～07.2）。著書に『捷解新語における敬語研究Ⅰ・Ⅱ』（1995，博而精），『드라마로 보는 韓国人과 日本人의敬語行動』（2007，제이앤씨），『日本語의 言語表現과 커뮤니케이션 研究』（編著，2008，제이앤씨）他。

梅田博之（うめだ・ひろゆき）
1931年東京生。麗澤大学名誉教授・東京外国語大学名誉教授。
東京大学文学部言語学科卒業，同博士課程修了。東京外大アジア・アフリカ言語文化研究所教授・所長，麗澤大学教授・学長，ソウル大学校東亜文化研究所客員研究員（1967～69），啓明大学客員教授（1975），ソウル大学校大学院言語学科講師・韓国外国語大学校大学院客員教授（1982～83），日本言語学会会長，日本音声学会会長等を歴任。著書に，『現代朝鮮語基礎語彙集』（1971，東京外大ＡＡ研），『韓国語의 音声学的研究』（1983，蛍雪出版社），「スタンダードハングル講座」全5巻（編著，1989～91，大修館書店） 他。

かんこくご けいご にゅうもん　　　　　　まな にっかん けいご ひかく
韓国語の敬語入門──テレビドラマで学ぶ日韓の敬語比較
©Migyeong Han and Hiroyuki Umeda, 2009　NDC829／viii, 239p／21cm

初版第1刷──2009年4月15日

　　　　　　ハン ミギョン　うめ だ ひろゆき
著者────韓美卿・梅田博之
発行者───鈴木一行
発行所───株式会社 大修館書店
　　　　〒101-8466 東京都千代田区神田錦町3-24
　　　　電話 03-3295-6231（販売部）／03-3294-2357（編集部）
　　　　振替 00190-7-40504
　　　　［出版情報］http://www.taishukan.co.jp

装丁者───井村治樹
印刷所───三松堂印刷
製本所───牧製本

ISBN978-4-469-21325-6　Printed in Japan
Ⓡ本書の全部または一部を無断で複写複製（コピー）することは，
著作権法上での例外を除き禁じられています。